entfALTen

Auguste Reichel (HRSG.)
Maria Kandolf-Kühne
Renate Philapitsch-Aschober
Elisa Starzer

Auguste Reichel (HRSG.)
Maria Kandolf-Kühne
Renate Philapitsch-Aschober
Elisa Starzer

Lektorat: Johanna Vedral
Coverfoto: Elisa Starzer: »Tanzende Vene auf alter Hand«
Cover, Layout und Satz: Buchschmiede von Dataform Media GmbH

Druck und Vertrieb im Auftrag der Autorinnen:
Buchschmiede von Dataform Media GmbH
Julius-Raab-Straße 8, 2203 Großebersdorf, Österreich

www.buchschmiede.at – Folge deinem Buchgefühl!
Kontaktadresse nach EU-Produktsicherheitsverordnung:
info@buchschmiede.at

ISBN:
978-3-99181-136-7 (Softcover)

PRINTED IN AUSTRIA

Danke!

Unser Dank gilt dem writers'studio in Wien, www.writersstudio.at, wo wir mehrere Kurse besucht haben und mit dem ›Friendly Feedback‹, das uns so wichtig geworden ist, vertraut gemacht wurden. Ein spezieller Dank geht an Ana Znidar, www.anaznidar.com, bei der wir unter anderem den Memoir Writing Workshop besucht und uns gefunden haben. Als unsere Memoirs geschrieben und veröffentlicht waren, wollten wir 4 dranbleiben. Zoom hat es möglich gemacht, dass wir uns regelmäßig treffen konnten, obwohl wir über Österreich verteilt leben und uns manchmal in fernen Landen aufhalten. Wir haben alle eine ›Schreibgeschichte‹ und bedanken uns bei unseren jeweiligen Schreib-Coaches und Schreibgruppen, ohne die wir nicht die wären, die wir heute sind. Danke an alle, die dieses Buchprojekt unterstützt und umgesetzt haben.

Inhaltsverzeichnis

Hautnahe Geschichten. Die Idee.

Vier Frauen haben sich zusammengefunden, um über das Altwerden, über ihr Altwerden zu schreiben:

Sie hadern mit den Veränderungen ihres Körpers, sind ihm aber auch dankbar für das, was er ein Leben lang geleistet hat und immer noch leistet.

Sie lassen ihren Körper erzählen, von früher, von heute, und hinterfragen das weibliche Schönheitsideal.

Wenn sie sich mit ihren Vorfahrinnen vergleichen, sind sie sich ihrer privilegierten Situation bewusst.

Sie blicken aber auch zurück in ihre eigene Vergangenheit bis in die Kindheit und erleben schreibend, welch große Veränderungen sich im Laufe ihres Lebens ereignet haben.

Sie stellen althergebrachte Altfrauenklischees den heutigen Vorstellungen gegenüber.

Sie träumen von allerlei Zukunft, für sich, für die Gesellschaft.

Sie fragen sich, was ein sinnerfülltes Altern denn sein könnte und auch, was von uns oder von ihnen wohl bleibt.

Vergänglichkeit und Tod ins Auge zu fassen scheuen sie nicht.

Auch auf alternde Männer werfen sie einen kurzen Blick, und auf allerlei praktische Tipps für ein halbwegs geglücktes Altern haben sie nicht vergessen.

Schließlich feiern sie ihr Arbeiten in der Gruppe, die sie beflügelt und bereichert hat.

All das wird abgehandelt mit viel Offenheit, Ehrlichkeit, Mut zur Veränderung, Akzeptanz der Gegebenheiten – und einem kräftigen Schuss Humor.

Die Autorinnen möchten zu einem realistischen, aber doch überwiegend positiven Blick aufs Altwerden ermuntern und die Leserinnen und Leser zur Betrachtung der eigenen Person und ihrer Lebensumstände anregen.

RENATE

Eine persönliche Einladung.
Oder: Wenn du dieses Buch gelesen hast...

Wenn du dieses Buch gelesen hast, geht's dir besser. Egal wie gut es dir vorher schon gegangen ist: Es geht dir noch besser. Weil: Du wirst furchtloser sein. Du wirst dich freuen aufs Altern. Du wirst dich freuen über dein Altern. Je nachdem wie alt du jetzt bist, liebe Leserin. Und lieber Leser. Du wirst wissen: Ich bin nicht allein im Altern. Und es gibt nichts Spannenderes als Altern. Du wirst mit uns gelacht und getrauert haben und hinter der Trauer ein neues Land sehen. Dein eigenes. Du wirst dich mit uns wundern und ärgern, amüsieren und erinnern, fragen und feiern und forschen. Du wirst mit uns manch gewichtigen Abschied genommen haben. Das ist jetzt grammatikalisch gesehen »Vorzukunft«. Wie so vieles, was wir jetzt sagen. Wenn wir uns das Ganze von später aus ansehen. Vom Schluss her betrachten. Und genau um diesen seligen Zwischenraum geht es. Zwischen Merken, dass ich sterblich bin, Merken, dass ich noch da bin, Merken, dass ich unsäglich viel erlebt und überlebt habe – und dem wirklichen Ende. Das ist ein köstlicher Zwischenraum. Erleuchtet sozusagen. Erleichtert auch, leicht wie nie zuvor. Ja, trotz der Gelenksschmerzen und der Blasenschwäche und der Grauen Star-OP. Ja, da muss man durch, ja, auch bewusst anschauen muss man es, Falten, Vergesslichkeit, Bloßnichtfallen. Es gibt keinen Umweg drumherum. Aber es gibt eine andere Seite, dahinter, darunter, darin verborgen.

Komm mit auf die Reise. Fürchte dich nicht!

Und apropos Leser, ja, dich meinen wir auch, lieber Mann! Komm mit. Altern ist kein Privileg von uns Frauen. Wir werden nur genauer angeschaut und müssen daher genauer hinschauen. Unser Privileg ist, dass wir weniger überspielen können, dafür mehr fühlen, mehr sagen und ausdrücken dürfen. Vielleicht leben wir deshalb länger. Fühlen ist gesund. Komm, setz dich zu uns, mit uns darfst du auch weinen. Jetzt, wo das Theater langsam vorbei ist. Vielleicht nutzen wir die paar Jahre noch für die Wahrheit, die uns frei macht füreinander? Da hinten ist ein Haken im Felsen. Daran kannst du dich jetzt schnell noch hinaufseilen und das Weite suchen, noch zwei schnelle Runden mit dem Mountainbike drehen. Oder du hängst dein Silberrückenkostüm daran auf und setzt dich zu uns ans Feuer.

ELISA

Wer lädt ein? Die Autorinnen.

Maria

Mit 19 Jahren ausge»sulzt«, um in New York ein Stipendium anzunehmen, was sie entscheidend geprägt hat. Mit dem dort gewonnenen Selbstbewusstsein in Innsbruck dann Karriere gemacht: Studium, Unterrichten, Kinder (fast) im Alleingang großziehen. Ihre feste, klare Stimme mit vorarlbergischer und tirolerischer Färbung schlägt uns alle in den Bann und verleiht ihren Texten das gewisse Etwas. Immer noch umtriebig reist sie viel, auch zu ihren gut besuchten Lesungen! Sie hat schon einiges veröffentlicht: Kurzprosasammlungen und eine Familiengeschichte als Zeitdokument. Sie hat uns mit Zoomlinks, Mind-Maps und allerlei Organisatorischem versehen. Effizienz und klare Abläufe sind ihr wichtig.

Auguste

Die Großmutter mit den blauen Zöpfen. Erfahrene Publizistin. Sprach- und tiefschürfend ist sie unterwegs. Das Nachdenkliche entspringt vielleicht ihrer psychotherapeutischen Berufung. Immer wieder entfahren ihr Juchzer (Ausrufe der Begeisterung) über unsere Zusammenarbeit. Ein ganz großes Verdienst ist ihre Verwaltung und Ordnung aller unserer Texte. Auch hat sie aus uns Meerfrauen gemacht: MARE. Die Denkerin, die Strukturierte, die tief in unsere und ihre Seele leuchtet, fordert uns immer wieder heraus. Von ihr stammt die Idee zu diesem Buchprojekt, samt Arbeitstitel entfALTen. Wir sind gerne dabeigeblieben.

Renate

Bunt, klar, verschmitzt, wach ist sie. Und streng, wenn's um Qualität geht. Ihre wunderbar spitze Feder bringt ihren versteckten, trockenen Humor zum Klingen. Ums Lachen kommst du bei ihren Texten nicht herum, ums Berührtsein auch nicht. Ihre Texte und Geschichten sind wie auf einer Bühne spürbar und greifbar. Sie bietet uns gastlichen Raum in Wien für unsere Autorinnengespräche. Ihr Leben? Up-to-date und welterfahren, voll Kultur und Engagement. Ihr Zugang zum Alter? Vielschichtig und jedenfalls hell! Eine helle ernste kreative Art, das Alter und die Endlichkeit WAHR zu nehmen. Gelegentlich sagt sie: Jetzt fällt mir wirklich nichts mehr ein, und dann kommt ihr nächster Text, eine frische Idee, ein neues Genre, das sie gerade erfunden hat.

Elisa

Sie versprüht über alles Goldstaub, über uns als Personen, über unsere Texte, über unsere Beschäftigung mit dem Thema. Selber eine fulminante poetische Autorin und Schreibtrainerin, vermag sie auch uns zu Poetae Laureatae emporzuheben. Ihr vielsprachig bewegtes Leben voller Höhen und Tiefen hat sie schreibend vergoldet. »The unexperienced life is not worth living«, dieser Satz von Sokrates scheint ihr Wahlspruch zu sein. Ihre berufliche Erfahrung mit Strukturieren, gezielt Fragen stellen und Moderieren hat sie verdienstvoll in unsere Gruppe eingebracht. Elisa spricht in ihren Geschichten manchmal Dinge an, vor denen wir uns ganz gerne drücken würden.

Wir Vier. Was uns verbindet.

- Wir sind Frauen. – Ja. Das verbindet. Im Alter vielleicht sogar noch mehr!
- Jede hat einen Siebener in ihrer Alterszahl (derzeit). – Ja. Es gibt zwar Nuancen rund um diesen Siebener, wir haben verschiedene Jahrzehnte und Milieus und Gegenden als prägend erlebt, wir waren in den 60er Jahren kleine Mädchen oder schon Jugendliche und junge Frauen. Aber wir haben ein gemeinsames Jetzt und ein gemeinsames Land, in dem wir gerade bewusst altern.
- Wir sind Kinder der Nachkriegszeit und des Wirtschaftswunders der 60er.
- Wir waren berufstätig und sind es teilweise noch.
- Wir beziehen Pension.
- Wir leben in Beziehungen.
- Wir sind privilegiert. Und ja, wir wissen das. Wir wissen, dass unser Blick und Fühlen zum Altern für unseren kleinen Ausschnitt gilt. Und dass andere Frauen auf der Welt und in der Geschichte ein ganz anderes Altern erleben und erlebt haben.
- Wir schreiben nicht im Namen von anderen, aber wir wissen, dass es ganz viele andere gibt, die hoffentlich auch ihre Stimme fürs eigene Altern finden.
- Wir schreiben gerne. Und wir alle kennen Schreibfluss und Schreibblockaden, und haben alle eine strenge innere Kritikerin in uns, die das »alles nicht gut genug, nicht gescheit genug« findet.
- Wir haben uns über Schreibworkshops kennengelernt.
- Wir zoomen regelmäßig.
- Wir schreiben unsere eigene Lebensgeschichte. Jede von uns. Verschiedene Schwerpunkte, gleiche Ehrlichkeit.
- Wir werden älter und das erleben wir und das beschreiben wir. In vielen Facetten, schön, erschreckend, neu, witzig, traurig, überraschend, sehr individuell – und sehr verbindend.
- Jede von uns hat mehrjährige Auslandserfahrungen.
- Jede von uns hat geboren.

- Wir sind sozial und gesellschaftspolitisch engagiert.
- Wir wollen mit unserem Schreiben die Leser:innen emotional berühren und bewegen. Und wir berühren uns damit selbst. Das Schreiben hat für jede von uns verändert, wie sie das Altwerden wahrnimmt, erlebt, bewertet.
- Wir wollen alt werden. Und wir wissen, was die Alternative wäre.
- Wir wollen das Altwerden als besondere und kreative Lebenszeit wahrnehmen und gestalten. So wie wir auch unsere bisherigen Lebensphasen gestaltet haben, jede Phase mit ihren besonderen Freiheiten und besonderen Einschränkungen.
- Wir vier unterstützen uns dabei und möchten andere dazu ermutigen. Andere alternde Frauen, andere alternde Männer, und auch junge Menschen. Mut und Lust wollen wir machen zum Hinschauen statt Verdrängen des Alterns.
- Wir fürchten uns nicht – fürchtet euch auch nicht!

AUGUSTE und ELISA

1. Na sowas?! Oder: Ja, der Körper verändert sich.

Älter oder alt werden: Die Augen

Wie ein Schlag hat es mich getroffen, letzte Woche, nein diese Woche. Letzte Woche erste bedrohliche Anzeichen. Alkoholbedingt durfte ich das Auto nächtens nach einem Besuch bei Freunden nach Hause fahren. Unsicher wie nie zuvor, Gehsteigkanten schwer einschätzbar, Fahrbahnteilungslinien, Ampelmasten. Ungemein schwierig, all das klar zu definieren. Nein, ich will nicht mehr im Dunkeln Auto fahren, die Anstrengung, uns sicher nach Hause zu bringen, war enorm. T. hätte mindestens genauso gut lenken können, doch da waren ja die Polizeikontrollen zu beachten. Erschöpft zu Hause angekommen, aber immerhin ohne Unfall oder etwas gerammt zu haben. Das war am Mittwoch. Am Donnerstag und Freitag begannen sich mehr und mehr die geraden Linien um mich zu verbiegen, in Wellenlinien zu erscheinen: Fensterrahmen, Tischkanten, Türen, Vorhänge, Fliesen. Anfangs fand ich es irgendwie originell und lustig. Dazu ein verschwommener Blick, Flecken wie von Tränen in den Augen, unklare Sicht; und unklar macht unsicher – nicht nur beim Autofahren in der Nacht. Die Stimme der Vernunft sagt: Suche einen Augenarzt auf. Ich Luxuskätzchen besitze sogar zwei. Anruf beim ersten: wir sind im Urlaub bis 17. Anruf beim zweiten: Wir sind für Sie wieder am siebten da. Nein, das dauert zu lange. Auf zur Augenambulanz ins Spital. Montag bis Freitag 8:30 Uhr bis 13:00 Uhr. Nur bei Notfällen außerhalb dieser Zeit. War ich ein Notfall? Nicht wirklich. Also geduldig warten bis Montag. Ich hatte mir schon eine neue Brille vorgestellt. Eine mutige, lustige diesmal. Mit ganz dickem Rahmen. Und rot oder weiß oder blau oder sogar schwarz, wie manche dieser exotischen Großmüttermodels á la Iris Apfel. Aber hier half keine Brille. Am Montag stellte man eine CNV am linken Auge fest. Man nennt es auch Makula-Degeneration, eine feuchte, und es ist nicht dasselbe wie Netzhautablösung, das habe ich sofort gegoogelt. Therapie: mehrmals eine Spritze ins Auge, in den Glaskörper. Man kann das Ganze stoppen, aufhalten, aber reparabel ist es nicht. Allerlei Untersuchungen folgten: Kinn auf eine Stütze legen, verschiedene bunte Bilder werden erstellt. Dr. Längle klärt mich freundlich, kompetent und ruhig auf. Ich bekomme eine Mappe mit allen Befunden, Einwilligungen und Aufklärungsbögen in die Hand gedrückt und dazu Termine. Der für die erste Spritze gleich am nächsten Tag. Juhu.

So sitze ich am darauffolgenden Tag unter all den versierten Augenpatienten und warte auf meinen Aufruf. Nummer 1 in einem Zimmer mit sechs Kabinen. Ich darf liegen, bekomme ein grünes Duschhäubchen, der Spritze verabreichende Arzt beugt sich über mich und stellt sich vor. Dann seine Frage nach Name und Geburtsdatum. Das Echo dieser Frage höre ich fünfmal. Fast tut er mir mehr leid als ich mir. »Wie viele Augen pro Tag machen Sie denn?«, frage ich ihn. »So 50 bis 60.« Fließbandarbeit. Wenig beneidenswert. O. k., fertig, es hat kein bisschen weh getan. Es ist wirklich hauptsächlich psychisch, wie es in der Aufklärungsbroschüre steht. Trotzdem war mir die Zeit davor ziemlich mulmig.

Der Montag war schlimm; da erfuhr ich, was mit meinem Auge passiert war und dass es nicht heilbar sei, sondern nur aufhaltbar. Am Dienstag hörte ich Meldungen von ähnlichen Fällen, wo »es« wieder gut wurde. Am Mittwoch las ich wieder, nur aufhalten sei möglich, heilen nicht.

Nun befinde ich mich also mitten im Altwerden bzw. alt sein. Bis jetzt war das nur den anderen widerfahren. Die anderen bekamen ihre erste Hüfte, das zweite Knie, die Glaukom-Operation, den Brustkrebs, den Herzinfarkt und die Inkontinenz. Ich war doch immer die Jugend in Person, Yoga, turnen, tanzen, skifahren, eislaufen, auf die Berge kraxeln, wandern mit den Enkelinnen, herumtollen, Tratzball, Ball über die Schnur, radeln und sonst was. Und doch: Hatte es nicht schon vorher Anzeichen gegeben, wie zum Beispiel beim Wagnersteig auf der Hohen Wand? Sehr ausgesetzt ist der, und da wurde mir leicht schwindlig. »Den lässt du lieber sein«, war die Botschaft. Die übliche Radstrecke hatte ich schon um die erste Steigung gekürzt, unsere Schwimmstrecke zur weißen Boje, die erreichte ich auch nur mehr mit höchster Anstrengung und viel Schnaufen, und das Skifahren war seit dem Lockdown eingestellt. Ungebrochen aber war mein Lesen. Die Zahl meiner gelesenen Bücher hatte sich in den vergangenen Jahren und Monaten rasant erhöht. Und jetzt: alles verschwommen, mühsam der Blick, Buchstaben fehlten oder waren doppelt vorhanden, manchmal gab es sogar ganze Wörter in doppelter Ausführung. Die Leseaugen zu treffen, das war sicher ein harter Schlag!! Ob sie doch wieder ihre Dienste versehen würden wie einst? Das fordert wohl, mit der Ungewissheit zu leben und eine positive Einstellung zu bekommen zu dem Unvermeidbaren. Es muss nicht gleich Altwerden sein, es ist halt älter werden.

RENATE

An mein linkes Auge

Ach du, mein linkes Auge, ich soll mit dir schreibend sprechen. Echtes Sprechen wäre leichter, aber ich muss ja schreiben. Und das ist das Nadelöhr. Genau du bist nämlich das Hindernis beim Schreiben. Du versaust mir meine ursprünglich recht schöne Schrift, du lässt Buchstaben verschwinden, vertauschst ihre Reihenfolge, verdoppelst manche oder schwindelst andere, fremde, unpassende dazu. Nein, du brauchst nicht zurückreden. Wir machen hier keinen Dialog. Jetzt bin ich an der Rednerreihe. Gestern, beim Herrn Dr. Obermeier, seines Zeichens Augenarzt, wurde mir die eindrucksvolle Zahl 30 beschert. 30% Sehkraft noch am linken Auge. O. k., eine recht düstere Bilanz. Nur quasi als verstohlene Fußnote muss ich hinzufügen, dass du mir manches Mal auch Vergnügen bereitest. Wenn du mit deiner Wellenmaschine daherkommst, was gerade ist, soll krumm werden, so pervertierst du das Bibelzitat und präsentierst mir die aberwitzigsten Formen, für die ein Spiegelkabinett mindestens zehn Spiegel zum Verzerrspaß braucht. Wegen dir soll ich jetzt übrigens allerlei Nahrungsergänzungsmittel schlucken, Vitamin C und Lutein und ähnliche Kapseln, was mir zutiefst zuwider ist. Mein alter, bärbeißiger burgenländischer Dr. Obermeier hat gemeint, ich bräuchte das alles nicht, denn wir leben ja nicht in Afrika, und unsere Nahrung versorgt uns ausreichend mit allem Notwendigen.

Ach du, mein rechtes Auge! Bleib mir treu! Verlass mich nicht! Sonst stürze ich in den finsteren Hades.

RENATE

Bodyscan-Dialog

M: »Ach, du meldest dich wieder, immer zur Unzeit. Jetzt war ich doch gerade wegen dir… – eine ganze Schachtel Tabletten und einen kompletten Satz Kapseln habe ich geschluckt, nur für dich alleine, und jetzt bist du immer noch nicht zufrieden!«

B: »Du hörst ja wohl nicht gerne auf mich und versuchst, mich dauernd zu ignorieren.«

M: »Ja, wenn du mich mitten in der Nacht aufweckst und dann soll ich sofort aus dem Bett springen!«

B: »Ich quäle dich so lange, bis du besser auf mich hörst!«

M: »Du weckst mich, und ich soll springen. Vergiss nicht, ich bin 74, ich brauche Zeit. Zeit, mich zu orientieren, meine Gliedmaßen zu organisieren, und du lässt mir einfach keine Zeit.«

B: »Du organisierst dich nicht, du willst weiterschlafen, du glaubst, du schaffst es eh.«

M: »Du merkst ja, dass ich es nicht schaffe, du lässt dich nicht bremsen, du bist echt lästig. Ohne Slip-Einlagen lässt du mich nicht mehr leben. Du gehst mir auf die Nerven. Sage mir einfach genau, was du willst!«

B: »Du sollst endlich auf mich hören, du sollst mich spüren, meine Bedürfnisse berücksichtigen.«

M: »Schau – ich muss mich um meinen Blutdruck kümmern, meine Gliedmaßen organisieren, du weckst mich dauernd, und dann soll ich springen!«

B: »Du hast mich jahrelang einfach ignoriert und ich gebe es ja zu, dass ich es zugelassen habe. Du hattest immer noch ganz schnell etwas Wichtiges zu tun, musstest von Stunde zu Stunde rennen, hast dir einfach keine Zeit genommen für meine Bedürfnisse!«

M: »Dann ist das jetzt deine Retourkutsche?«

B: »Genau, du sollst endlich auf mein Kommando springen! Jetzt sollst du mir untertan sein!«

MARIA

Ich bin meinem Körper dankbar

Das ist jetzt wirklich eine Herausforderung der besonderen Art, weil ich die Unzufriedenheit mit meinem Körper wie eine schwere Fußfessel mit mir herumziehe!

Diese Unzufriedenheit wurde stark genährt durch meine Mutter. Es begann mit der Pfanner-Nase, einem Erbe von meinem Urgroßvater, dem krummen Rücken, und ist bei meinen unzulänglichen Beinen wieder aufgepoppt, als mein Bruder für uns alle ein Familienfoto vergrößert hat. Auf dem Bild halte ich als 12jährige, auf einer tiefen Couch sitzend, meine Baby-Schwester auf dem Schoß und meine Beine sind nicht damenhaft zur Seite gefaltet.

Meine Mutter konnte unbarmherzig sein. Sie hatte immer einen sehr kritischen Blick auf mich und hat mit ihrer Kritik an mir wirklich nicht gespart. Von meinem Vater konnte ich zumindest in Bezug auf meinen Körper oder mein Aussehen kein positives Feedback erwarten. Auch hier gibt es eine Szene, in der er mir sagt: »So darfst du nicht vor einen jungen Mann treten.«

Dazu kamen die Schwierigkeiten beim Turnen, weil meine Hände mich nicht an einem Tau nach oben ziehen konnten, gefolgt vom unsäglichen Heuschnupfen, gegen den es kein Mittel gab, außer Bienenwaben zu kauen. Als ich Gitarre lernen musste, versagten meine Handgelenke komplett und ich trug wochenlang Zink-Leim-Bandagen. Ich verbrannte meine Finger in einer Bügelmaschine, aber entgegen den Erwartungen der Ärzte wuchsen mir wieder Fingernägel. Damals setzte sich mein Vater jeden Abend zu mir ans Bett und visualisierte mit mir meine wachsenden Fingernägel.

Beim Frühlingschilauf zog ich mir eine Hirnhautentzündung zu und kämpfte bis zur Matura mit Schwindel, Erinnerungslücken und mit Dingen, die ich auswendig lernen sollte. Dadurch habe ich geniale Strategien entwickelt: Im ersten Studienjahr entwickelte ich Migräne, die mich bis zum Wechsel festhielt. Damals lernte ich alles, was mit Vorausplanung zu tun hat, weil ich ja ständig mit einem Ausfall rechnen musste. Meine Psoriasis hat mir allerhand neue Beziehungen gebracht und wurde wunderbar durch einen Harndiagnostiker geheilt.

Verständlich, dass meine Beziehung zu meinem Körper etwas problematisch war beziehungsweise immer noch ist und ich kein tolles Bild von ihm habe. Umso erstaunter war ich, dass ich auf früheren Fotos so gut aussah. Wenn ich dann Komplimente bekam, habe ich es abgetan als: »Ich bin halt fotogen, aber in natura sieht es ja anders aus.«

Wofür ich meinem Körper unendlich dankbar bin, das sind drei wunderbare Schwangerschaften, komplikationsfreie rasche Geburten und gesunde Kinder, die ich alle jeweils neun Monate lang gestillt habe. Das war wohl etwas Entscheidendes. Nach den Schwangerschaften begann ich allerdings mit meinem Gewicht zu hadern und immer, wenn ich ein jeweils zehn Jahre jüngeres Bild von mir sehe, denke ich: »Weshalb war ich denn damals unzufrieden?«

Mein Körper hat mich drei Kinder herumtragen lassen, unzählige Einkäufe nach oben schleppen, Kleinmöbel verladen, Autos und Koffer einpacken lassen. Er hat mich Langstreckenflüge überstehen lassen, ist auf Reisen immer, gar immer, gesund geblieben und hat mich Schultaschen in einer Hand und einen Stapel Hefte in der anderen von einem Gebäude ins andere treppauf, treppab tragen lassen. Er hat mich wirklich niemals im Unterricht im Stich gelassen, hat mir zwar ein schlechtes Gehör, aber eine schöne Lesestimme gegeben, ein gutes Lachen, blaue Augen und, wofür mich alle beneiden, tolle Haare beschert. Sie wurden dann zwar mit dem Wechsel weiß, aber ich habe in meiner Umgebung ungefärbte Haare populär gemacht. Außerdem habe ich viel Geld und Chemie gespart, weil ich die Haare naturbelassen habe.

Eine Zeit lang habe ich esoterische Workshops gedolmetscht. Bei einer Übung habe ich mich in den Körper einer Super-Sportlerin versetzt. Das war ein unheimlich tolles Gefühl, diesen gespannten, kräftigen Körper zu haben, der Berge, Klettereien und Marathons mit Leichtigkeit bewältigen konnte. Bis ich beim Gehirn landete, da herrschte totales, nicht aushaltbares Chaos im Kopf und ich war sehr erleichtert, in meinem eigenen Körper zu sein.

Ich sollte wirklich froh sein über meinen Körper. Nein, ich bin meinem Körper wirklich dankbar für alle Berge, auf die er mich sicher geführt hat, für die Schitouren, das Schifahren, die Radtouren, für alle Autofahrten, die ich mit den Kindern und dann alleine gemeistert habe. Ich bin dankbar für die Selbstheilungskräfte, die er entwickelt hat, für das gute Blutbild, den guten Cholesterinwert. Ich bin ihm dankbar, dass er mich trägt, Radfahren lässt, wenigstens im Dorf, und vor allem bin ich ihm für mein Gehirn dankbar. Das, worum ich ihn inständig bitten möchte, ist, 10 Kilo Gewicht von sich zu werfen, damit ich mich leichter und schwungvoller bewegen kann.

MARIA

An meinen Bauch

Was tust du da an mir – du hängst an mir wie ein Sack, ich habe dich nicht bestellt. Du passt nicht zu mir, zu meinem Bild von mir, ich war doch immer schlank. Naja, es gab immer eine kleine Wölbung unterhalb meines Nabels, und ich habe mich immer zu dick oder unförmig gefühlt und gesehen. Jetzt, Bauch, hast du dich ausgebreitet, nimmst dir Raum und nimmst mir den Atem und meine Beweglichkeit. Das Bauchfett sei gefährlich, sagt man. Doch du gehörst zu mir! Du hast meine drei Kinder getragen und geschützt. Ein Mutterbauch, das bist du. Meine Mutter hat immer ihren schwangeren Bauch verdeckt. Wie eine Schande. Meinen Bauch hat sie mit dem meines Vaters verglichen, was nicht unbedingt ein Kompliment war. Jetzt wirst du immer größer. Es passen mir nur noch weite Kleider. Zugegeben, ich mache wenig Sport oder Trainings. Ich gehe gern auf mein elektrisches Schüttelgerät und sehe dich dann wabern. Das fühlt sich angenehm an. Da fällt mir Doris Uhlich mit ihren Nackttänzerinnen ein, die schütteln ihre Bäuche und Brüste, das volle Fleisch klatscht und zittert, sie zeigen sich auf der Bühne!

Lieber Bauch, du bist meine Mitte und die Verbindung zwischen oben und unten. Ich bin mein Bauch. Ich werde dich/mich noch lieben lernen, bevor ich verschwinde.

AUGUSTE

An meine Hormone!

Ich: Ach meine Hormone! Darf ich euch anrufen wie Göttinnen, Sirenen, Musen, Quell-, Berg-, Baumnymphen? Ihr meine Säfte – diese besonderen! Ja ich weiß, es gibt noch viele andere Säfte, die was zu sagen haben, jenseits von den Arbeiterinnen in Galle, Magen, Blase. Die Farbgeber, die Neurotransmitter, und die großen Hauptströme, Blut, Lymphe… – Ich mag es, dass ihr flüssig seid, meine weiblichen Sexualhormone, Östrogen, Progesteron, ihr seid keine Individuen, wie wir Menschen glauben zu sein. Trotzdem, ich bin oft sauer, genau auf euch: Warum habt ihr mich verlassen? Alles ist schwieriger geworden seither.

Östrogen & Progesteron: Hey hey hey, nun mal langsam! Erstens: wir sind noch da! Sonst würdest du dich ganz schön anschauen. Und zweitens: Nicht *alles* ist schwieriger, jetzt schau doch bitte mal genauer hin! Kämpfst selber ein Leben lang gegen Verallgemeinerungen, und dann so ein Satz, ausgerechnet aus deinem Hirn!

Ich: Ja, OK. Ihr seid noch da. Aber so viel weniger! Ein Rinnsal, wie der Fluss Ebro in seinem viel zu großen Bett. Was ist los mit euch?

Östrogen & Progesteron: Wir gehören zum Leben, ja, auch zu deinem kleinen Leben! Mal mehr, mal weniger, und genau so, wie wir jetzt sind.

Ich: Das tröstet mich nicht, sorry, klingt irgendwie einstudiert. Das müsst ihr mir schon genauer erklären. Ich habe eher das Gefühl, das Leben will die alten Frauen gar nicht mehr haben, will sie nicht mehr weiterfüttern. Kaum sind wir nicht mehr reproduktionsfähig, werden wir abgeschoben. Schön finde ich das nicht vom Leben. Nichts dehnt sich mehr, alles schrumpelt und trocknet aus – siehe Ebro. Entzündungen werden viel ärger, meine rheumatoide Arthritis schlägt brutal zu, weil ihr nichts mehr abfedert. Sex mit Eindringen geht gar nicht mehr, höchstens mit Zäpfchen. Dabei hat es mir immer so Spaß gemacht, so geflutscht, so offen, so spontan… Was soll das jetzt? Sagt, was denkt sich das Leben dabei, wenn ihr es schon so intim kennt? Dass es nicht zu viele nutzlose Frauen geben soll auf dem Planeten? Sorry, das war jetzt

Blödsinn! Ich weiß, ich übertreibe. Wir sind ja noch da, leben sogar länger als die alten Männer. Aber bitte warum und vor allem wozu sollen wir leiden? Und es weniger leicht haben, weniger Spaß? Ich würde eh keine jungen Männer abziehen von der Reproduktion. Nur mit dem S. wäre es schon schöner, so wie zwischen 50 und 62, als ich nicht mehr schwanger werden konnte, so entspannt...

Östrogen & Progesteron: Na gut. Wenn DU das jetzt alles aufs Tapet bringst, kriegst du auch eine saftige Antwort von uns. Erstens: wir sind keine Flüssigkeiten, sondern Moleküle, smarte kleine Boten, Gesandte, die mitreisen. Manchmal sogar schneller als die Flüsse. Das Jet-Set! Jahaha! Lies mal Science und korrigier deine Bilder! Zweitens: Beschwer dich nicht bei uns, sondern weiter oben in der Sendezentrale. Und drittens: Wir waren jahrelang beleidigt. Du hast uns mit synthetischem Zeug ersetzen wollen.

Ich: Hey, das war kein Wollen, das war ein grausames Müssen! Eine Rettung in höchster Not, das wisst ihr ganz genau! Ihr habt begonnen, mich zu verlassen, da war ich 50, und die rheumatoide Arthritis ist losgebrochen, mein Erbe von der Oma. Es war die Hölle, ich bin jeden Morgen weinend aufgewacht vor Schmerz. Ich konnte mich nicht mehr selber anziehen, ich konnte kein Glas mehr halten, ich konnte keinen Stift führen und kein Flipchart beschriften. Ich war behindert und im Entzündungstaumel. Ihr habt das alles mitgekriegt und nichts habt ihr getan! Dann kam die brutale Chemo vom Rheumatologen, auch nicht gesund, und mein Versuch, die viele Chemie zu reduzieren, gleich gescheitert, neuer Schub. Und dann versucht's mein Gynäkologe mit Hormonersatztherapie – und weg war die Entzündung! Hätte ich da nein sagen sollen? Ah, ihr schweigt! 12 Jahre Lebensqualität hat mir das verschafft. Schmerzfrei! Die Hände wieder schön und schmal und beweglich! Und nebenbei alles in mir dehnbar, lustvoll, ziemlich unbehelligt vom Altern. Ja, OK, dann kam der Brustkrebs...

Östrogen & Progesteron: Diese synthetischen Deppen wussten halt nicht, dass du keine dritte Brust brauchst, hahaha!

Ich: Boah, seid ihr arg! Aber stimmt, genau diesen Gedanken hatte ich natürlich auch, in meiner Gewissenserforschung nach der Diagnose.

Wahrscheinlich hätte ich etwas früher etwas genauer nachfragen sollen, andere Substanzen nehmen, natürlichere. Aber ersetzen, naja, nachhelfen musste ich euch. Sonst wäre ich jetzt verkrüppelt wie die Oma, wie die Tante Marie, wie alle diese Vorfahrinnen. Und hätte vielleicht einen Cortison-Magenkrebs wie die Oma. Echt keine Option! Und so ging das Ganze erst 12 Jahre später wieder los. Ihr wart einfach zu wenig, die andern, die »künstlichen Deppen« musste ich dann auch weglassen, und der folgende Schub war schlimmer denn je. Der ganze Wechsel war brutal.

Östrogen & Progesteron: Aber du hast dann immerhin endlich das Vegan-Essen entdeckt. Eine harmlosere Therapie gibt's nicht, und deine Fingerchen sind seither immer noch zart.

Ich: Euch und eure saftige Fülle hat es trotzdem nicht ersetzt. Der spanische Fluss Ebro ist so trocken wegen der Staudämme und der vielen Ableitungen weiter oben. Aber ihr fließt ja gleich an der Quelle nicht mehr so voll.

Östrogen & Progesteron: Dann frag doch weiter oben nach! Hypothalamus, Hypophyse! Wenn du dich traust… Die werden dir schon was erzählen zum Sinn des Ganzen. Ja, genau zu deiner Frage: ›Warum sollen wir alten Frauen weiterleben, aber weniger Spaß haben?‹ Viel Spaß da oben!

Ich: Tock-tock… – Hypothalamus! Hypophyse! Ich muss ein ernstes Wort mit euch reden. Ihr habt ja grad mitgehört. Was ist der Sinn des Hormonabbaus – oder besser: Warum hängen so viele kleine Leiden daran? Und vor allem: Warum sollen wir Frauen dann trotzdem weiterleben?

Hypothalamus: Mit wem haben wir die Ehre? Ach du bist's, die »Chefin«, hihi.

Hypophyse: Kannst reinkommen und zuhören, musst aber ganz still sein – und deine dämliche Kapitänsmütze abnehmen. Oder glaubst du wirklich, du hast was zu sagen?

Hypothalamus: Sagen kann sie schon was, hihi, das ist ihre Hauptstärke. Nur, zu bestimmen hat sie nix.

Hypophyse: Haben wir auch nicht. Wir sind ja im Auftrag des Herrn unterwegs.

Hypothalamus: Hihi, der Jahrtausendwitz! Als ob es jemals einen Herrn gegeben hätte!

Hypophyse: Na gut, sie will was über die evolutionäre Berechtigung und Bestimmung der alten Frauen wissen.

Hypothalamus: Ist ihr gutes Recht. Man sieht ja, wie sie sich plagt.

Hypophyse: Klar, weil sie noch nix kapiert hat. Zu wenig jedenfalls.

Hypothalamus: Du bist nur ein Teil von etwas, Schätzchen! Du darfst Chefin spielen und etwas Eigenes dazu beitragen. Aber das Spiel ist ein größeres, nicht deines. Nicht unseres. Wir horchen, wir singen, wir pumpen, wir pulsen. Dream-Team, wir können ohne einander nicht leben, und das ist gut so. Du kannst ohne uns nicht, und du kannst ohne das Ganze nicht leben. Weil es dich als Einzelchefin gar nicht gibt. Du bist eine Idee – eine gute, zugegeben, und wir tun da gerne mit.

Hypophyse: Psst, lass das, das versteht sie nicht! Sie braucht es einfach und logisch, 3-dimensional, maximal 4-dimensional...

Hypothalamus: Also ganz simpel: es hat etwas mit deiner Entwicklung zu tun. Mit eurer, der Entwicklung der älteren Frauen. Ich erklär dir's, weil du ja wirklich leidest, statt dankbar zu sein. – Du weißt, was Trägheit ist? Nein, nicht Bequemlichkeit, nicht Liegenbleiben am Sonntagmorgen. Trägheit ist: im gleichen Tempo in die gleiche Richtung weitersausen. Das hättest du garantiert gemacht, ungebremst. Das schöne Gleiche fortführen, möglichst ewig geradeaus fahren! Das ist keine Entwicklung, checkst du's? Du hättest die Kurve nie gemacht, wärest einfach weiter mitgefahren, erfolgreich, im dümmlichen zerstörerischen Mahlstrom der Konsumgesellschaft.

Hypophyse: Bravo! Das versteht sie, das sind ihre Worte!

Hypothalamus: Und das Leben, die Evolution, braucht was anderes von den Menschenweibchen, kein ewiges Mitschwimmen mit den Getriebenen. Es braucht nicht nur die Überlebensgetriebenen und die Giergetriebenen, die alles kahlfressen und alles kahlschlagen und heißfurzen. Wir haben dich gebremst.

Hypophyse: Auftrag des Herrn hihi!

Hypothalamus: ... damit du Abstand kriegst und Widerstand und Neues schaffst. Du hast jetzt ein paar Jahre, wo du noch wenig Schmerzen und reichlich Kraft hast für das Wesentliche, aber nicht mehr fürs Überall-mittun.

Hypophyse: Mach was Schönes draus, »Chefin«! Wir sind dabei!

ELISA

2. Geschichten, die mein Körper erzählt. Oder: Spuren gelebten Lebens. Körperbiografien.

Der Fuß

Ich begann sie, die Körperbiographie, schön ordentlich von unten nach oben zu verfassen. So viele Geschichten kamen da hervor. Auf die lädierten beiden kleinen Zehen und den Rist folgten der Knöchel und das Fußgelenk. Sie erlebten Aufregendes bei einem Griechenlandurlaub auf dem Peloponnes.

In Olympia war's, das Auge auf Tempel und Säulenräder gerichtet, mit allen Fasern antike Atmosphäre aufzunehmen versucht, da – ein Knick, zu Boden, ein Schmerz wie ein Schwerthieb. Eine der Schicksalsgöttinnen hatte es auf mich abgesehen. Und zwar gründlich. Au, wie das weh tat. Kalte Plastikwasserflaschen kamen herbei und legten sich auf meinen Fuß. Wie kam ich bloß zurück in den Ort, zum Hotel?

Die höllischen Schmerzen ebbten irgendwann in der Nacht ab. Mein Mann hatte von einem Laden Essen besorgt. Am nächsten Tag fuhr der einzige Rollstuhl von ganz Olympia mit mir durchs dortige Museum, den antiken Torsi streckte ich mein geschientes Bein entgegen.

Die Kontrollbesuche im Spital der nächsten Stadt sagten mir Einiges über die Gesundheitsversorgung im jetzigen, damaligen Griechenland: überfüllte Warteräume und Gänge mit Lahmen, Humpelnden, Eingegipsten, in Rollbetten, Rollstühlen, auf Krücken gestützt. Kaum öffnete sich die Tür des Arztzimmers, stürzten circa 20 Leute darauf zu und drängten sich schreiend hinein. Nur mit Mühe konnte die Tür von innen geschlossen und die Hineindrängenden konnten abgewimmelt werden. Krassester Ärztemangel als Folge des rigorosen

Sparkurses der EU. Das Gesundheitspersonal war in Scharen davongelaufen. Die Verbliebenen werkten am Rande ihrer Kräfte. Dass ich nach geraumer Wartezeit drangenommen wurde, aber vorgezogen vor den sicher seit Stunden Ausharrenden, das war mir peinlich bis in die Haarspitzen. Nur mit eingezogenem Kopf und tief gesenktem Blick wagte ich die Fahrt durch die Menge.

An meinem antiken Bänderriss laborierte ich mehr als ein Jahr. Doch welch ein Unfallort!

RENATE

Die zwei krummen kleinen Finger

Nicht nur der Körper ist paarig angelegt, auch die Verletzungen können es sein, paarig oder symmetrisch.

Diesmal geht's um meine beiden kleinen Finger. Sie haben Namen bekommen, vor gar nicht so langer Zeit. Rechts der Teheran-Finger, links der Ball-über-die-Schnur-Finger. Und sie haben auch ihr unverkennbares Äußeres: Der »Teheran-Finger« ist leicht nach oben gekrümmt, macht so einen kleinen Bogen, der »Ball-über-die-Schnur-Finger« hat ein verdicktes oberes Glied. Er ist der Jüngere, was die Unfallchronologie angeht. Obwohl beide Verletzungen lange und ziemlich arg weh taten, sind sie doch in wunderschöne Erlebnisse eingebettet.

Der ältere, der Teheran-Finger, stammt von einer Iranreise im Jahr 2019. Zum Glück von deren Ende.

Nur noch eine kurze Nacht stand vor uns, ehe der Flieger uns wieder heimwärts tragen sollte. Für mich eine Nacht ohne Schlaf. Unser kleiner Bus brachte uns zu einem Hotel, beim Aussteigen stolperte ich, konnte mich aber gerade noch festhalten, mit meinem kleinen Finger am oberen Busrahmen. Mein ganzes Lebendgewicht hing an diesem kleinen Finger. Er hat's mir nicht verziehen. Blau schwoll er in Sekundenschnelle an, tat entsetzlich weh – aber nichts gerissen, nichts gebrochen. Dem Himmel sei Dank, auch weil ich ohne des Fingers Halt ungebremst mit dem Gesicht auf dem Asphalt gelandet wäre.

Zähne zusammengebissen, dem Reiseleiter mein Missgeschick gemurmelt. Der machte sich in dem mitternächtlich ausgestorbenen Hotel sofort auf die Suche nach Eis. Da lag ich dann bis zum Morgengrauen auf dem Bett, die kalte, nasse Hand neben mir. Dick und blau flog der Finger nach Hause, lange noch schwarz und unbeweglich, und seither krumm. Memories of Persia. Unvergessliches Teheran. Persische Nächte – so viele Titel zur Wahl.

Der Linke

»Ball über die Schnur«, ein einfaches aber nicht zu unterschätzendes Ballspiel mit hohem Stellenwert in unserer Familie. Nur eine Schnur bzw. Wäscheleine (bei uns ein blaues Kunststoffseil) vom Forsythienstrauch zur Leiter gespannt – und los geht's. Wechselnde Mannschaften: Opa und Omi gegen Sophie und Katharina, oder Sophie und Omi gegen Katharina und Opa, oder Katharina und Omi gegen Sophie und Opa, oder oder.

Beiden Enkelinnen haben wir mit dieser »Sportart« das Fangen beigebracht und Ballgefühl, Schnelligkeit, Reaktionsvermögen, Wurfkraft, Punktezählen und Fairness trainiert und vor allem hoffentlich viel Spaß vermittelt.

Mir hat es etwas Zusätzliches gebracht, nämlich meinen linken krummen kleinen Finger.

Sophie schoss aus dem gegnerischen Feld einen Prachtschuss ab, einen Volltreffer! Der erwischte unglücklicherweise besagten kleinen Finger, rief ein großes »Au« hervor und beschäftigte meine Gelenkskapsel monatelang mit Schmerzen und Ungewissheiten (bewegen ja/nein, ruhig stellen ja/nein) und wohin der Aufprall letztlich führen würde. Nach mehr als einem Jahr hat sich das Ganze beruhigt, ist dick und krumm geworden und erinnert mich bis an mein Ende an Sophie und unser schönes, unvergessliches Ballspiel.

RENATE

Ich bin Kaiserin

Ja, das bin ich doch, weil man mir einen Kaiserschnitt verpasst hat.

Sogar zwei. Also bin ich doppelte oder zweifache Kaiserin. Ich weiß, dass heute eine solche Geburt an der Tagesordnung ist, oft im Voraus geplant und zu einem festgelegten Termin; da kann der Arzt dann auch beruhigt auf Urlaub gehen.

Bei mir war es jedes Mal eine ad hoc Entscheidung. Jedes Mal wollte das kleine Wesen einfach nicht heraus, hatte es sich gemütlich eingerichtet in meiner Bauchhöhle und wuchs und wuchs. Stiegen steigen, Wohnung putzen oder heißes Bad nehmen konnte es nicht herauslocken, auch keine 26 Stunden Wehen. Und so schritt man eben aus purer Notwendigkeit zum Äußersten: Man trennte uns gewaltsam.

Mein Arzt, Dr. T., vor vier Wochen ist er 92jährig gestorben, überlegte noch mit mir – eigentlich komisch in der Situation – wie denn der Schnitt aussehen solle: der gute alte senkrechte, der den Bauch so schön in der Mitte durchtrennte, oder der neue »Pfannenstielschnitt«, auch Bikinischnitt genannt, etwas unterhalb des Bauches und horizontal verlaufend. Bei kurzer Begutachtung meinte er, ich sei wohl nicht der Typ für einen Hängebauch – und entschied sich für die »moderne« Version.

Ein großer, kräftiger und gesunder Bub wurde herausgefischt. Damals war ein Vier-Kilo-Kind, im Gegensatz zu heute, noch eine Seltenheit. Er wurde der Liebling aller Schwestern auf der Station, weil er schon so »fertig« war und man schon »so viel mit ihm machen« konnte. Was das wohl war? Jedenfalls war er das einzige Baby, das einen Schnuller zur Beruhigung bekam, weil er ein enormes Saugbedürfnis an den Tag legte und mehr als alle anderen Neugeborenen schrie. Zwei Wochen verbrachte ich im Krankenhaus, damals üblich nach einer »sectio«, heute sind es, glaube ich, vier Tage.

Beim nächsten Mal waren mein Arzt und daher auch ich überzeugt, dass es »normal« ablaufen würde, eine Geburt ohne Skalpell oder Saugglocke. Aber nein, unsere Hanna machte uns einen Strich durch die Rechnung. Wieder ein

Kaiserschnitt, ein notwendiger, nicht geplanter. Diesmal etwas mehr Komplikationen, innere Verwachsungen und Vernarbungen, Fieber, auch ein zarteres Wesen – aber schließlich alles mit einem glücklichen Ende.

Ja, so wurde ich zur zweifachen Kaiserin. Meine kaiserlichen Insignien sind noch heute sichtbar.

Zu gewissen Zeiten, gewissen Wetterbedingungen melden sie sich, jucken oder zupfen ein bisschen, zu sehen noch ein dünner Strich. Ein Hängebauch, nach weiser Voraussicht meines Arztes, hat sich nicht eingestellt, und der Bikini verrät – außer meinem Alter – auch nichts.

RENATE

Von Kopf bis Fuß

Was ich gerade am Körper trage – ein blaues Kleid, es ist ein wenig eng und ich trage es nur mehr zuhause, mit Leggings und Socken. Natürlich trage ich bereits Make-up, Ohrringe und meine Hörgeräte sowie Mamas Reisering. Den Ring, den ich so gerne rechts trage, lasse ich gerade weg, weil ich das Gefühl habe, meine Finger sind ein wenig steif. Früher trug ich immer, gar immer, Augen-Make-up, aber leider geht das nicht mehr wegen meiner Allergie gegen die Wimperntusche.

Ich trage wirklich immer einen BH und, außer es ist ganz heiß, ein leichtes Unterhemd von Mey. Die Unterhosen sind jetzt eher einfach und ich brauche leider immer eine Slip-Einlage. Mein Kummer sind meine Flachwarzen, die sich über den Körper verteilen, und das, was sich sonst noch abspielt. Meine Nase ist oft zu, wegen der Allergie. Ohne Brille, die ich vorher unterschlagen habe, geht eigentlich nichts mehr. Ich habe eine Gleitsichtbrille für dauernd und eine eigene Lesebrille. An den Füßen trage ich, wie gesagt, Baumwollsocken und rote Hausschuhe mit Einlagen. Wenn ich jetzt hinausginge, würde ich mich vorher umziehen. Und flache Schuhe tragen, weil ich gerade von einer Achillessehnenentzündung genesen bin.

An meiner linken Schulter habe ich eine Narbe, die man kaum sehen kann, aber der Arm ist seit einem Rolltreppensturz 2010 zertrümmert. Das Datum weiß ich ganz genau, denn da war ich erstmals alleine in der Wohnung, alle Kinder ausgezogen beziehungsweise mein Jüngster ein Jahr in Kanada, und dann kam meine Mutter zur Pflege. Meine Lunge ist oft belegt wegen der Allergie, und dann bekomme ich wenig Luft. Mein Internist ist allerdings ganz zufrieden mit mir, obwohl ich starke Osteoporose habe und alle sechs Monate eine Spritze bekomme, die helfen soll, das Kalzium einzulagern. Davon werden meine Glieder im vierten und fünften Monat steifer, was aber laut Experte von der Endokrinologie keine bekannte Nebenwirkung ist! Natürlich bin ich mit dem Alter bereits einige Zentimeter kleiner und etliche Kilos schwerer geworden.

Meine Hände haben das ihrige mitgemacht: Gelenksentzündungen und dann mit 16 die Verbrennungen dritten Grades an der linken Hand. Dort bin ich immer noch extrem kälteempfindlich. Außerdem habe ich eine Gallen-OP hinter mir, aber das ist sicher über 20 Jahre her, genauso wie meine Blasenhebung. Am rechten Bein hatte ich eine Venen-OP sowie einen Ermüdungsbruch, links zweimal einen Bänderriss, und erst neulich die bereits erwähnte Achillessehnenentzündung, die mich ein volles Jahr beschäftigt hat und wegen der ich derzeit nicht mehr tanzen kann. Vergessen habe ich meine rechte und linke Frozen Shoulder, die mir auch viel Therapie verschafft haben. Zu jener Zeit habe ich noch gearbeitet.

Für meine Schulter brauche ich beinahe ununterbrochen Therapie, für meine Atmung mache ich Übungen. Und was sich sonst so im Inneren abspielt, weiß ich nicht. Nachdem ich ewig an zu niedrigem Blutdruck und fürchterlicher Migräne litt, war die Migräne mit dem Wechsel weg und der Blutdruck ging hinauf. Also wurden mir Blutdruckmittel und Statine verschrieben, die waren allerdings Histamin-Liberatoren, aber seitdem sie ausgewechselt wurden, geht's wieder besser.

Mein Immunsystem ist sehr gut, ich stecke mich nicht so leicht an und bin gut geeignet zur Krankenpflegerin. Meine Probleme haben mir zu einer Zugehfrau verholfen, die mir seit 35 Jahren schwere Arbeiten abnimmt. Mein größter Vorteil ist, dass ich immer und überall gut schlafen kann und dass mir auf Reisen nichts fehlt. Manchmal kann ich nicht alles mitmachen, aber ich bin zwischendurch ganz gerne mit mir allein und gönne mir ein Nickerchen.

MARIA

Die Blinddarmnarbe. Kintsugi

Die Blinddarmnarbe, meine Uralt-Gefährtin! Rechts unten, nur noch für mich zu sehen, eine Begleiterin, seit ich 4 bin. Kirschen gegessen, die ersten Kirschen meines Lebens, auf einem Ausflug nach St. Veit im Pongau. Ich erinnere mich an ein burg-artiges, weißes und doch finsteres Bauernhaus, die Familie hieß Jennewein. Oma kannte die Bauern noch aus dem Krieg, damals war der Onkel Erich als Kind in der Lungenheilstätte. Schwarzweißfotos von Liegestühlen und Decken in der Wintersonne, Tuberkulose, alles fremd und magisch für mich, wie diese Kirschen…

Danach Bauchweh, wie Messerstiche, nein, wie ein einziger Dauerstich, atemraubend. Brüllend ich, im Auto auf der Heimfahrt, auf der Rückbank. Hast du die Kerne geschluckt? Ja. Wieso? Wieso nicht? Alle Kerne aller Kirschen, zu viel für einen vierjährigen Bauch. Keiner hat's mir gesagt. Die Kirschen waren so köstlich. Vielleicht habe ich deshalb mein Gefühl nicht gehört: dass diese Kerne doch sehr groß sind zum Schlucken, ungewöhnlich sind… und dass sich das nicht ganz richtig anfühlt? Runter damit, schluck, mpf. Dann Krankenhaus, erneutes Brüllen, weil sie mich von Mutti losreißen wollen, die mich trägt wie ein Äffchen. Zwei Schwestern braucht es, um mein Klammern zu lösen. Ich klammere um Leben und Tod. Notoperation, Äthernarkose, ein giftstinkendes weißes Tuch aufs Gesicht gedrückt, Brüllen bis zum Sterben. Irgendwann Aufwachen mit einem Sandsack auf dem Bauch, in einem Gitterbett mit Stahlzaun. Unerträglicher Durst. Du darfst nichts trinken, sonst stirbst du, sagt eine hellblauweiße Krankenschwester. Meine Augen sind noch halbverklebt, aber ich sehe eine Schnabeltasse und trinke dann doch, unbewacht, im Glauben, dass ich jetzt sterben muss. Dann eine Woche als Kind ohne Eltern im Krankenhaus. Es ist Sommer 1961, Besuchszeit täglich von 2 bis 4, und ich bin erst vier Jahre alt! Trauma. Es reißt mir die kleine Seele noch tiefer auf. Oder verbannt sie noch weiter hinter die Glaswand. Die Bindungsstörung habe ich schon seit meinen ersten Lebenswochen. Aber jetzt ist sie schlimmer. Das ist die wahre Narbe.

Der rote Wulst rechts unten am Bauch, der wurde langsam blasser und flacher. Die weißen Punkte vom Nähen links und rechts des Schnitts sind schon lange nicht mehr sichtbar und der Querstrich so dünn und blass wie ein Neumond. Doch gerade habe ich nachgesehen. Nein, der Strich ist nicht blass, inzwischen ist es eine feine dunklere Linie, sommerbraun auf sommerbraunem Bauch! Ich bin ja in diesem Erderwärmungs-April schon öfter am Salzachstrand in der Sonne gelegen. Ja, das macht Falten, aber die Falten machen *mir* nichts. Mit meinen 67 Jahren, in meinem ersten Jahr ohne Arbeitenmüssen, in meinem zähen Frauenkörper, Mutterkörper, Tangokörper, Postmenopause-Trockenhautkörper, in meinem Geliebtenkörper, Bergsteigerinnenkörper, ächzenden Wehwehchenkörper, Arthritiskörper, Yogakörper, in meinem Wie-lange-hältst-du-noch-so-brav-durch?-Körper.

Die Blinddarmnarbe ist wirklich weg, nur noch ein Wissen. Die andere Narbe ist geblieben: die unsichere Bindung, im Fachausdruck. Im Lebensausdruck: keiner ist wirklich da, keiner ist ganz wirklich. Die anderen sind anders. Man muss lieb sein, dann bleiben sie vielleicht. Man muss schnell ankommen und gemocht werden, von möglichst vielen, dann ist es ein bissi sicherer in der Welt. Man muss das selber machen, und unter Kontrolle behalten. People-pleasing geht vor Self-care. Oder: People-pleasing *ist* Self-care. Dieser Irrtum ist die Narbe.

Aber ich habe sie verwandelt, ja, auch die Seelennarbe. Ich sehe sie als vergoldeten Strich. Kintsugi. Eine aufwändige japanische Reparaturtechnik, Reparaturkunst: Zerbrochene Gefäße neu zusammensetzen, die Sprünge und Narben mit echtem Gold bedecken. Ich habe ein polyamouröses Leben geführt, das war viel Gold und ein paar weitere Risse. Ich bin eine souveräne, selbsterhaltende, selbständige Frau geworden. Selbst stehend hieß, sich nicht anlehnen. Ich habe alles geglaubt, und in Wirklichkeit nichts geglaubt. Lieber alles mit eigenen Augen überprüft. Unterrichten in Kolumbien und Babysitten in Oregon, Wohnen in Lissabon und in Medellín, als Sennerin arbeiten im Kanton Uri und mich von einem Butler bedienen lassen in Abu Dhabi. Ich habe alles selbst ausprobiert, mitgemacht, am eigenen Leib erfahren und danach erst geglaubt. Nein: gewusst! Das war einfacher als Glauben. Und es war viel Gold auf viel Narbe.

Aus allen Körpernarben habe ich gelernt, mich brav gefragt: Was hätte ich anders machen sollen? Aus der Krebsnarbe unter der Achsel: keine künstlichen Hormone! Aus der Narbe vom Elektrohobel am Daumenballen: nicht alles selber machen! Aus der Narbe zwischen den Fingerknöcheln von der Zugsäge: Handschuhe verlangen, mich schützen und nicht der »eager beaver« sein! Das gleiche Fazit habe ich gezogen aus der Hepatitis, die ich mir chez Mutter Teresa im Sterbehaus in Kalkutta geholt habe.

Aber was habe ich aus meiner ältesten Narbe gelernt, beim Kirschkernschlucken und beinahe Blinddarmdurchbruch? Ich war wohl zu klein, um mehr daraus zu lernen als »wie man Kirschen isst«. Diese Narbe war zu sehr ein Teil von mir.

Da fragt mich heute eine Freundin: Warum hat denn damals niemand auf dich geschaut beim Kirschenessen? Und ich sehe ganz deutlich zwei Gestalten. Die eine im vollen Schwung von people pleasing, es ist eine junge blonde Frau mit ihrem Mann und ihren Schwiegereltern und ihrer kleinen Tochter, die schon so selbstständig und so brav ist. Alle essen Kirschen. Aufgesogen von der Geselligkeit des Familienausflugs ist die Frau, die selbst keine Eltern mehr hat. Die andere Gestalt ist ein Kleinkind, ein Mädchen mit Lockenkopf und einem viereckigen Gesicht, im grünen Schatten unter den hohen Kirschbäumen. Sie bleibt brav in der Nähe, sie spricht viel, hohe Stimme, großer Wortschatz. Nur was in ihr vorgeht, bleibt unhörbar. Sie hat gerade etwas Neues und Wunderbares entdeckt, und irgendetwas ist seltsam daran, aber nur ganz leise. Und sowas behält sie am liebsten in sich, nur da ist es sicher.

ELISA

Körperteile – den Körper teilen?

»Meine Haut und meine Hände, die behalte ich… alles andere darf ausgetauscht werden. Bitte! Tausch mich aus!« – Ich liege in meinem Bett im finsteren Kinderzimmer und verhandle mit dem lieben Gott. Ich will einen anderen Körper. Den Körper von Marlies Heger oder den von Brigitte Angerer, Klassenkameradinnen in der Volksschule Gnigl. Sie sind kräftig, sie können Bockspringen, sie haben keine Angst, sie können den schärfsten Ball beim Völkerball fangen und schießen. Ich bin schmal, ich bin schmächtig, ich habe dünne Beine, ich fürchte mich und bin oft krank. Erbrechen, Fieber, Darminfektion. Danach bin ich noch dünner. Bitte tausch mich aus, lieber Gott!

Aber wenn ich es dann genauer durchdenke, stoße ich immer an die unlösbare Frage: Wenn mein ganzer Körper ausgetauscht wird, und ich den Brigitte-Körper habe – wie merke ich dann, dass ich noch *ich* bin? Oder vielleicht ziehe »ich« ja dann mit, mit dem Elisabeth-Körper, ganz hinüber, und merke gar nicht, dass getauscht worden ist? Beides will ich nicht riskieren. Ich bitte um Aufschub und schlafe ein.

Diese Tauschmichaus-Gespräche mit Gott führe ich oft als Kind. Nur meine Hände will ich behalten, meine Hände könnten mich retten: durch sie würde ich »ich« bleiben und mich erinnern. Ich würde mich über den neuen Körper freuen *und* weiterhin noch gut zeichnen können.

Warum meine Hände? Sie sind so eindeutig meine, so »ich«, so unverwechselbar. Klein, schmal, braun, fein gegliedert und doch stark. Und sie sehen viel erwachsener aus als ich, sind faltig, schon immer. Einmal nach der Schule im Bus halte ich mich stehend mit anderen Fahrgästen zusammen an einem Metallgriff fest und sehe meine Hand hervorstechen, fremd wie zum ersten Mal gesehen, runzlig, knochig, dunkel. Gar nicht schön in dem Moment, aber meine. Ich finde, meine Hände sehen alt aus, uralt. Meine Mutter sagt, sie sehen begabt aus und geschickt wie die meines Vaters: intelligente, schöne, sympathische Finger mit großen hellen Nägeln. Sie sind das einzige, worauf ich stolz bin aus seinem großen körperlichen Erbe. »Ganz der Papa ist sie!« – vor diesem Satz möchte ich mich verkriechen.

Die Hände meines Vaters sind schön geblieben bis zu seinem Tod. Und sie sahen jung aus, das jüngste und sportlichste an dem alten dicken Körper, der da lag mit dem Kopftuch, das seinen Kiefer hielt, auf der roten Wohnzimmercouch am Morgen nach seinem Herztod.

Meine Hände sehen sogar heute noch etwas älter aus als ich. Und das heißt etwas, bei Sechzig-plus! Eidechsen-Hände, immer noch klein und beweglich, faltig und braun mit hellen Nägeln. Nagellack sah immer lächerlich aus auf diesen Händen. Ein Diamantring, mehr hat nicht Platz. Sie haben Arthritis und schmerzen oft so, dass ich stöhne. Die Primäre Rheumatoide Arthritis ist ein Erbe, genau wie der Diamantring, von der Oma. Aber an meinen Fingern sieht man die Arthritis-Knoten noch nicht. Vielleicht wird man sie nie sehen. Ich darf anders leben und anders essen als Oma, ganz anders!

Heute will ich mit niemandem mehr Körper tauschen. Weil ich so gut Tango tanze, und wegen der unzähligen Stunden im Fitnessstudio und auf den verschiedensten Teppichen und Hotel-Badematten der Welt und weil scharf geschossene Bälle in meinem Leben nicht mehr vorkommen. Aber auch wegen der Narben. Ich würde sie nicht mehr hergeben, sie sind wie Inschriften. Und wer sonst könnte etwas mit ihnen anfangen und ihre Geschichten erzählen? Die Blinddarmnarbe, fast 60 Jahre alt, die kann nur noch ich sehen. Und das »Knopfloch« unter der Unterlippe, das mich einen Milchzahn kostete und genäht werden musste nach dem Sturz auf den Kohlenkübel – es ist nur noch für mich da. Die Narben an den Knien, von namenlosen Stürzen auf Schotterstraßen und Asphalt … die Narbe von der großen Säge beim Brennholzmachen in der französischen Bergkommune, mit Tonerde, argile, und Honig geheilt … die Narbe am Daumen vom Elektrohobel, vom Dachausbau und Beweisen, dass ich als Frau auch Bauarbeiten machen kann … und diese neue Narbe, ein kleiner Schnitt unter der Achsel: Brustkrebs, und weiter nichts. Nur mir kann sie zuzwinkern.

ELISA

3. Spieglein, Spieglein an der Wand… Oder: Frau und Schön-sein-müssen: Hört das denn nie auf?

Oil of Olaz

Ich lese aufmerksam Barbaras Text: Sie ist noch etwas älter als ich und schreibt humorvoll über ihre Abendroutinen, das »persönliche Nachtprogramm« einer 70jährigen gepflegten Frau. Fasziniert lese ich hinter dem Literarischen auch das Praktische: Vielleicht kann ich etwas lernen? Vielleicht hab ich etwas übersehen? Ja, Vichy-Gesichtspflege habe ich definitiv übersehen, seit Jahrzehnten schon. Und das mit der Zahnseide krieg ich auch nicht täglich hin, immer nur erst dann, wenn ein Zahnhygiene-Termin ansteht, ein, zwei Wochen vorher mach ich das mit dem wolligen Faden täglich, und ärgere mich, weil er an einer Kante hängenbleibt und ausfranst und dann ein hauchdünner Teilfaden von dem Faden vielleicht zwischen den Zähnen hängenbleibt. Schlechtes Gewissen. Die Falten habe ich sowieso schon lang, von viel Sonne auf vielen Bergen und in vielen heißen Ländern in vielen Wintern. Da hätte Vichy auch nicht geholfen, eher mehr Schatten. Und mehr schlafen. Wieder schlechtes Gewissen: Geschlafen habe ich nie genug, schon seit ich fünfzehn bin. Als mein Sohn klein war, habe ich meistens in der Nacht gearbeitet und tagsüber nur während der paar Stunden Krabbelstube oder Kindergarten. Als noch relativ »neue« Trainerin habe ich Seminarkonzepte und Seminarmappen selbst geschrieben, alle Themen neu, alle Texte neu, kein copy-paste. Manchmal habe ich damals ein Brennen in der Herzgegend gespürt und dachte halblaut: Das ist nicht gesund, was ich da mache. Aber die Karriere war wohl spannend und freudig und steil genug, um nicht krank zu werden. Und das Kind war der Himmel und sein Papa auch.

Auf Fotos und im Spiegel sehe ich: es sind Falten von viel Leben und von vielleicht etwas zu viel Tiefgang. Tiefgang ist etwas anderes als nur Traurigsein. Und ich habe genau die Falten, die ich immer haben wollte, je früher desto lieber. Sagte ich. Bis sie dann wirklich kamen. Meine Lieblingsprofessorin im Gymnasium, mein großes Vorbild für alles, hatte solche Falten: Krähenfüße, ums Auge auseinanderstrahlende Falten. Von viel Mimik. Meine viele Mimik hätte ich mir sowieso nie abgewöhnen können, genauso wenig wie das Grübeln und die Liebe zur Sonne.

War ich zu rau zu mir selbst, zu meinem Körper, dem einzigen, den ich habe und mit dem ich bis zum Schluss auskommen muss? Lange Zeit war ich das wohl. Schier unendliche Energie zu haben, ist eine Falle. Die Energie kam nicht aus einem starken Körper, eher aus der Freude und der Neugier, aus dem Stress und dem Erfolg, aus Adrenalin- und Belohnungs-Rausch. Mit 15 begann ich zum ersten Mal in meinem Leben zu trainieren: Statt des Turn-Unterrichts durften wir im Gymnasium in einer Neigungsgruppe Judo lernen, bei einem Trainer der Polizei-Sport-Schule. Zum ersten Mal in meinem Leben hatte ich Kraft und Kondition. Das schmächtige kränkelnde übersensible x-beinige Kind war endlich überwunden. Von da an bis zum Mutterwerden war klar: Mein Magen verträgt alles, Schlaf brauche ich kaum, ich kann jedes Gewicht tragen und jedes Auto anschieben, und wenn ich mal ein Medikament brauche, dann eher mehr davon einnehmen als verordnet, denn viel hilft viel. Erst als ich schwanger war, mitten im Erwachsenenleben, konnte ich die sehr lange Kurve beginnen: zum Wieder-Spüren und Wieder-Zart-Sein. Noch bin ich unterwegs dorthin, aber schon fast da. Noch heute hadere ich manchmal mit dem »Preis« fürs Filigrane: Zerbrechlichsein, nicht alles können, nicht alles aushalten – trau ich mich das? Mag ich das? Ist das ein Verlust oder ein wohliger Luxus?

Manchmal höre oder lese ich etwas über Gesundheit oder Körperpflege, das mich begeistert – und sofort wende ich es an. Ölziehen, Leberwickel, Beinwell auf die Gelenke, Ashwagandha und Astragalus kauen, Grüntee statt

Schwarztee. Mit großem Appetit praktiziere ich, ein paar Tage oder Wochen lang. Weniges habe ich wirklich beibehalten. Täglich, über Jahre: das Leinöl im Müsli, den Curcuma-Pfeffer-Aloe-Mix,… Aber auch das Zuhören zu zweit jeden Morgen, eingekuschelt, egal wo wir sind, egal wie früh wir dafür den Wecker stellen müssen. Und einander wunderschön finden und es zeigen. Viel Oxytocin – das Bindungshormon ist angstlösend – und ein bisschen Weinen vor Glück oder vor der »allzugroßen Welt«. Jeden Morgen.

Es gäbe so viel mehr, was ich täglich tun sollte. Auf einem Gymnastikball sitzen und gelegentlich meinen Rücken aushängen. Massagefußbäder nehmen gegen das Morton-Neurom und den gelegentlichen Fersensporn. Klangschalen auf den Bauch gegen die riesige Zyste in der Leber. Apfelessigwasser und Brennnesseltee zubereiten. Ein Vollzeit-Job wäre das! Bei meiner Mutter kann ich sehen, wie unbarmherzig dieser Vollzeit-Job sowieso seinen Platz fordert. Bin ich in 24 Jahren dort, wo sie jetzt ist? Meine Mutter war nicht rau zu sich selbst. Sie war zwar sportlich, aber viel vernünftiger als ich. Ich finde nur, sie hat zu wenig geweint. – Jedenfalls mag ich jetzt noch nicht diesen »Vollzeit-Job« annehmen. Ich bin mit den Wartungsarbeiten noch im Teilzeit-Modus. Mache mein Yoga, nicht täglich – schlechtes Gewissen – aber oft und gern. Mache mein Muskeltraining mit einer Trainerin am Bildschirm und fluche, weil es »vor Corona« viel leichter war, einfach ins Fitnessstudio zu fahren und mich von einer realen Trainerin, der Gruppe, der Musik und den starren Beginnzeiten dort »zwingen« zu lassen. Motivation kaufen, das war mir lieber als sie mühsam selber erzeugen. Seit neuestem bitte ich S., dass er mich zum Turnen »auf die Matte schickt« oder sogar gemeinsam mit mir anfängt, bis ich die erste Übung gemacht habe. Danach kann mich nichts mehr stoppen. Und ja, seit neuestem wärme ich mich sogar brav auf, auch wenn das 10 Minuten extra Zeit braucht – immerhin!

Ich steige auf den Untersberg und stapfe auf den Gaisberg, ziemlich schnell – aber nur, wenn mich niemand antreibt. Ich hüpfe nach dem Saunaaufguss prustend und schnatternd ins kalte Becken – aber nur, wenn keiner sagt, ich soll das jetzt tun. Und ich springe nicht über Gletscherspalten, auch wenn der Bergführer sagt, dass ich es kann und dass ich die Grenze nur im

Kopf habe. Aber ich glaube ihm nicht, glaube lieber mir selber und meiner Geschichte. Ich habe eine Geschichte – im Kopf und in den Beinen – vom Springenmüssen, und auch diese Geschichte und mein Kopf sind Realität. Ich liege, sobald es warm wird, immer noch am Salzachstrand im heißen sonnigen Sand und fühle, dass es meinen Knochen und meinem Gemüt wohltut, auch wenn es die Haut »alt« macht. Und ich tanze fast täglich mit Heini Tango, seit einem Jahr schon mit flachen Übungsschuhen. Ob das viele Tanzen meinen Füßen guttut, weiß ich nicht und ich will es nicht wissen. Ich würde es sowieso tun. Es tut woanders gut, fast überall. Meine Füße, meine Hände, meine Falten, meine Narben – alle erzählen sie schamlos von meinem »Lebenswandel«. Auch das ist eine Biografie.

ELISA

Ich habe mich gefragt: Was soll ich heute anziehen?

Ich habe mich schon oft gefragt, wie ich es täglich schaffe, angezogen aus dem Haus zu kommen. Ich beobachte dann Frauen, für die das ganz selbstverständlich scheint. Sie haben einen sicheren Griff dafür, wie sie sich heute fühlen und welches Wetter sie zu erwarten haben. Bei mir ist das ein längerer Prozess, weil da, wo ich wohne, das Klima nicht nur höchst unzuverlässig ist, sondern die Morgentemperatur gut und gerne über 15 Grad unter der zu erwartenden Mittagstemperatur liegt. Das schafft für mich große Probleme hinsichtlich des passenden Schuhwerkes, besonders wenn mittags alle in der Altstadt mit Sandalen flanieren und ich mit festem Schuhwerk dastehe, das um 07:17, als ich los ging, genau richtig war. Ein anderes Problem sind die passenden Jacken. Habe ich endlich ein Oberteil gefunden, das ich gerne tragen würde, schiebt es sich über meiner Brust ganz ungut zusammen, sobald ich in eine Jacke oder in ein Sakko schlüpfe.

Gut ging es mir, als ich meine Berufsuniform, Hosenanzug oder eben Hose und Sakko, trug. Da ließ sich alles mit einem Schal und dem passenden Schmuck regeln. Am schlimmsten ist es, wenn ich zu einer Veranstaltung oder ins Theater gehe. Bälle fallen ja gottseidank schon länger weg. Das ist eine andere Geschichte. Ich habe also einen Plan, was ich tragen möchte, aber irgendetwas an meiner Silhouette stimmt nicht. Das heißt, ich probiere in relativer Zeitnot noch einige Kombinationen aus. Da ich nie wissen kann, ob ich zu genau dieser Kombination zurückkehren werde, werfe ich sie alle elegant auf mein Bett und hänge sie vorerst nicht wieder auf. Habe ich mich endlich entschieden, habe ich es bereits so eilig, dass alles am Bett liegen bleibt und ich es, wenn ich heimkomme, erst aufhängen oder, falls ich dazu zu müde bin, umlegen muss. Wenn ich schlussendlich im Theater erscheine, bekomme ich entweder ein Kompliment oder einen anerkennenden Blick oder aber ich sehe eine andere Frau, die total schick aussieht mit etwas, was ich zuhause gar nicht in Erwägung gezogen hatte.

Gut geht es mir auf Reisen. Es kann zwar schon passieren, dass meine Vorbereitungen damit starten, dass ich noch was Neues einkaufen muss. Das verbuche ich dann unter Folgekosten, genauso wie einen dazu passenden BH. Ich bin also gefühlt gut ausgerüstet, habe alles gewaschen, bis auf das, was ich gerade am Leib trage, und lege mir meine Reisegarderobe auf dem Bett aus. Dazu muss man wissen, dass ich mit einem Koffer reise, der maximal 18 Kilogramm fasst, kompakt ist und von mir trotz meiner lädierten Schulter gut gehandhabt werden kann. Mit diesem Koffer komme ich auf Reisen leicht drei Wochen aus. Das ist eine gute Zeit für mich mit dieser limitierten Kleiderauswahl und mit genau drei Paar Schuhen. Auf Reisen bin ich echt gut, weil drei Schals überall hineinpassen.

Aber daheim, da weiß niemand, was es mir abverlangt, täglich angezogen aus dem Haus zu gehen. Ich habe auch schon reichlich Geld für sogenannte unfehlbare Kombinationen ausgegeben und darüber nachgedacht, wie ich die

Traumata meiner Jugend und die Stimme meiner Mutter aus meinem Kopf verbannen könnte. Das Trauma hat damit zu tun, dass meine Großmutter lange für mich genäht hat und ich eine Zeit lang wie ein Riesenbaby ausgestattet war. Alles, was sie nähte, konnte über mehrere Jahre ausgelassen – das heißt, der Saum oder die Ärmel konnten verlängert – werden. Das bedeutete aber auch, dass es nur eine kurze Zeitspanne gab, in der es mir wirklich passte. Es war mir also entweder zu groß, zu klein oder zu eng. Diese Phase meines Lebens wurde abgelöst durch die Zeit, in der wir zweimal im Jahr einen Koffer mit abgetragener Kleidung aus der Schweiz bekamen. Aus dieser Fundgrube versuchte ich dann mit wenig Erfolg, mir etwas Schickes zusammenzustellen.

Dazu kamen gleich drei weitere Probleme. Ich war Fahrschülerin, fuhr erst 20 Minuten mit dem Rad zum Zug, eine Gangschaltung gab es noch nicht, danach 15 Minuten in einem überfüllten Bummelzug und schlussendlich ging es noch gute 20 Minuten per pedes zur Schule. Ich kann mich gar nicht erinnern, einmal nicht derangiert in der Schule angekommen zu sein, während die Anwalts-, Arzt-, Architekten- und Geschäftsleutetöchter im Twinset schon auf ihren Plätzen saßen.

Das andere Problem war meine Mutter. Sie hat mir eine Heidenangst vor kalten Steinen und generell vor jedem kalten Windstoß, der ›da unten‹ hinkommen könnte, eingejagt. Das heißt, weil wir keine Hosen tragen durften, bekamen wir eine ›Eulalia‹, eine wollene meist braune warme Unterhose, die bis zum Knie reichte, unter den Rock. Die Eulalia war in der Klasse gleich einmal zu warm, und es machte sich auch schnell ein unangenehmes Jucken bemerkbar. Wie aber aufs WC, wie eine braune Eulalia zurück in die Schultasche schmuggeln?

Die größte Herausforderung war, dass mich meine Mutter bis zum Schluss, da war sie 92, ihrem äußerst kritischen Blick unterzog, ganz egal, wie alt ich war. Sie hielt mich kurz auf Abstand und musterte mich von oben bis unten. Die Bemerkungen reichten dann von: »Ist dir so nicht kalt?« bis zu »Ich denke, ab einem gewissen Alter sollte man nicht mehr so viel Ausschnitt tragen!« Sie konnte auch handgreiflich werden und eine Jacke, die ihr hinten zu kurz schien, hinunterziehen. Sie machte aber nicht bei mir, ihrem Prachtstück, halt.

Sie hatte die Angewohnheit, ihre gesamte Umgebung zu taxieren. Die schlechte Haltung der Frau mit der Handtasche, das zu laute Muster einer Bluse, ein unvorteilhaftes Kleid, eine zu kurze oder zu enge Hose und eine Laufmasche links hinten. Nichts, aber auch gar nichts, entging ihrem Blick.

Wen wundert es also, dass ich mich oft mit ihrem Blick sehe. Da nützt es gar nichts, dass andere das anders sehen. Ob ich denn nicht alt genug wäre, sie aus meinem Kopf zu verbannen? Natürlich, natürlich bin ich alt genug und meistens gelingt es mir ja ganz gut. Aber die Rückfälle machen mir zu schaffen.

MARIA

Schneckerl

Bei Henna war ich nie dabei – rostrot oder rotbraun steht mir einfach nicht, das brauchte ich gar nicht auszuprobieren. Lila und grün auch nicht. Höchstens bei Hosen, Socken und Schuhen, aber nicht an der Gesichtshaut. Meine Mutter war Frisörin, Meisterin sogar, unfreiwillig aber tapfer hat sie das gelernt, nachdem man sie zum Schulabbruch zwang nach der vierten Klasse Gymnasium, damit sie mit 15 ihre krebskranke Mutter pflegen und den Haushalt für die Familie machen konnte. Ich glaube, Haare waren deshalb immer ein recht rationales und fast nebensächliches Thema. Auf meine Wünsche in der Pubertät, die Locken geradezubiegen, ist sie gelegentlich eingegangen mit einer »Brennschere«, die mit einem Spirituskocher heiß gehalten wurde. Den Geruch mochte ich auch später noch, bei Mittagsbuffet-Warmhaltern ist er wieder angenehm aufgetaucht.

Meine Mutter hat uns allen die Haare geschnitten, klar. Es gibt ein Foto von mir, da war ich wohl 4 oder 5. Ich sitze mit todernstem Prinzessinnengesicht und neuem Kurzhaarschnitt im Frisierumhang oder Bademantel auf einem winzigen Korbstuhl, die Arme verschränkt und beide Großzehen jeweils über die Nachbarzehe gesteckt. Ich wollte nicht weinen, war aber sehr gekränkt. Es war Haarschneideabend, und mein kleiner Bruder war gerade übertrieben gelobt worden, fand ich, nur weil er sich so brav die Haare schneiden ließ. Und ich? Wurde, fand ich, nie gelobt. Obwohl mir schon viel öfter die Haare geschnitten worden waren. Heute bin ich erstaunt darüber, wie meine Mutter diese »Kindergefühle« wahrnahm und einfangen konnte auf den Schwarzweiß-Bildern, mit der damals recht komplizierten Kamera.

Haareschneiden war keine gefährliche Sache. Haarewaschen aber wohl. Zu früh hatte sie mich einmal in den Frisiersalon mitgenommen zum Haarewaschen, da war ich zwei oder drei. Mir wurden die Haare von ihrer Kollegin »nach vorn« gewaschen, also mit dem Gesicht und dem ganzen Kopf ins Waschbecken gedrückt, und ich dachte, sie wollten mich ertränken. Von diesem Tag an hatte ich schreckliche Angst vorm Haarewaschen, und ich bekam sogar ein Bilderbuch übers Haarewaschen – wahrscheinlich ein Heilungsversuch. Heute wundere ich mich: über so wenig Gespür der Erwachsenen damals und über so viel Gespür von meiner Mutter. Und darüber, dass sie in dem recht beschränkten Bilderbuchangebot von 1960 schon etwas übers Haarewaschen finden konnten.

Als sehr kleines Kind hatte ich den Kopf voller Löckchen. Schneckerl und Wuschelkopf nannten mich mein Vater und meine Großeltern. Mein Vater nannte mich auch manchmal Apfelkopf, weil ich ein sehr rundes, ich fand eher ein »viereckiges«, Gesicht hatte. Ich fand mich überhaupt zu wenig weiblich, zu wenig »Mädchen«. Meine Taufpatin schenkte der schwarzhaarigen anderen Patentochter immer rosarote Pyjamas, mir immer türkise. Weil das besser zu meinen blonden Haaren passte. Für mich war türkis eine Bubenfarbe.

Als ich drei war, war meine Mutter wieder schwanger und danach stillte sie. Ich weiß, dass ich ständig an meinen Brustwarzen zupfte, damit sie endlich wachsen. Ich kann mich noch an das Gefühl erinnern und an die Warnung: Hör auf, sonst bekommst du Krebs. Ich kann mich erinnern, dass sie mich auf mein Betteln hin auch einmal trinken ließ. Die Muttermilch schmeckte mir, obwohl sie anders schmeckte als Milch. Eine Zeit lang streckte ich meinen

Bauch recht nach vor, aber auch das wurde korrigiert. Ich war bauchlos und busenlos und hatte ein viereckiges Gesicht – ziemlich magere Ausstattung für ein Mädchen! Zum Ausgleich zeichnete ich hunderte vollbusige Prinzessinnen mit Reifröcken im Rokoko-Stil. »Das bin ich!«, sagte ich. Die Zeichnungen wurden bewundert und gelobt.

Ich hatte eine schöngekleidete Puppe, die Reinelde. Es gibt ein Foto, wo ich posiere: wieder auf dem Korbstühlchen, mit Reineldes barockem Rüschenkleid als Rock und Reineldes Rüschenhütchen auf dem Kopf. Auf diesem Foto sehe ich sehr zufrieden aus.

Später erst ärgerte ich mich über meine Locken, wollte schnittlauchgrade Haare haben. In den Phasen, wo ich mich mit dem Kräuseln gerade abfand, schloss ich mich der Klassenmode an: Stoppellocken. Biedermeier. Schleifchen. Den Wunsch, ausladende Hüften und dicke Schenkel zu haben, behielt ich noch lange. Weiblich sein! Der Wunsch ging erst in meinen feministischen Jahren weg. Aber ich habe immer noch in meinem Wohnzimmerregal ein winziges Bild von der Venus von Willendorf, als Hologramm.

Erst vor der ersten Indienreise ließ ich mir die Haare radikal kurz schneiden, möglicherweise nicht von meiner Mutter, denn in jener Zeit war ich für meine Familie fast verschollen. Ich war ja vor Vaters Gewalt geflüchtet, hatte den Kontakt abgebrochen und wohnte mit Freundinnen. Der Kurzhaarschnitt war ursprünglich gedacht gegen Läuse, die man ja in Indien automatisch bekommen würde. Nach Indien behielt ich ihn aber bei. Viele junge Jahre lang habe ich mir selbst die Haare geschnitten, ich ließ sie immer etwas kürzer als schulterlang, so ging das Schnipseln am besten. Sie fielen lockig und füllig und ein bisschen wild, also genau richtig pflegeleicht, im Sommer sonnengebleicht, im Winter dunkler. Einmal, in meiner Künstlerinnen- und Aussteigerzeit, hatte ich ein Jahr lang schwarzgefärbte Haare und 20 winzige kurze Zöpfchen mit Perlen als Stopper – aus Kolumbien mitgebracht. Wenn es keine Fotos davon gäbe, würde ich es selbst nicht glauben.

Pflegeleicht, dieser Anspruch ist mir geblieben. Und: das Haar darf nicht kitzeln oder schwitzen oder mir die Sicht nehmen. Drei Mal pro Jahr schneiden, bitte etwas Blond ins Grau, und die Reste von Braun lassen. Das ist meine

Bestellung bei der Frisörin. Zuhause dann Gel drauf, lufttrocknen lassen, zusammenbinden oder irgendwas mit Zopf, wenn ich Zeit habe. Meine Mutter schnitt in den letzten Jahren nur noch sich selbst die Haare, und solange mein Vater lebte, auch ihm. Zumindest bis vor einem oder zwei Jahren war das so. Aber das hat sie zum Glück jetzt mit fast 88 doch einem Salon überlassen. Ihr Herz macht beim »Über-Kopf-Arbeiten« nicht mehr mit. Sie ist jedes Mal kurz unglücklich, wenn sie vom Frisör zurückkommt. »Nein, so brav schau ich wieder aus! Unmöglich! Mit meinen Haaren kann einfach niemand umgehen.«
ELISA

Haarige Geschichte

Weißblaue Haare, zwei Zöpfe und Stirnfransen. Jetzt, mit 75. Oma wurde ich mit 62 Jahren – seither habe ich meine Haare nicht mehr nachgefärbt. Es nervte mich, alle fünf Wochen zum Friseur zu gehen, weil es weiß durchschimmerte. Ursprünglich waren meine Haare braun, ich tönte sie mit Henna, es war alternativ, doch die Haare wurden nach und nach orange. Dann lieber friseurbraunrot. Auch Dauerwellen wagte ich trotz Henna. Danach kinnlang und oben kurz. Frech wollte ich aussehen, mit Haaren, die zu Berge stehen, meine Pubertät war etwas verspätet. Doch nicht zu sehr auffallen. Jetzt als alte Frau falle ich auf, die blauen Zöpfe ziehen Blicke auf sich.

Als Kind hatte ich lange Haare, meine Mutter flocht sie kunstvoll zu einem Kranz am Kopf, klar und straff, sauber und fest. Eine »Bravemädchenfrisur«. Mit vierzehn machte ich meinen Zopf selbst, er hing locker linksseitig. Mit fünfzehn ließ ich mir die Haare abschneiden, die Friseurin verarbeitete ihn zu einem lockigen Haarteil, »Pepi«, man konnte ihn bei Bällen wie ein Krönchen tragen. Fotos von mir mit »Pepi« und Ballkleid gibt es nicht. Der »Pepi« liegt in meiner Erinnerungsschatzkiste, ist noch nicht von Motten oder anderen Einflüssen zerstört. Zärtlich nehme ich ihn von Zeit zu Zeit in die Hand und träume mich zurück in die Jugend, in die Partyzeiten und Tanzversuche.

In meiner Lehrzeit trug ich eine Mittellanghaarfrisur, sehr korrekt frisiert, leicht auftoupiert, aber nicht zu sehr, manchmal mit einem rosa Haarreifen. Es durfte beim Verkaufen kein Haar herunterfallen, in den Staubzucker, den ich abfüllen musste, oder in den frischgezapften Essig. Haare sollten immer anständig frisiert sein, sagte man. Haare haben etwas Anrüchiges an sich. In manchen traditionellen Kulturen müssen Frauen, aber nur die Frauen, die Haare bedecken. »Man« will die wilden Kringel, Wellen oder den wippenden Schopf verstecken, zu erotisch?! Im Iran kommen Frauen ins Gefängnis, wenn sie sich kopftuchlos zeigen. Sie haben wunderschöne Haare.

Die verbotene Haarlust brachte auch Frauen dazu, diese ganz abzuschneiden, sich kahlköpfig zu präsentieren, wie die verstorbene Sängerin Sinead O'Connor. Ein Protest gegen einengende Frauenrollen. Die Köpfe wurden auch geschoren, wenn frau ins Kloster oder in ein Gefängnis oder in das Konzentrationslager kam. Es ist eine Entwürdigung.

Menschliches Haar findet sich in vielen Redewendungen wieder: das Haar in der Suppe, eine haarige Angelegenheit, etwas an den Haaren herbeiziehen… ich finde keine positive Bedeutung in Aussagen über Haare. Haarscharf, vielleicht.

Sind sie deswegen so gefährlich, weil sie uns an unsere Tiernatur erinnern, an das Fell und die Zotteln, die wilden? Man kann Haare gestalten, bedecken, verlieren, und sie wachsen nach! Körperhaare an verschiedensten Stellen werden wegrasiert, weggecremt und weggeschabt. Ich lasse sie sprießen und verdecke sie nicht, nur die hexischen dunklen Haare am Kinn, die werden gezupft und wachsen unverschämt schnell nach.

Meine weißblauen Zöpfe möchte ich noch lange behalten, doch auf keinen Fall verzopft werden.

AUGUSTE

Gesichtserkennung: eins

Peter war noch ein Säugling, als ich meine Wurzelspitzenresektion hatte. Da schwoll meine Backe bis unters Auge an und als ich nachhause kam, triefte mein linker Mundwinkel. Georg mit seinen reifen dreieinhalb Jahren war sich sofort der Konsequenzen bewusst und fragte, ob mich Peter wohl noch erkennen würde.

Das war mir natürlich eine Lehre, damals als meine Schlupflider auf Krankenkasse verkleinert werden sollten. Die Ärztin meinte, ich würde mit der Korrektur wirklich nicht zufrieden sein, mein linkes Auge beziehungsweise die Augenbraue hänge ja weiter unten als das rechte. Sie schlage vor, ich solle doch einen Faden in die Braue einnähen lassen, denn dann könne sie die Braue über einen weiteren Faden in die Stirn hochziehen. Ich lehnte das augenblicklich ab, weil ich dann ja nicht mehr aussehen würde wie meine eigenen Kinder, die auch alle die rechte Augenbraue hochziehen können, während die linke unten bleibt.

Da dämmerte es mir plötzlich, weshalb meine Freundin Laura in den USA immer so wütend aussieht mit ihren hochoperierten Augenbrauen. Anfänglich dachte ich mir ja, sie sei einfach verärgert, aber mit der Zeit lernte ich dazu, wo und wann die Straffungen, Hebungen, Glättungen und Auspolsterungen stattgefunden hatten. Sie hat viel Geld dafür ausgegeben, nicht mehr wie sie selbst auszusehen, und es gibt keinen Weg zurück, nur noch vorwärts mit mehr Straffungen, Hebungen, Glättungen und Auspolsterungen.

Meine Freundin Laura ist eine kleine untersetzte Italienerin mit neapolitanischen Vorfahren, bei der ich zwei Wochen in der Sun City in South Carolina verbracht habe. Mit der Zeit ist mir ihr absolut flacher Bach aufgefallen, alle Fettpolster zack weg. Was sie noch machen wollte, war das Winkefleisch an den Oberarmen, ihre Arm Flaps, wegoperieren. Aber inzwischen hat sie in ihrer Pensionisten-Community einen neuen Mann kennengelernt und geheiratet. Im letzten Sommer habe ich dann nichts mehr von der Oberarm-OP gehört, sie hat also trotz der Arm Flaps wieder einen Mann gefunden.

Bevor wir zu unserer 50 Year College Reunion nach New York fuhren, hat Laura noch $400 für einen Friseurbesuch ausgegeben. Bei der Reunion haben wir ihre ehemaligen Freundinnen getroffen, die offensichtlich ganz andere Sorgen hatten und ins Gegenteil abgedriftet sind: Ein langer grauer Rossschwanz, einst Schneewittchen-schwarze Haare mit diffusem Haarschnitt und ein liebloser kurzer Weißhaarschnitt. Nicht, dass es beim Reunion Dinner nicht auch Frauen gegeben hätte, mit denen sich Laura hätte messen können, aber neben ihren Freundinnen war sie die Einzige, die so gründlich in ihr Aussehen investiert hatte. Am schlimmsten sind allerdings die Fotos. Sie zeigen alle Straffungen, Hebungen, Glättungen und Auspolsterungen, außer man hat immer eine persönliche Visagistin bei sich.

Ich frage mich natürlich, ob Laura sich selbst noch sieht nach diesem schweren kostspieligen ›Verkehrsunfall‹, der ihr den italienischen Charme geraubt hat. Gemacht hat sie es angeblich, weil es in ihrem Beruf absolut notwendig gewesen sei, ein junges, frisches Aussehen mit aufgerissenen Augen zu haben. Woran man sie aber noch erkennt, meine Freundin: an ihrer Statur, ihrem Gang und ihrer Stimme, nicht mehr aber an ihrem Gesicht.

MARIA

Gesichtserkennung: zwei

Mein Gesicht im Spiegel ist ein anderes als das auf den Fotos. Kann ich mich selbst wirklich erkennen? Manchmal frage ich mich: Bin ich das wirklich? Ich fremdle mit mir. Ich werde in letzter Zeit öfter angelächelt; es sind meine blauen Zöpfe, denke ich. Mein Gesicht mag ich, manchmal finde ich es zu breit, ein Doppelkinn verstärkt das.

Das Gesicht, der immer nackte Körperteil, den ich selbst nicht sehen kann, nur gegenüber im Spiegel. Oder im Zoom. Da sehe ich mich und sehe gleichzeitig die anderen, ihre Gesichter und ein Stück vom Oberkörper. Wir sind im Sitzen nur halb sichtbar. Unsere Leiblichkeit ist reduziert auf zweidimensionale Halbkörperlichkeit. Trotzdem können wir miteinander kommunizieren. Die Digitalisierung macht vieles möglich und ist gleichzeitig riskant: Ich will auch unerkannt sein können.

Wenn ich mein Gesicht auf Fotos von früher mit den Fotos von heute vergleiche, sehe ich, dass meine Augen noch dieselbe Form haben: eher klein und versteckt. In der Jugend sagten manche zu mir, ich sehe aus wie eine Japanerin. Seit über zwanzig Jahren trage ich eine Brille. Brillen sind eine willkommene Veränderungsmöglichkeit für das Gesicht. Ich hatte schon viele verschiedene Brillenstile: randlose, runde und geschwungene, eckige, rote und jetzt grüne. Sie dürfen nicht zu auffallend sein, nicht zu groß und zu schwarz.

Meine Augenbrauen sind dunkel und werden manchmal professionell gezupft und gefärbt. Meinen Mund mag ich nicht immer, die Mundwinkel sind nach unten gebogen, wenn ich lache, finde ich mich schöner. Meine Zähne zeige ich nicht gerne: Sie sind unregelmäßig und schief. In meiner Kindheit gab es noch keine Zahnregulierungen.

In manchen Gesichtern gräbt sich das Leben ein und andere bleiben unberührt und glatt. Es ist schade, wenn Menschen ihr Gesicht einer Schönheitsnorm anpassen, danach sind alle einander ähnlich; sie schauen aus wie Barbies. Da sind mir meine Lachfalten, meine Tränensäcke, meine Pigmentflecken und mein Doppelkinn lieber. Mein Gesicht gibt es nur einmal auf dieser Welt.

AUGUSTE

Alte Frau – Dialog mit einem Bild im Museum

Du bist eine alte Frau, dünnhäutig und knöchern. Deine Hände sind durchzogen von dicken blauen Adern. Du wirkst etwas schwerfällig. Deine Haare schon weißgrau. Du bist voll Falten, rundherum Falten. Du hast Stirnfalten, worüber denkst du nach? Du wirkst männlich – buschige Augenbrauen und grauer Schatten über deinen Lippen, wie ein Bart. Deine Arbeitskleidung hängt an dir und du scheinst müde zu sein. Ich höre dich denken. Du sagst mir, dass es ist nicht leicht ist, als Künstlerin gesehen zu werden. »Lieber arbeite ich im Verborgenen, hinter meinem Vorhang. Meine Bilder sollen aber gesehen werden. Gesehen und gekauft! Muss ich denn alles selber machen? Malen, Ausstellen, Verkaufen, Kinderkriegen und, und, und? Ja was…?« Ich höre sie schweigen, es fehlen ihr die Worte; sie scheinen vom Pinsel getropft zu sein. Die Wortbilder sind verschwunden. Noch ist das Bild nicht fertig, sie ist unzufrieden. Was fehlt ihr? Ihre Hände und Finger sind steif geworden. Sie will nicht mehr gesehen werden. Sie will, dass man ihre Bilder sieht. Und sie will wieder jung sein, weiter malen, mit Feuer und Glut. Aber sie hat keine rote Farbe, man hat sie ihr verboten. Rot ist Leidenschaft, Wut. »Das passt nicht zu dir«, sagen die Malerkollegen. »Nimm dich zurück, bleib ruhig, das Wilde gehört den Männern!« All das hört sie und schweigt. Dann steht sie langsam auf und reißt den roten Vorhang hinter sich herunter, schneidet Löcher hinein und nimmt ihn als Königinnenmantel. Sie geht hinaus aus der Werkstatt, geht barfuß durch die Stadt. Sie findet einen roten Hut, setzt ihn auf und sucht die Andere, die Jüngere, die Mutige und auch die Elegante. Alles ist sie, wenn sie aus ihrer alten Haut schlüpft. Dann kehrt sie zurück, wie das Aschenputtel zum Herd, und weiß, dass sie eines Tages Königin sein wird. (*zum Bild von Broncia Koller-Pinell im Unteren Belvedere, 2024*)

AUGUSTE

Zum Verzweifeln. Oder: Die Gazelle im Kopf

In meinem Kopf geistert immer wieder, oder jetzt muss ich sagen immer noch ein Bild herum. Da sehe ich mich als wendige Gazelle. Dann stelle ich mir vor, ich könnte Luftsprünge machen, Räder schlagen oder einfach nur über die Bühne schweben. Das Bild ist besonders mächtig, wenn ich gerade von einer Tanzvorstellung heimkomme und meine Augen schließe. Wäre ich doch so gerne eine Gazelle gewesen oder wenigstens ein scheues Rehlein. Ich hatte einfach das Gefühl, die hätten es viel leichter im Leben.

Aber es beginnt schon bei meinen Beinen, sie sind einfach zu stämmig geraten. Mit einer Giraffe wäre ich auch zufrieden gewesen, weil ich einmal gesehen habe, wie anmutig sie ihren Hals bewegen, wenn sie ein Blättchen vom Baum reißen, immer in Augenhöhe, niemals hastig und gebeugt. Aber mein Hals ist leider zu kurz für anmutig. Aus unerfindlichen Gründen war ich mein ganzes Leben lang immer wieder umgeben von Gazellen, scheuen Rehlein oder diesen anmutigen Giraffen. Genau weiß ich nicht mehr, wann es anfing mit dem Bild von der Gazelle in meinem Kopf. Ich war einfach unzufrieden, dass ich war, wie ich war, und hatte das Gefühl, in meiner Taille spanne etwas, also vermutlich eine Hose in Größe 36.

Als ich 30 war, wurde ich Mutter einer kleinen, feingliedrigen, zarten Gazelle und zwei Jahre später eines eher festen kleinen Bären. Besonders der Bär, der saugte mich fast aus, aber ich hielt tapfer dagegen. Ich war ja verantwortlich für seine Ernährung. Dann noch eine Gazelle. Kann sich jemand vorstellen, wie schwierig es ist, so eine kleine Gazelle hochzubringen? Ich schon, und schwupp hatte ich Kleidergröße 40.

Ab und zu habe ich dann im Fotoalbum geblättert und die Jeans probiert, die sich beim besten Willen nicht mehr schließen ließen. Da habe ich zum ersten Mal auf den Bildern aus der Vergangenheit etwas beinahe Gazellenhaftes an mir gesehen. Aber da war es bereits zu spät! So vergingen die Jahre und es ging weiter in kleinen Schritten von einer Kleidergröße zur nächsten.

Immer wieder hielt ich dagegen und fühlte mich kurzzeitig gazellenhaft, wenn ich gerade mal eine Kleidergröße, sprich 4 Kilo, abgenommen hatte und die abgelegten Hosen wieder tragen konnte.

Die Kinder wuchsen heran, ich kam in die Wechseljahre. Gelegentlich blätterte ich wieder im Album und dachte: »Ich weiß gar nicht, warum ich damals, als die Kinder klein waren, nicht zufriedener war mit meiner Figur? Ich war doch fast eine Gazelle.« Ja, so ist es jetzt mit mir. Das einzig Gazellenhafte an mir ist mein kleiner Finger, nein, nicht der Ringfinger. Meine guten Ringe habe ich bereits meiner Gazellen-Tochter vererbt. Es wäre einfach zu kostspielig gewesen, sie alle weiter machen zu lassen, wo ich doch wöchentlich Geld zu den Weight Watchers getragen habe, um wenigstens mein damaliges Gewicht zu halten.

Eine echte Gazelle kann es sich gar nicht vorstellen, wie anstrengend das ist: ständig dieser Sport, immer Gemüse im Haus, immer Punkte zählen, immer die falschen Bilder im Kopf. Eine echte Gazelle kann sich auch nicht vorstellen, dass man über 70 wegen so etwas noch mit sich hadern kann.

MARIA

Dünnhäutig

Wenn man älter wird, wird die emotionale Haut dünner, sie wird wie eine Babyhaut, zart und verletzlich, weich. So fühle ich mich manchmal. Der Sturm draußen macht mich unruhig und ich möchte alle Poren verschließen. Ich möchte nichts mehr durchlassen. Nicht die Zweifel, nicht die Gewalt, nicht die Kriege und nicht die Blödheit von Mächtigen. Nach dem Aufwachen im Übergang vom Traumland in den Tag spüre ich diese empfindliche Haut. Sie ist noch nicht gereinigt von den Traumresten, den nächtlichen Verwirrungen. Ich überwinde mich und stehe auf, dusche warm und heiß, die Beine und Unterarme kalt. Dann zum Abschluss wieder warm, das Wasser streichelt meine Haut, öffnet meine Poren und ich erwache. Bin ich nun eine neugierige Haut? Ich verstecke meine nackte Haut unter meiner Kleidung und gehe in den Tag. Wovor muss sich heute meine Haut schützen, meine dünne Haut und mein altes Herz, damit ich nicht verletzt werde? Was wäre, wenn ich wie ein Igel Stacheln hätte? Igel sind innen ganz weich und außen spitz, sie können sich einrollen und sich selbst schützen. Manchmal bin ich unvorsichtig und dann bekommt meine Babyhaut Kratzer. Das passiert dann, wenn ich zu harmoniebedürftig bin. Manchmal wäre es gut, wütend zu sein, zu schreien, um Hilfe rufen oder ein lautes Nein aussprechen. Oder sich einfach einzurollen.

Meine dünne Haut zeigt Falten, bildet Muster und ist »vielfältig«. Es ist eine alte Haut, sie schützt mich, sie ist Kontakt und Grenze gleichzeitig. Meine Haut zeigt mir, was ich brauche: Berührung, Wind oder Wasser, kalt oder warm und manchmal eine duftende Creme. So kann ich mich in und mit meiner Haut ent-falten.

AUGUSTE

Frau sein, schön sein und alt sein?

Alt, Frau und schön sein? Das passt gar nicht zusammen. Frau sein, schön sein und jung sein, diese Kombination ist »normal«. Aber wie schaut eine schöne alte Frau aus? Wie sehe ich mich jetzt, als Ü-70?

Der tägliche Kampf mit meinem Spiegelbild beschäftigt mich seit über 60 Jahren ... (Ich wiederhole mich). Der Spiegel in meinem Jugendzimmer war halbhoch, ich konnte mich nur bis zum Bauch sehen. Da begann das Problem. Der Bauch war im Verhältnis zum Busen schon immer etwas »hervorragend«. Der Busen zu klein. Ein Fehler, meinte die 17jährige. Um den Mangel meines kleinen Busens auszugleichen, kaufte ich mir heimlich über ein Inserat (es gab noch kein Internet) eine Busencreme, vermutlich zu teuer und im Nachhinein gesehen, unwirksam. Jetzt als 76jährige ist mein Busen noch ungefaltet und eher jugendlich, doch wieder stimmen die Dimensionen zum Bauch nicht. Ich habe schon sehr viel Geld ausgegeben für die Bauchverkleinerung. Der macht aber immer das Gegenteil von dem, was ich will, er entfaltet sich. Und ich gehe mit einem bauchkritischen Blick durch die Gegend und sehe viele ältere Frauen aber auch jüngere, die zu große Bäuche vor sich hertragen. Also schön sind die nicht. So kämpfe ich als alte Frau weiterhin mit meinem Spiegelbild, mit stumpfen Waffen und erfolglos. Geht es tatsächlich um die Neubewertung des Körpers? Auf den Jugendfotos bin ich schlank, wenn ich sie heute anschaue. Ich fand mich nie attraktiv, schade.

Welche alten Frauen finde ich schön? Im Buch »Trost der Schönheit« finde ich dieses Zitat:

»Wann sind wir schön? Was lassen wir andere sehen, was sehen wir selbst? Viele von uns jetzt alten Frauen wurden nicht vorbereitet auf uns. Wuchsen auf im Selbstzweifel, uns fremd geblieben. Wir waren auf der Welt, aber wussten nicht, wie und wer wir sein könnten in ihr. Es war ein aufwachsen, ohne aufzuwachen, ohne geweckt worden zu sein fürs Sehen, fürs Hinsehen und schon gar nicht fürs UnsSehen.« (von Arnim, 2023, S. 173)

Die Verknüpfung »alt und hässlich« hat sich eher durchgesetzt. Es ist wie ein Fluch, der über Frauen (und auch Männern) liegt. Die hässlichen Alten sind in Mythen, in Dichtung und Literatur dargestellt »Willst du, runzelige Alte, hören, warum ich dich nicht lieben kann?«, zitiert Simone de Beauvoir einen Dichter (1972, S. 127). Heute sind wir umgeben von digitalen Fotos und geschönten Darstellungen des Körpers, die nie der Wirklichkeit entsprechen. Fotos lügen oder zeigen nur die halbe Wahrheit; es sind zweidimensionale Körper.

Ich sehe uns im zoom: drei schöne, ältere Frauen, die vierte bin ich.

Da sehe ich Elisa, sie hat ein lebendiges Gesicht, wache Augen und eine lustige wirbelige Frisur. Maria hat ein ebenmäßiges, faltenfreies und offenes Gesicht, schöne weiße Haare und einen interessanten Haarschnitt. Ihre Stimme ist sehr angenehm. Und dann ist Renate, sie hat fröhliche Augen und feine Gesichtszüge, sie wirkt schüchtern und gleichzeitig neugierig. Ich finde sie alle attraktiv und schön. Und mich selbst?

»Das Schöne am Alter: wir verändern uns nicht nur mit den Falten, die sich eingraben, sondern auch mit den Fragen, die wir stellen. Wir verstecken uns weniger hinter Antworten. Das Alter ist eine Fahrt aufs offene Meer der radikalen Ehrlichkeit« (von Arnim, 2023, S. 38)

Diese Fahrt mache ich gemeinsam mit Maria, Renate und Elisa. Danke!

AUGUSTE

4. Verlust oder Gewinn? Oder: Ja, manches geht noch. Geht nicht mehr. Geht endlich.

Wohlverdienter Ruhestand

Mit zweiundsechzigeinhalb Jahren bin ich in den Ruhestand übergetreten. Gleichaltrige hatten mich schon länger bedauert, dass ich noch immer arbeiten musste. Sie fragten sich und mich, wie ich das denn aushalte, und ich habe es nicht verstanden und auch nicht wirklich erstrebenswert gefunden, in den wohlverdienten Ruhestand überzutreten. Wo ich doch noch mittendrin war und keinesfalls als Pensionistin gesehen werden wollte. Das Wort ›wohlverdient‹ habe ich auch länger abgelehnt, bis es dann eingesunken ist.

Dabei hatte ich mir schon einige andere Aktivitäten zugelegt. Ich spielte bereits Theater, schrieb mit Freundinnen und wollte mehr reisen. Sie waren toll, meine Reisen nach Asien, endlich außerhalb der Regenzeit, endlich nicht mehr in den großen Ferien, wenn alle reisen. Dann war da jeden Monat Geld auf meinem Konto, obwohl ich nichts dafür tat – ein seltsamer Umstand, und ganz, ganz, langsam ist es eingesickert, was ich alles getan habe in meinem Leben, damit dieses Geld jeden Monat auf meinem Konto eintrifft.

Ich habe in kürzester Zeit studiert, Überstunden gemacht, bin mit drei Kindern erst zuhause geblieben, dann wieder in den Beruf eingestiegen. Habe in der Früh Kinder versorgt, sie hergerichtet, ihnen zweimal den Hintern geputzt, Jause gerichtet, mich selbst im letzten Moment schuladäquat angezogen, jüngstes Kind im Kindergarten abgegeben, gerade zurechtgekommen zur Frühaufsicht, Oberstufe unterrichtet, am schnellsten Wege nachhause, Kind von der Betreuung geholt, Aufgaben kontrolliert, Sprechstunden besucht, gekocht, getröstet, Hausübungen, Haushalt, kochen, einkaufen, Arztbesuche, kranken Mann gepflegt und Unterrichtstunden vorbereitet, Tests erstellt, Tests korrigiert, Noten gegeben, Schularbeiten zusammengestellt, Notenschlüssel und Beurteilungsraster erstellt, Arbeiten korrigiert, Noten eingetragen, Sprechstunden gehalten, zum Schulball gegangen, Klassenvorstands-Aufgaben und Elterngespräche gemanagt, Sprachwochen und Projekte geleitet, Schulentwicklung betrieben, ARGE-Leitung übernommen, Ausbildungen in IKT (Internationale Kommunikation im Tourismus) und COOL (Cooperatives Offenes Lernen) gemacht, Mindestanforderungen im Ministerium mitentwickelt, Ausbildung zur Item Writerin (Erstellen von Prüfungsbeispielen) abgeschlossen, Fremdsprachenwettbewerb mitgeplant, aufgebaut, und so weiter, und so weiter… Daneben Hausübungen, Schulkrisen, Scheidung, kochen, einkaufen, Krankenpflege, Geburtstagskuchen, Schulfeste, Maturafeiern, Ballkleider und Anzüge, Tanzschuhe und Sportausrüstungen gekauft. Kinder zum Studium in Salzburg, in Innsbruck, in Malaga, in England, in Kanada, in Maastricht, in Manchester, in Brüssel. Sponsionsfeiern ausgerichtet, Catering zu Promotionsfeiern, Kind in Maastricht, Kind in Wien, Kind in Brüssel. Alle sollen bis zur Matura immer wissen, wo die Mama ist, wann sie kommt, und es sollte immer etwas zum Essen da sein.

So hat es mir ganz allmählich gedämmert, was es mit dem wohlverdienten Ruhestand so auf sich hat, und ich habe begonnen, ihn zu genießen. Zu genießen, dass ich Zeit zur Verfügung habe, den Standard zum Frühstück genießen, jeden Monat ein englisches Buch für den Reading Circle lesen und die Masterarbeiten meiner Neffen und Nichten mitbetreuen, Zeit mit Serien verplempern, einspringen und seit Neuestem auch ein Enkelkind hüten kann.

Dabei ist nicht zu vergessen: die ganze Maintenance für den Körper, die Gebrechen, die Therapien, die Arztbesuche, die Fitness, das Yoga. Es kommt mir ja gar nicht so ruhig vor im Ruhestand, aber zumindest das ›Wohlverdient‹ leuchtet mir inzwischen ein.

MARIA

Noch bin ich 66

Jetzt bin ich 66. Jetzt bin ich mitten im Goldenen Zeitalter.

Es war nach dem Klassentreffen. Das 40. Maturatreffen lag schon 2 Jahre hinter uns, aber wir trafen uns trotzdem auch zum 42., weil wir da alle 60 geworden waren. Unser Religionslehrer war auch dabei, der eine von den beiden übrig gebliebenen Lehrer:innen, alle andern waren schon zu gebrechlich oder tot. Unser damals so junger Herr Professor Krieber, Berufsanfänger, engagiert, der erste, der uns nicht nur frontal, sondern gelegentlich in Gruppenarbeit unterrichtete. Der sich auf Diskussionen eingelassen hatte, sehr kirchen- und glaubenshinterfragende sogar! Die lieferten wir ihm nach Herzenslust, und so was schmiedet zusammen. Inzwischen war er gehbehindert und Hans Peter, oder nur noch Peter. Nach jenem 42. hatte ich einen kurzen Mail-Austausch mit ihm und hatte mein erstes Mail mit den Worten geschlossen: »Irgendwie sind wir durchs Alter weiter zusammengerückt – ich bin ja jetzt auch im letzten Lebensdrittel angekommen«. Da widersprach er mir heftig! »Falsches Konzept, es sind nicht Drittel, lies mal Paul Baltes! Es sind vier Lebensalter, und du bist erst im dritten: im goldenen Zeitalter.« Aha?! Und ich las Paul Baltes: S-O-K, Selektieren, Optimieren, Kompensieren. »Adaptive Ich-Plastizität«. Noch mehr Aha! Bestätigung, googeln, Beruhigung... Golden also, weil weniger Aufbau-Stress, weniger Sorgen, mehr Zeit, mehr Freiheiten, mehr Erfahrung, mehr Gelassenheit – und noch fast alles möglich, mit einer gewissen Anpassung. Bei Baltes steht: »Nach ihrem Wunsch-Alter gefragt, sagten Berliner 90jährige, sie wären am liebsten 65 geblieben.« Die Frauen sagten das. Die Männer wären lieber 50 geblieben.

Ja, S-O-K, voll erwischt! Ich selektiere ja wirklich: suche mir meine Arbeitseinsätze und meine Seminarthemen sehr genau aus. Ich gehe nicht mehr in jedes Hotel, reise nicht mehr zu unmöglichen Zeiten. Und ich wähle meine Kunden sehr genau aus. »Ich nehme nur noch die Leckerbissen!« – das sage ich auch ihnen, und sie schmunzeln und fühlen sich geehrt. Und insgesamt? Lieber wenige echte »Glanzlichter« statt »möglichst viel«! Egal ob es Konzerte sind oder Alpintouren oder Freundesbesuche oder Tangos.

Und ich optimiere: Ja, ich werde in meinen wenigen Themen immer brillanter und virtuoser, auch präsenter. Noch nie hat es mir so viel Freude gemacht.

Und nochmal ja: ich kompensiere. Suche den Ausgleich nach Arbeitsanstrengungen, viel Schlaf, viel Natur, viel Sport. Danach, davor, und dazwischen. Keine Seminarmarathons mehr! Lieber Abstand lassen zwischen den Hochs. Beim Bergsteigen kompensiere ich noch viel mehr, zieh öfter die Schuhe aus, laufe mit Barfußschuhen, bau mir ganz unorthodox Einlagen hinein, baue mehr Übernachtungen in die Touren ein, gehe auch bergauf mit den Stöcken, verwende Lederhandschuhe für Drahtseile, bin genauer im Tritt – und tue mir seltener weh, obwohl mir schneller und länger etwas wehtut.

Selektieren, Optimieren, Kompensieren, dieser Dreischritt! Er ist angeblich der Schlüssel zur Lebensqualität, damit diese Phase golden bleibt.

Ich bin ja erst in der dritten von vier Phasen.

Oder: *noch* bin ich in der dritten…

Noch!

Ich bin im »Noch«-Zeitalter. Das »Noch« schleicht sich hundert Mal pro Tag herein. Es ist mein Killerwort, mein Traurigmacher, mein Bitterstoff ins Glück. Ein einziges »Noch-Tröpfchen« in die Jumbotasse, und schon schmeckt es anders, mein Gold, mein »Nektar und Ambrosia«. Weg ist die Unsterblichkeit! Dieses »Noch« – mein »memento mori«, mein gnädiges gesundes Limitieren? Dieses »Noch« – mein Antreiber, um mir das Paradies des Augenblicks noch bewusster zu machen? Schön wär's. Wenn da die Traurigkeit nicht wäre…

Noch bin ich gesund, noch bin ich schön, noch bin ich von S. begehrt, noch lauf ich oft nackt in der Wohnung herum und er umhüllt mich mit Komplimenten. Noch werde ich beim Tango von den Tänzern aufgefordert und von Tänzerinnen bewundert für meine großen riskanten exakten Figuren und Verzierungen. Noch passen mir all meine schönen Kleider aus Buenos Aires. Zumindest die Kleider, möchte ich dazu sagen, von den Schuhen reden wir lieber nicht. Noch bin ich am Leben, noch lebe ich selbstbestimmt. Mehr denn je, möchte ich dazusagen. Noch ist hier Frieden. Zumindest hier, möchte ich dazusagen. Noch ist sozialer Frieden. Relativ, möchte ich dazu sagen, kommt drauf an, wo man hinschaut. Noch darf man, darf frau alles laut sagen. Aber etwas mehr Vorsicht inzwischen kann nicht schaden, möchte ich dazu sagen. Noch ist das Klima… ach! Noch kann ich mir aussuchen, wo ich wann hinschaue. Oder wegschaue, wegen der Stimmung. Noch ist S. am Leben, gesund, mein intimster Seelengefährte, Körpergefährte, Lebensgefährte, noch haben wir ein gemeinsames Projekt: »Radikal reduzieren! Minimalistisches Wohnen«. Endlich! Möchte ich dazu jauchzen. Noch steige ich auf dieselben Berge wie vor 10 und 15 Jahren. Etwas langsamer schon, möchte ich dazu sagen. Noch hab ich eine glatte schimmernde Haut am Rücken und definierte Schultern. Vom Gesicht und von den Ellbogenbeugen schreibe ich jetzt nicht, möchte ich dazuschreiben. »Noch« – es ist so ein Killer! *Noch* brauch ich keinen Lift. *Noch* brauch ich keine Brille, noch kann ich alles lesen. *Noch* kann ich Muskeln aufbauen, wenn ich will. *Noch* glaub ich, ich habe einfach keine Lust auf Anstrengung. *Noch* sag ich nicht und fühle ich nicht: Ich schaff das nicht mehr. *Noch* scheint es eine Frage des Geschmacks, nicht der Verdauung, dass ich manches nicht mehr essen mag. Noch kann ich im Yoga meine Beweglichkeit erweitern. *Noch* kann ich mein Slowenisch und mein Arabisch wieder anfachen und es leuchtet auf und wird mehr. *Noch* gibt es Hinzugewinne und noch wird manches wieder besser, wieder mehr, wieder heil. Zum Beispiel hab ich gerade die Barfußschuhe entdeckt. Kosten ein bisschen mehr. Aber: Mit denen konnte ich heuer endlich wieder schmerzfrei auf den Sonnblick gehen, und vor allem schmerzfrei hinunter.

»*Noch*…« – was für eine Bedrohung, was für eine Rute im Fenster! Was für ein Unken-Laut im Vogelgesang. Schuberts »Tod und das Mädchen« fällt mir ein. Der Kontrast, das düstere Lied des Todes: »*Noch*… lachst du…! *Noch* sind deine Lippen rot…« Bei Muttis Begräbnis hatten wir ein live Streichquartett in der Aussegnungshalle mit genau diesem Schubert-Stück. Ich spüre immer noch mein Aufjaulen im Schmerz der Noch-Lebenden. Noch bin ich 66. Noch ist alles leicht (den Rest lasse ich eben weg). Noch darf ich in jeden Tag hineinleben, als gäbe es noch viele davon. Noch kann ich mich befreien fürs Jetzt, schreibend, atmend, tanzend, in S.s Umarmung weinend. »Jetzt« – ist das bessere Wort, das bessere Bild, das richtigere. Das einzig richtige Wort fürs Zeitwahrnehmen ist »JETZT«. Das einzig Reale ist jetzt. Alles ist jetzt. Immer ist jetzt. Ich brauch nichts als Jetzt. *Noch* kann ich das lernen und üben: Jetzt!

Jetzt!

Das »*jetzt*« ist die Alternative zum »*noch*«.

Das »*jetzt*«-Bewusstsein ist der »next level«, den ich suche. Im Meditieren und im Alltag. Ein anderes Hinschauen, eine neue Qualität.

Im »*jetzt*« geht's weiter. Das »*jetzt*« ist der Schlüssel. »L'éternité, c'est maintenant«, hat mein alter Lehrer gesagt: Die Ewigkeit ist jetzt.

Das platte Gegenteil von »noch« wäre »nicht mehr«. Genauso gefangen in der linearen Zeit, im Messen und Vergleichen, im Gewinnen-Verlieren-Spiel, also im Verlieren-Spiel.

Nicht mehr

Nicht mehr so automatisch meine Oberarme zeigen und nicht mehr ohne extra Entscheidung – jetzt bin ich mal mutig! – in Shorts aus dem Haus gehen. Nicht mehr Stiletto-Absätze tragen beim Tango. 23 Paar, da stehen sie jetzt – gold, silber, rosa, mit glitzergrünen und kirschroten Riemchen – im Büroregal ausgestellt. Meine Füße vertragen sie nicht mehr. Statt mit diesen jetzt mit flachen sportlichen Sneakers tanzen, die halt so gar nicht sexy sind.

Nicht mehr zu Tango-Marathons und Festivals fahren, weil ich sowieso nur 2 Stunden durchtanzen kann und dann fußmüde werde oder überhaupt müde und mich dann frage: Was mach ich hier überhaupt?

Ich bin nicht mehr die junge Tochter, die für die alte Mutter rennt und alles hebt und trägt. Ich bin auch müde. Ich kann mir auch den Rücken verreißen. Ich mag auch nicht mehr Multi-Tasking. Packe nicht mehr automatisch den Bikini ein, wenn's vielleicht was zum Baden wird, vielleicht eher ein schwarzes Tanztrikot. Badeanzug hab ich *noch* keinen. Nicht mehr so schnell erregbar, nicht mehr so dehnbar, weder die Blase noch die Scheide. Nicht mehr ewig lesen in der Nacht, weil die Augen zu trocken werden. Nicht mehr literweise Kaffee trinken, schon lange nicht mehr. Nicht mehr ganz so lange ganz so höflich zuhören, wenn mich ein Monolog langweilt. Nicht mehr unkaputtbar, sondern sehr kaputtbar. Das Kreuz, die Schultern, die Hüften, die Knie, die Füße, die Knöchel – alles muss aufgewärmt werden, nichts darf mehr schnell ruckartig beansprucht werden, oder zu stark oder zu lang. Sonst gibt es wochenlang Weh. Das niedliche Wort »Wehwehchen« macht es auch nicht angenehmer.

Die Komfortzone wird kleiner. Mir ist schnell zu heiß, schnell zu kalt, am besten geht's mir zwischen 22 und 25 Grad. Der Spielraum ist also nicht mehr groß. Geht das noch weiter, das Verengen?

Schon lange bin ich empfindlich. Aber ich kann es jetzt nicht mehr ignorieren. Besser gesagt: *endlich* ignoriere ich es nicht mehr.

Endlich!

Ja, das »endlich!« gibt's mit 66 auch. Endlich. Ich fühle und sage es schon seit ein paar Jahren, seit der Krebs-OP. Endlich nein sagen, endlich ausschlafen, endlich daheimbleiben, endlich mich Termine absagen trauen. Im Lockdown konnte ich das ausgiebig probieren – und kam so richtig auf den Geschmack! Corona hat mir geholfen gegen FOMO. Fear Of Missing Out – die Angst, etwas zu verpassen – gibt's ja nur, wenn es überhaupt etwas gibt, das man verpassen könnte. Und es gab nichts, halleluja! Überhaupt war das Zuhausebleibenmüssen eher ein Zuhausebleibendürfen, und ein Entwicklungs-Inkubator für mich, fürs Zumirkommen, fürs Beimirbleiben. Pervers irgendwie.

Endlich radikal werden. Endlich nur noch das tun, was mir wirklich Freude macht. Endlich raus aus der Konkurrenz. Endlich den Markt verlassen. Über alle Berge... Endlich nicht mehr aufstehen müssen im Bus, sondern warten, bis die noch Jüngeren für die noch Älteren die Sitze freimachen. Endlich mit Seniorenrabatt ins Museum und in die Seilbahn vom Untersberg, nur runter natürlich – noch *geh* ich hinauf. Endlich an der Supermarktkasse andere vorgehen lassen, die es offensichtlich eiliger haben in ihrer kurzen Mittagspause. Endlich maßgeschneidert arbeiten dürfen. Endlich weniger Termine, endlich die Tage weniger zerstückeln müssen. Endlich nicht alles so schnell wie möglich tun müssen.

Endlich keine Ausreden mehr.

ELISA

Die Träume, wenn sie wirklich werden...

Kann man sich von etwas ent-träumen, so wie man sich von einem Menschen ent-lieben kann? Einfach durch die Wirklichkeit, durch ihre Pickel, Nebengerüche, Kanten, Schwerkraft?!

Ah, ja, Träume hatte ich viele! Vieles habe ich mir verheißen für dieses Leben, als Vierjährige, als Achtjährige, als Siebzehnjährige, als Zwanzigjährige, auch als Dreißigjährige: Kleider wie eine Prinzessin und in Schlössern wohnen, Tänzerin werden in Glitzerkleidern, Bilderbücher malen, auf einem Pferd mit wehender Mähne galoppieren, Vivaldi spielen auf einer schwarzen Flöte in einem schwarzen langen Kleid, zwischen Cembalo und Gambe, viel küssen und lieben, mit dem Flugzeug in die Arbeit fliegen, im Wald schlafen und im Heu, die Hungrigen in Kalkutta füttern, ein Baby stillen, viele Sprachen sprechen, echte Wunder erleben, mit anderen guten Menschen die Welt verbessern, Gemeinschaft erfahren, Gemeinschaften bilden… All das ist wirklich geworden. Und Wirklichkeit ist nicht Traum. Nicht schwerelos, nicht ohne Pieksen und nicht ohne Ecken und Flecken.

Ich habe in den Ruinen von Delphi in einer Vollmondnacht mit meinem geliebten ersten Mann geschlafen, voller Musik und Rituale und Zikaden und Thymianduft. Und: am nächsten Morgen waren wir voller Mückenstiche und hatten Stress, um nicht von den Museumswächtern erwischt zu werden.

Ich war mit 27 Spitzenkandidatin meines Bundeslandes für die Nationalratswahlen, für eine damals wirklich neue sympathische Partei, samt Wahlkampf und Interviews und Podiumsdiskussionen. Und: wir haben zum Glück den Einzug ins Parlament damals nicht geschafft. Und: ich glaube seither nicht mehr, dass es eine wirklich neue wirklich sympathische politische Partei geben kann, für länger als ein Jahr.

Ich habe tatsächlich im Heu geschlafen und im Wald. Und: das Heu sticht und es gibt Ohrenschlürfer darin, die ich ganz schrecklich fürchtete. Weil sie angeblich in die Ohren kriechen, bis ins Hirn.

Ich habe von einer blonden Amazone das Reiten gelernt, gleich ohne Sattel. Ihr Blick war gerade und himmelblau und hemmungslos, und ihr Haar war lang und duftete nach Kräutern. Keine Steigbügel, einfach auf einen Holzstoß steigen und dann rüber auf den Pferderücken. An der Mähne festhalten, den Pferdeleib mit den Beinen zusammendrücken. Wir sind über die Mühlviertler Hügel erst getrabt, dann galoppiert. Ich bin nie heruntergefallen. Und: ich hatte durchgehend rasende Angst beim Galopp. Und: jeden Abend waren meine Schenkel innen tintenblau. Und: sie wollte eine Familie mit mir gründen und dass ich ihr meine Gefühle schenke. Ich hatte zu wenige, war zu hetero, war keine leidenschaftliche Liebhaberin für sie.

Ich habe reinstes stärkstes Gras geraucht und bin mit meinem indigenen Künstler-Schamanen-Lebensgefährten in die Tiefen unserer Wurzeln getaucht, auf einem Kinderspielplatz in Medellín, der plötzlich himbeerrot wurde, voller

Musik und Poesie und innigster Vereinigung. Aber. Nein, nur: Ich vertrage kein Gras, muss mich immer irgendwann übergeben. Und wir konnten im nüchternen Tageslicht der postkolonialen Narben einander nicht fest genug an den Händen halten.

Ich habe Tango getanzt, fliegend in einer Wolke aus Geigen und Umarmung und Leidenschaft, in Buenos Aires und in Berkeley, in Istanbul, Segovia, Amsterdam, Krakau. Aber nicht jeder Tänzer… Aber die die Hälfte aller Tangueros… Stopp! Kein Aber jetzt! Nur und. Und: die richtig guten Tänzer waren oft alt und schwerhörig oder schwer übergewichtig und schweißnass oder einen Kopf kleiner als ich oder belehrend oder eitel. Manchmal alles zusammen.

Ich war auf dem schillerndsten teuersten Ball von Wien, im Prinzessinnenkleid aus nachtblauer Seide, ein besticktes schulterfreies Funkeln, alles Walzer, und davor und danach Gast im Imperial. Aber – nein UND: Ich fand den Opernball und vor allem die Ballgäste albern und den Reichtum obszön und konnte das nur spärlich vor mir selbst verbergen.

Ich habe in Monte Carlo im Louis XV aus einer Damen-Speisekarte ohne Preise gewählt. Aber: Ich war so krank, vor lauter Hineinfressen der täglichen Ärgernisse über meinen Kavalier (den mit der Männerspeisekarte), dass ich kaum essen konnte ohne Übelkeit.

Ja, ich bin in die Arbeit geflogen und habe echte Gemeinschaften miterschaffen. Ich durfte mit Menschen aus Indien und Brasilien, aus Bayern und Bulgarien, aus Peking und Leonding arbeiten, manchmal sogar in Schlössern. Und: ich war am Hinflug oft so bange, dass ich dachte, wenn wir jetzt abstürzen, muss ich wenigstens morgen diese neue Gruppe nicht leiten. Und war am Heimflug unendlich traurig über die vielen erschöpften Männergesichter in den Business-Lounges.

Ich hatte und habe noch immer einen echten Fifty-Fifty-Vater für mein Kind. Einen, der Geburtsvorbereitung mit mir machte und Himbeerblättertee kochte für die Wehen. Er war ein fürsorglicher, gerechter, mich fördernder Partner, sexy und zuhörend, kreativ, für jede Idee offen, nie ein lautes Wort. Und: Wir haben uns vor fast 20 Jahren getrennt.

Nein, bei allem kein Aber. Nur Und. Ein »Aber« wäre das Haar in der Suppe. Die Erbse im Bett der Prinzessin. Mein »Und« ist das »Und« des Lebens. Die bunte Mischung, die Obertöne und Untertöne, die die Wirklichkeit vom Wunschtraum unterscheiden. Die ich nur bekomme, wenn ich die Träume wahr mache. Das Reiten ohne blaue Flecken blieb ein Traum. Der mutige Sprung über die Gletscherspalte ebenfalls.

Und jetzt, mit 67? Erträume ich noch etwas?

Ich bin realistischer geworden, erwarte von der Traumerfüllung nicht mehr das Paradies, die Vollkommenheit jenseits der Mückenstiche, Ellbogen und Blutergüsse.

Die wichtigere Frage ist: bin ich endlich weise genug, um das Hier und Jetzt voll zu umarmen? Wunschtraumlos, glückselig – »O Augenblick verweile...!«?

Vom wunschtraumlosen »Jetzt!« koste ich inzwischen öfter, täglich mehr.

Grad hab ich im Faust 1 nachgeschlagen. Er sagt zu Mephisto: *»Werd ich zum Augenblicke sagen: / Verweile doch! du bist so schön! / Dann magst du mich in Fesseln schlagen, / Dann will ich gern zugrunde gehen!«*

Nein, zugrunde gehen will ich noch nicht gern.

Ja, ich habe doch noch Wunschträume.

Aber die Träume der Siebenundsechzigjährigen sind anders, sind eine andere Geschichte.

ELISA

Fit und fröhlich ins Alter. 30 Tipps aus der geriatrischen Hausapotheke

1. Spiegel und grelles Licht meiden
2. Sich von Anti-Aging-Produkten verabschieden (Sie helfen nicht und die Industrie verdient sich nur blöd damit; lieber ein freundschaftliches Verhältnis zu den Falten aufbauen).
3. Einmal wöchentlich eine Freundin, einen Freund anrufen; Freunde treffen, alte Freundschaften »aufpolieren«
4. Bei einer Tasse Tee oder Kaffee meditieren
5. Alte Fotoalben durchblättern
6. Familienfotos aufstellen, aufhängen, Collagen anfertigen
7. Ein neues Kochrezept kreieren
8. Vogelstimmen erkennen lernen
9. Eine Pflanze (Blume, kleines Bäumchen) großziehen
10. Eine halbe Stunde im Regen spazieren gehen
11. Ein Lieblingsgedicht auswendig lernen (zumindest versuchen)
12. Im Prater mit der alten Hochschaubahn fahren
13. Mit dem Finger auf einen Berg zeigen, den man einmal bestiegen hat
14. Den angebotenen Sitzplatz in U-Bahn, Straßenbahn, Bus lächelnd annehmen
15. Eine Liste von Menschen erstellen, die einem nahestehen
16. Einen Lieblingsschlager aus Jugendjahren anhören, wenn möglich mitsingen
17. Drei Wörter für das Tagesgefühl finden (Heute bin ich…)
18. Lesen, lesen, lesen (Trost, Bereicherung, Lebensrettung)
19. Schreiben (für sich, in einer Gruppe)
20. Lachen (oder wenigstens schmunzeln)

21. Sich wichtig nehmen
22. Sich nicht so wichtig nehmen
23. Nicht versuchen, die Welt zu retten
24. Aber doch Anteil nehmen
25. Für Hilfe offen sein
26. Sich engagieren für…
27. Einen Piccolo Sekt einkühlen
28. Dankbar sein für…
29. Sich mit der Endlichkeit anfreunden
30. Und darüber mit Freunden und Freundinnen reden

Aber wenn man so richtig krank ist, werden diese Hausmittel womöglich auch nicht helfen.

RENATE

Das Migränemonster

Gell, da schaust du, gestern habe ich mich wieder ordentlich zurückgemeldet. Hast geglaubt, ich hätte mich für immer oder zumindest für längere Zeit geschlichen, verabschiedet. Aber das glaubst du ja jedes Mal… und jedes Mal bin ich für eine Überraschung gut und bin wieder da. Das mit deiner Verdrängungsstrategie, das funktioniert nicht so, wie du tust, du kannst mich nicht einfach aus deinem Leben verbannen und ausschließen. Ich, ich, dein ständiger Begleiter durch all die Jahre deines Berufs- und sonstigen Lebens!

Warum einen guten Freund verstoßen, wo wir gemeinsam schon so viel erlebt haben. Beinahe hätte ich gesagt Höhen und Tiefen, aber das wäre denn doch etwas zynisch, denn so viel habe ich mitbekommen, dass es für dich vorwiegend Tiefen waren. Die Höhen, das hast du mir gelegentlich verraten, die hast du erlebt, wenn alles vorbei war und ich abgezogen bin. Da hast du, wie du sagtest, aufgelebt, gleichsam ein neues Leben begonnen, wie »Frühlingssprießen nach Winterstarre« oder so ähnliche poetische Bilder sind dir dazu eingefallen.

Warum ich nicht von dir lassen kann und dich quälen muss, frage ich mich? Komisch, du fragst das gar nicht mehr so in dieser Form. Das deutet auf Resignation deinerseits hin; anscheinend hast du mich akzeptiert, in dein Leben aufgenommen. Das finde ich schön. Jemand, der sich nicht wehrt, der so willig und bereit ist, Opfer zu sein. Ich weiß, ich weiß, du hast Anläufe gemacht, dich zu befreien, hast es mit Medikamenten, Akupunktur, verschiedensten Arztkonsultationen, sogar mit einer Durchsuchung in einem Spital versucht, zuletzt beinahe von Erfolg gekrönt bei einer gewissen Frau Dr. Schiner, einer Schamanenhexe, wenn du mich fragst. Aber so richtig ist es dir auch mit ihr nicht gelungen, mich abzuschütteln. Ich gebe zu, sie war nahe daran, mir den Garaus zu machen, hat dir die Schwachstellen aufgezeigt, wo's mir gelingt einzudringen. Aber dazu müsstest du eine solch eiserne Disziplin und Konsequenz haben, dass du fast ins Unmenschliche kippen würdest. Und obwohl deine Beherrschung im Großen und Ganzen bewundernswert ist, Hut ab, gibt's doch immer wieder mal einen Umfaller, und dann kommt meine Stunde. Was heißt Stunde, Stunden, Tage sind es manchmal!

Aber, das musst du auch zugeben, so schön wie in den guten alten Zeiten ist's nicht mehr. Nein, es waren meine schönen, aber deine schlimmen Zeiten. Also meine Herrschaft war früher deutlich ausgeprägter. Was habe ich dich nicht fernhalten können von Partys, Bällen, Ausflügen, geselligen Treffen, Gesprächen mit Freunden, von Urlaubsgenuss bei heißen Autofahrten; wie habe ich in deiner Tätigkeit in der Schule, im Unterricht, bei Konferenzen dazwischengefunkt. Das war ein Heidenspaß, dich so hilflos zu sehen, so ferngesteuert wie ein Zombie, so zitternd vor den Maturaprüfungen à la »Werd' ich's schaffen...?«

Vielleicht habe ich deinen Schülern manchmal Gutes getan; du warst dann immer so milde, so reaktionsarm und wenig bestimmt in deinem Auftreten. Dein Umfeld hättest du nur wie durch einen Schleier wahrgenommen, hast du mir erzählt.

Ich weiß aber auch, dass durch mich die wahre Fürsorge und Gattenliebe von T. herausgefordert, ja vielleicht sogar geformt wurde, wenn er angesichts deines Zustands die Kinder geschnappt hat, um dich zu entlasten und dir Ruhe zu verschaffen.

Und, last not least, was hättest du denn jetzt zu schreiben in deinem Lebensbuch, wenn ich nicht gewesen wäre? Ein ganzes Kapitel kannst du mir widmen. Gib's zu, je länger du dich mit mir befasst, desto interessanter und unverzichtbarer werde ich.

Nein, ich weiß, im Innersten bist du keine Masochistin, denn wenn du das wärst, würde ich offene Türen einrennen, und der kleine Zweikampf mit dir, wer gewinnt, wer unterliegt, der würde überhaupt keinen Spaß machen. Ich danke dir für meine Existenz.

(Dieser Text stammt aus der Vergangenheit. Heute quält mich dieses Monster nicht mehr.

Es gibt also Entwicklungen, die das Alter durchaus erstrebenswert machen!!!)

RENATE

Mit Fünfundsiebzig

Jetzt bin ich altersmäßig schon näher bei 75 als bei 74. Jedenfalls hat mich einer meiner Söhne gefragt, ob ich denn im Mai mein 70er Fest nachholen werde, das mit Corona ins Wasser gefallen ist. Mir war der Gedanke noch nicht gekommen, ich dachte, ich würde meine Ayurveda-Kur in Sri Lanka nachholden, die ich wegen Corona auch nicht machen konnte.

Da poppt die Geschichte über mein 15jähriges Ich auf und die Frage, wie mein ›älteres‹ Ich, fast 60 Jahre später, dazu steht. Hätte ich damals gedacht, dass ich einmal eine selbstbewusste Feministin werde? Hätte ich gedacht, dass ich mich aus meinem Elternhaus befreien könnte, wo Mama mich doch als Älteste so gebraucht hat? Ich hätte mir wohl auch nicht vorstellen können, dass ich nach dem Studium meine Eltern enttäuschen und sie und Vorarlberg im Stich lassen würde.

Ich hätte wohl nicht einmal an ein Studium gedacht. Was mich aber angespornt hat, war meine Herkunftsfamilie. Alle waren sie Lehrerinnen und Lehrer und natürlich im Freundeskreis auch hauptsächlich Lehrpersonen. Der Stehsatz bei sonntäglichen Besuchen, bei denen wieder einmal das Schulsystem reformiert wurde, war: »Die Maria, die wird auch einmal eine gute Lehrerin.« Nicht mit mir, war mein Gedanke, ich will und kann nicht Volksschullehrerin werden. Ich bin nicht musikalisch, ich kann nicht singen und ich kann sicher nicht Turnen unterrichten, und mit Kleinen kann ich sowieso nicht. Ich will ein anderes Umfeld. »Ich will nicht Lehrerin werden und ich heirate auch sicher keinen Lehrer!«

Nach der Matura entschied sich fast die Hälfte meiner Klasse für genau diese Laufbahn. Die Pädagogische Akademie war ja direkt neben unserer Schule. Ich liebäugelte mit verschiedenen Berufen, aber fühlte mich zu absolut gar nichts berufen. Ich war ja nicht einmal eine besonders gute Schülerin, auch weil ich zuhause als Älteste sehr viel Verantwortung im Haushalt übernehmen musste. Rein zufällig, sah ich den Anschlag: »Für das Stipendium am Wagner College in New York können Maturanten in der Direktion ansuchen.«

Ich wusste offensichtlich, dass ich mit ›Maturanten‹ mitgemeint war und ging direkt ins Sekretariat. Anscheinend hat sich unter meinen Lehrpersonen auch eine Person befunden, die das Ansuchen befürwortet hat.

Dieses eine Jahr, in dem ich auf einem College Campus wohnte, Lehrveranstaltungen meiner Wahl in Soziologie, Politikwissenschaften, Literatur, Theater und amerikanischer Geschichte belegen konnte, brachte eine Wende. Dieses Jahr, in dem ich in der Cafeteria aus 3 Menüs auswählen und nebenbei Geld im Sprachlabor und mit Nachhilfe verdienen konnte, war ein Befreiungsschlag. Frei von Pflichten einer Ältesten, mit Zeit fürs Studium, mit Zeit für mich, habe ich erfahren, was ich wirklich draufhabe und ließ mich nicht mehr unterkriegen. Für mich war klar, ich werde studieren. Letztendlich bin ich doch ›eine gute‹ Lehrerin geworden, aber für die Fächer meiner Wahl und nur für die Oberstufe, und geheiratet habe ich tatsächlich keinen Lehrer.

MARIA

Spielen kennt kein Alter

»Was hast du als Kind gespielt? Mit wem? Und wo?« Schon sprudelt die Erinnerungsquelle: »Wir waren viel im Wald,« »Ich habe mit meiner Ziege Rollenspiele gespielt,« »Wir haben uns oft verkleidet.« Die Frauen beim Erinnerungstheater erzählen begeistert, es entsteht eine magische Stimmung, die Gesichter strahlen und die alten Kinderherzen hüpfen. Einige erinnern sich an Szenen, die sie schon vergessen hatten. Im Erinnerungstheater werden sie wieder belebt und nachgespielt. Die Ziege als Spielgefährtin wurde von den Eltern belächelt, das Schwein, das einmal wie ihre Puppe war, geschlachtet, so mischen sich herzerwärmende und schmerzvolle Geschichten und werden zu einer sicht- und fühlbaren Wirklichkeit. Erinnerungstheater ist ein Konzept, das seit vielen Jahren in Seniorenheimen praktiziert wird. Regina und ich gestalten es in kleinen Gruppen in meiner Praxis.

Ich selbst spiele gerne Theater oder spiele mit Worten, schreibe. Oder ich mache Collagen oder male. Am liebsten mit Kindern. Beim Karten- oder Würfelspiel verliere ich meist. So wie damals, als ich mit meinem Bruder »Fuchs und Henne« gespielt habe. Die »Füchse« am selbstgemachten Brett waren getrocknete braune Bohnen und die »Hennen« weiße Bohnen. Man musste mindestens neun Hennen in den »Stall« bringen. Dieses Spiel mag ich auch heute noch und habe es den Enkel:innen gezeigt. Umgekehrt versuchen sie, mir Computerspiele beizubringen. Die Bewegungen mit dem Daumen gelingen mir nicht, und die Figuren laufen in die falsche Richtung. Das bringt meine Enkelin zur Verzweiflung: »Du musst mit dem Daumen nach links oder rechts…« Für die digitalen Spiele bin ich schon zu langsam.

Spielen ist eine sinn- und lustvolle Tätigkeit. Ich spiele schon einige Jahre bei einem Laientheaterprojekt des Landestheaters St. Pölten mit, dem »Bürger:innentheater«. Da entwickeln wir, meist bis zu fünfzig Personen unter professioneller Anleitung, Szenen und Texte, die Regisseurin fügt alles zu einem Stück zusammen. Die Mitspieler:innen sind zwischen zwölf und zweiundachtzig Jahren, eine bunte, vielfältige Gruppe aus unterschiedlichsten Charakteren: die einen bescheiden und leise, andere expressiv und quirlig. Peter Handkes Stück »Die Stunde, in der wir nichts voneinander wussten«, mit viel Bewegung, nonverbal, dargestellt in einer aufgelassenen Fabrikhalle, war ein besonderes Bühnenerlebnis. Oder »Frauengeschichten aus Niederösterreich«. Bedeutende Frauen bekamen Stimme und Präsenz durch unsere Darstellung. Ich bin auch mit einer Tanzgruppe 60+ vom Festspielhaus St. Pölten, in London in »Sadler's Wells« einem großen Tanztheaterhaus, bei einem Festival für »communitiy dance« aufgetreten. Eine außergewöhnliche Erfahrung!

In alters- und geschlechtshomogenen Gruppen ist es einfacher aufzutreten. Es kostet trotzdem Überwindung, sich mit schlaffen Oberarmen, rundlichem Bauch und weißen Haaren auf die Bühne zu stellen und zu spielen, sich zu zeigen. In »Alles bewegt«, ein Projekt des Festspielhauses St. Pölten, nehme ich an einem Workshop mit Doris Uhlich teil. Bei der öffentlichen Performance gehe ich in Highheels mit Walkingstöcken über die große Bühne. Applaus! Ich tanzte mit der »Age Company« in Wien mit silbernen Leggings und blonder Perücke. Mitten auf der Bühne bin ich anders, ich bin so, wie ich auch mal sein wollte. Da bin ich frech und sexy, wütend und böse oder das brave Mädchen oder eine Prinzessin oder eine gute Fee. Im Miteinander macht es Spaß und beweist, dass alt sein ein sehr kreativer Lebensabschnitt sein kann.

Meine Lust am Rollenspiel habe ich seit meiner Kindheit bewahrt und gepflegt. Mit vielen Kindern im Hinterhof, auf dem großen Leiterwagen und zwischen den herumlaufenden Hühnern. Schaukeln gab es keine, wir nahmen Bretter zum Wippen. Wir ahmten die Erwachsenen nach und inszenierten Hochzeit und Fronleichnam zusammen: »Herr und Frau Leichnam« wurde zum Symbol für unser fantastisches Spiel.

Im Garten unseres neuerbauten Familienhauses legten wir Holzlatten über einen Sandkasten – das waren unsere »Bretter, die die Welt bedeuten«. Ich war die Regisseurin und lud Klassenkameradinnen zum Mitspielen ein. Eine Prinzessin musste dabei sein, eine Mitschülerin musizierte auf der Zither, die Bühne war unser Schloss. Wir hatten eine Zuschauerin, die zahlte einen Schilling.

Mit meiner Spielfreude habe ich viele Menschen angesteckt. Ich habe es beruflich umgesetzt, leitete Seminare und Lehrgänge mit kreativem Tanz und Bewegungstheater. Ein besonderes Highlight meines Lebens war ein Bewegungstheaterprojekt, genannt »Visionen in Bewegung«, das ich in unterschiedlichen Besetzungen über 20 Jahre leitete. Wir interpretierten Aschenputtel, Froschkönig, die Bremer Stadtmusikanten (auch als Straßentheater) meist aus weiblicher Sicht: Die Prinzessinnen wurden starke Frauen, die Bremer Stadtmusikanten Migrant:innen, die eine Heimat suchen, der Froschkönig ein Macho, der lächerlich wirkt. Das gemeinsame Entwickeln und Spielen stärkte uns als Frauen, die Bühne unser Selbstbewusstsein.

Während ich schreibe, spiele ich mit Worten. Ich füge sie aneinander und sie werden zu Sätzen. Dank der Computertechnik sind die Texte flexibel gestaltbar und ich kann sie rasch hin- und herschieben, löschen, andere Worte aus meinem Fundus holen.

Spielend schreiben, das geht leicht. Spielend alt werden auch.

AUGUSTE

Evas Nachwort

Ich nenne den folgenden Text jetzt so. Denn ich will auch auf »Eva« horchen, will »Eva« sprechen lassen, wenn es um Sexualität geht. Mit Eva ist die biblische Eva gemeint. Die Frau, mit der alles anfing, angeblich. Mit 67 erst, in diesem Sommer, habe ich das Buch »Die Wahrheit über Eva« gelesen, ein Buch, das mir die Augen geöffnet hat über die Ur-Entstehung von 10.000 Jahren Patriarchat, die Gehirnwäsche seither – und darüber, wie es all die 100.000 Jahre bis dahin zwischen den Geschlechtern lief.

Mein Text hieß ursprünglich: ***»Frauen – Alter – Sexualität«***

Muss das denn ein Thema sein? Darüber wird doch schon so viel geschrieben. Und wen interessiert es? Nicht einmal ich habe es bisher gelesen. Hat's mich nicht interessiert? Oder mag ich das Thema »Sex-Frau-Altern« nicht? Zu intim, entblößend? Oder so unerfreulich? Nein, nicht unerfreulich, aber so ein Schattenbereich. Und dann wieder zu grelles Licht darauf, Enthüllungen, wie Pussy Riots, »Jetzt erst recht!«. So verletzlich – das mag ich auch nicht. Und ich mag nicht das Vergleichen, das dann wieder entsteht, in mir, sobald andere etwas dazu berichten. Elke Heidenreich hat Sex. Mit einem jüngeren Mann. Uff, ich auch. Bin ich jetzt normal, fortgeschritten, auf der Höhe der Befreiung? Und muss ich das wissen? Und wen geht's was an?

Nein, doch, es ist wichtig, darüber etwas zu sagen. Denn nicht darüber zu sprechen ist auch ein Statement. Die Gesellschaft, der ganze menschliche Marktplatz, ist so geprägt und getrieben von Sexualität. Und wenn du irgendwie aussteigst aus dem Getriebensein, dann bist du irgendwie draußen. Und da wird's politisch: bei »irgendwie draußen«. Oder? Also werde ich mich durch mein Erzählen jetzt ein bisschen hineinreklamieren.

Heut früh bin ich gekommen, ganz schnell, von null auf Orgasmus innerhalb von wenigen Minuten. Und das Schnelle hat mich überrascht, S. auch. Normalerweise bin ich seit dem Wechsel sehr langsam. S. sagt, das macht doch nichts! Und ich denke: Ja, fein, danke. Aber diese viele Zeit... ich möchte manchmal lieber aufstehen und was anderes machen. Brauch ewig, bis ich überhaupt Lust auf Lust kriege, und ewig, bis ich dann komme. Und das Kommen ist mir nicht mehr das Wichtigste. Ja, das sagen alle: Zärtlichkeit wird wichtiger, Orgasmus nicht mehr so. Ich hab leicht reden, hab einen Partner, der streichelsüchtig ist wie ich und lange kuscheln und von Herz zu Herz erzählen mag. Für Oxytocin ist also reichlich gesorgt. Nähe. Haut. Bauch an Bauch liegen. Das Bindungshormon, angstlösend, ist ein Gesundheitsfaktor, da bin ich mir sicher! Wir liegen lange, friedlich und verbunden, fließend. Mehr Erfüllung brauche ich nicht.

Kurz gefasst also: Wie ist meine Sexualität mit dem Altern geworden? Nicht mehr so aus dem Körper, nicht mehr so automatisch, braucht mehr Zeit, mehr Anregung, mehr »optimale Umstände« (soll heißen: es darf mir nichts weh tun, nicht zu heiß, nicht zu kalt sein, nichts darf stechen oder drücken auf der Haut). Hormonell bedingt dehnt sich alles in mir weniger, auch die Scheide. Ich könnte Cremes und Zäpfchen nehmen, Rotklee soll Wunder wirken. Meine altersbejahende Gynäkologin schlägt mir vor, ich könnte ja alle Zutaten aus der Apotheke in einem hübschen Körbchen aufs Nachttischchen stellen. Aber irgendwas hält mich davon ab. Nicht nur die Bequemlichkeit und die berechtigte Angst vor künstlichen Hormonen und Krebs und das alte feministische Aufbegehren: Warum soll immer *ich* was nehmen?! Der Punkt ist ein anderer: Diese Veränderungen erlauben mir etwas! Und sie zwingen mich dazu: noch mehr »eigen« zu sein und zu sagen, was und wie ich will, mehr will, weniger will. [Ich hoffe, glaube, übrigens, dass dies auch der Zeitgeist ist und die »Jungen« heute auch genauer sagen, was wann wie und wie nicht. Wenn auch wiederum beeinflusst von Medien und Bubble-Normen.]

Meine hormonellen Veränderungen erlauben mir, Zeit und Energie für etwas anderes zu haben. *Eine* Beziehung reicht vollständig. Eine entfernte Cousine, Psychoanalytikerin in der Schweiz, hält Vorträge über die besondere Power und Kreativität von Künstlerinnen im Alter, weil sie vom sexuellen Getriebensein befreit sind, weniger abgelenkt. So kann man es auch sehen.

Wahrscheinlich ist meine Sexualität immer noch in Entwicklung und Veränderung. Auch meine Gedanken dazu verändern sich, weiterhin.

Ich habe seit 18 Jahren einen Partner, der mit ehrlichem neugierigem Herz akzeptiert, dass wir ein bisschen »ungleich« geworden sind. Ungleicher im Vergleich zu früher. Aber waren wir jemals gleich? Doch, wir sind manchmal drei Mal an einem Tag im Bett gelandet, penetrationsgeil, zwei Schnellkommer, haben uns »ein bisschen tierisch« genannt oder gefoppt: »Wir sind zwei Hormongestörte!« und gelacht... – Wir.

Trotzdem frag ich mich heute, und tatsächlich erst heute: War das wirklich ganz *meine* Sexualität? Lange vor S., meine ich, lange vor all den Affären, die *ich* wollte und zelebriert habe. Ganz ganz ursprünglich, *vor* meinem allerersten Mann? Nicht, dass *dieser* mir keine Zeit gelassen hätte – *ich* habe mir keine Zeit genommen, zu schauen, was und wie wirklich »Meines« wäre. Ich war spät dran und ich wollte einfach endlich tun dürfen, was alle tun. Schnell lernen. Aber wenn's *genau* nach mir gegangen wäre? Ohne Unterwäsche-Plakate, ohne Bravo-Hefte, ohne die Tanzschule und den Beziehungsmarkt, ohne den Attraktivitätswettbewerb da draußen? Ich habe dazu eine Ahnung...

Bloß – gibt es denn irgendwo im Tierreich eine Sexualität ohne Attraktivitätswettbewerb? Natürlich nicht. Nur läuft der ein bisschen anders...

Wie weit bin ich mit meinem Feminismus gekommen im Bereich Sexualität? In meinem Aufwachsen und Werden waren die Konzepte hetero und binär so dominant, dass mich nie bewusst dafür entscheiden musste, durfte. Also noch nicht der ganz weite Rahmen. Und wie weit bin ich in diesem Rahmen in meiner sexuellen Befreiung gekommen? Ziemlich weit, immerhin. Ich hatte zum Beispiel ein selbst-initiiertes Sex-Workshop mit D. auf der Almhütte. Wir wollten einander zeigen und erklären, was mir, ihm, wirklich guttut. Soweit ich es wusste, soweit ich es zulassen konnte.

Ich lebte über 25 Jahre lang ein nicht-monogames Setting – selbst initiiert, selbst gewählt – das viele und bunte sexuelle Erfahrungen zulässt. So konnte *ich* die Initiative ergreifen, und gleich ehrlich dazu sagen: Let's have an affair, not more! (not less natürlich auch.) Sollte heißen: »Das hier ist gelebte Attraktion, das ist eine Art von Liebe mit Sex, das ist intensive Begegnung. Und es ist nicht Lebensbeziehung. Und es ist schon gar nicht ausschließlich.«

Ich wollte den Spieß umdrehen: *Ich* wähle aus! Gerne auch: ich lasse mich auswählen und sag Ja, wenn *ich* will, statt des geziemenden generellen Nein eines anständigen Mädchens. Ich lasse mir Sex nicht verbieten vom pater familias, meinem absolutistisch herrschenden Vater. Ich bin nicht das passive Objekt, bin lieber Bestimmerin. Und Sex gehört mir, genauso wie euch Männern. Sex ist nicht Männermonopol. So weit bin ich gekommen als Feministin, so weit, so gut.

Aber – denke ich im Nachhinein, nach diesem beziehungsreichen Leben als junge Frau: Es war auch in der Sexualität eine *Männerwelt*, in der ich attraktiv war und aktiv. Ich habe den Spieß umgedreht, aber der Spieß blieb ziemlich der gleiche. Ein bisschen wie in der Wirtschafts- und Unternehmenswelt: Du kannst jetzt aktiv mitmachen als Frau, tritt ein, bitteschön, die Türen stehen dir offen! Aber es ist ein Männer-Spiel, in dem du mitspielen und sogar gewinnen kannst. Männer haben über Jahrhunderte dieses Spiel aufgebaut. Soll heißen, ich bin den darunterliegenden Spielregeln sehr wohl gefolgt: mitspielen macht mich attraktiv, eine begehrende Frau ist eine attraktive Frau, ein spannendes Leben ist ein Leben mit Sex. Wer draußen ist, existiert nicht.

Doch ja, es war ja eh wirklich lustvoll! Auch das Mitmachen. Den Hormonen sei Dank!

Und auch jetzt sei ihnen Dank. Sie ziehen sich zurück, sie ziehen mich zurück. Durch meinen nüchternen hormonellen Abstand schaue ich jetzt manchmal zurück auf mich in meinen 20ern, 30ern, 40ern, und ich schaue aktuell auf das Karussell der Jüngeren um mich herum, und denke: Was machen die denn da? so besessen? sich so aufbrezeln, sich so stressen, sich so präsentieren, für was, für wen? So viel Beziehungschaos, nur für Sex!? Was tun sich die an?

Nun doch noch zu meiner Ahnung bei der Frage: wie hätte denn wirklich meine »*ganz eigene*«, selbstbestimmte Sexualität ausgesehen? Wahrscheinlich ebenfalls hetero. Aber ich fürchte, so ganz meine Sexualität, dem dicken heißen Bauchgefühl und der ungehinderten sexuellen Schnauze nachgebend, wäre nur in sehr paradiesischen tribalen nichtpatriarchalen Gesellschaften möglich – nicht in unserer!

Wie das aussehen würde? Sex nur phasenweise, in den Eisprungzeiten, zu Vollmond natürlich. Zelebrierend, ekstatisch. Nicht Männer abwehren müssen, wenn grad keine Lust-Zeit ist, denn die wissen ja Bescheid über die Phasen und freuen sich darauf. Weil zelebrierend, weil ekstatisch. Und nicht »aufpassen« müssen, weil eine Schwangerschaft mein Leben ruinieren würde. Nach Herzenslust schwanger werden und Kinder kriegen, die vom ganzen Stamm großgezogen werden. Nach Herzenslust und nicht öfter. Dazwischen Höhlenmalerei betreiben und Gewürz- und Heilpflanzen erforschen. Früh und satt und mit allem Leben verbunden sterben, ins große Ganze eingehen, im Gesang meiner Schwestern und Brüder einschlafen. – Alles klar? Das ist die Jäger-Sammler-Altsteinzeit!

Also doch lieber Kompromisse machen und viel viel viel darüber reden müssen – und können. Im Tausch dafür Daunendecken und Zentralheizung im Winter und kaltes sauberes Wasser, Eiswürfel und Zitronen im Sommer. Und einen leichten Laptop am Schoß, in den ich das schreiben kann, während mein einziges Kind, inzwischen 29jährig, am 3-D Drucker für seine Lebensgefährtin einen Tampon-Spender herstellt.

ELISA

5. Andere Frauen altern anders. Oder: Ja, wir haben's ganz schön gut!

Der tollste Tag – eine Großmuttergeschichte

»...und sie machte sich auf den Weg, um ihr Kuchen und Wein zu bringen.« Die Großmutter klappte das Buch zu und mit einem Ruck stand sie auf. »Zeit für eine Jause«, rief sie und klatschte in die Hände. »Hast du wieder das feine Banana Bread gebacken?« Die Großmutter lächelte und nickte. »Heute einmal Kakao?« »Nein, lieber Früchtetee.« Kuchenbrösel auf dem Teller, Saftränder auf dem Tisch.»Was machen wir jetzt?« Verstohlen schaute sie auf die Uhr. Noch zwei Stunden, bis die Mädels abgeholt würden. »Gut, eine Runde Activity. Oder nur Pantomimen raten? Was wollt ihr?«

Das war Dienstag. Am nächsten Tag, Mittwoch, war »Muttertag«. Ihre alte Mutter musste versorgt werden. Einkäufe besorgen, Abfall entsorgen, vielleicht Haare waschen und eindrehen. Kreuzworträtsel gemeinsam lösen und ein bisschen plaudern, das gehörte dann zum schönen, entspannten Teil ihres Besuchs.

Gern würde sie wieder einmal eine ausgiebige Reise machen, auf eigene Faust, ganz individuell, so wie früher. War das jetzt alles, die Enkel, die alte Mutter, dazu der Garten und ein bisschen Chor singen? Das war der Dienstag, dann der Mittwoch, und so ging es weiter den Rest der Woche.

Am 26. Oktober zog sie die blau-weiß gemusterte Kleiderschütze aus und warf sie in die Mülltonne. Sie suchte fieberhaft nach den Geldscheinen, die sie ganz hinten in der Wäscheschublade versteckt hatte und stopfte sie hastig in ihr Portemonnaie. Dann schnappte sie ihre braune Handtasche samt

Portemonnaie und verließ das Haus mit entschlossenen Schritten. Sie nahm den Bus in die Stadt.

In der großen Einkaufsstraße suchte sie alle Kleidergeschäfte auf, an deren Auslagen sie bis jetzt immer staunend vorbeigegangen war. Heute ging sie hinein, in die Boutique Vera. Extravagantes Design, neueste Mode, satte Preise. Sie verließ das Geschäft mit einem lila Hut mit handbreiter Krempe und zartem Schleier, der wie ein zu kurz geratener Vorhang über den Hutrand hing. Ein zartes Spinnengewebe mit verstreuten dunklen Punkten. Wie eine Versammlung von Weberknechten. Dazu ein bauschiges weißes Kleid mit großen lila Punkten. »Wie siehst du denn aus«, staunten Karoline und Susanne, die Enkelkinder. »Unmöglich«, kommentierte ihre Tochter die augenfällige Veränderung. Wut und Widerstand stiegen in der Großmutter hoch. Nach längeren Betrachtungen im Spiegel kam jedoch auch sie zu der Überzeugung: »Nein, das steht mir nicht. Das bin nicht ich.« Aber wer war sie?

In der darauffolgenden Woche fuhr sie wieder in die Stadt. Wieder suchte sie die Boutique Vera auf. Zum Glück führte diese verschiedene Stile. Diesmal verließ sie das Geschäft mit einer karierten Schildkappe, schwarzer Bluse und ebensolcher Hose. Die Krawatte hatte sie abgelehnt. Sie erschien ihr dann doch zu maskulin. Bei der Vorführung zu Hause vor der Familie fühlte sie fast ein wenig Adrenalin in ihren Körper einschießen. »Hmm – « die Familie reagierte unschlüssig.

Elsa begann sich wohl zu fühlen in ihrem neuen Outfit. Wie sie sich auch drehte vor dem Spiegel, sie gefiel sich. »Das ist erst der Anfang«, murmelte sie, als sie die neuen Kleidungsstücke abstreifte, immer noch erstaunt über ihre jüngste Verkleidung. Im Bett vor dem Einschlafen, zwischen Tag- und Nachtträumen, gingen ihr allerlei Bilder und Szenen durch den Kopf. Was passte zu ihrer neuen Ausstattung? Jedenfalls nicht Märchen vorlesen, Kuchen backen, Essen wärmen und Socken stricken. Sie musste etwas erleben!

Wieder fuhr sie in die Stadt. Zug, Bus, U-Bahn. Am Praterstern stieg sie aus und steuerte von dort schnurstracks auf den Prater zu. Den Wurstelprater[1],

---

1 Vergnügungsteil des Praters; früher trat dort der »Hanswurst« auf.

nicht den grünen. Wie leicht es sich heute anfühlte. Ohne Kinder an der rechten und linken Hand. Ohne: »Aufpassen. Erst links dann rechts schauen« beim Straßen überqueren. Gleich links beim Eingang das große Kettenkarussell. Ja, das musste es heute sein. Fliegen, sich im Kreis drehen, immer höher hinaufschrauben, die Füße über allem da unten baumeln lassen, die Straßen, die Buden, die Menschen – herrlich. Zum Glück wurde ihr nicht schlecht wie ihrem Mann. Der zehrte nach so einer Fahrt noch den ganzen nächsten Tag von dem Schwindel. Verständlich, dass er dieses Gefährt mied wie die Pest. Aber das ist lange her. Beglückt und ein bisschen benebelt war sie, nachdem sie wieder festen Boden unter den Füßen hatte.

Wohin zog es sie jetzt? Die Geisterbahn vielleicht? Nein, ohne das freudige Angstgekreische der Kinder war das kein Spaß. Lieber das Spiegelkabinett; da konnte man sich auch alleine amüsieren mit den verzerrten Gestalten seiner eigenen Figur. Einmal langgezogen und wie auf Stelzen, dann gewellt, dann zusammengestaucht zum Zwerg oder mit Eierkopf – und das alles im neuen, pfiffigen Outfit. »Teifiprack'n« war noch angesagt; sie überbot sich mit höchstem Einsatz, drosch auf die hier und dort auftauchenden Köpfe ein und übertraf ihre eigenen Rekorde. Jetzt war's aber genug, der Arm tat ihr weh. Müde und erschöpft ließ sie sich auf eine der rosa Bänke in der rosa Lilliputbahn fallen. Ach, das tat gut und kam gerade recht. Wann die Bahn losfuhr, war ihr egal, auch dass sie eine fahrende Mannerschnitten-Werbung war. Hauptsache sitzen, die Füße ausstrecken, durchschnaufen. In der Zwischenstation stieg sie aus. Sie hatte Hunger. Vor lauter Aufregung und Vorfreude hatte sie auch kaum etwas gefrühstückt, eine Tasse Kaffee, ein Marmeladebrot. Irgendwo in der Nähe musste doch ein Gasthaus oder ein Beisl sein. Ah da, »Zum 1er Wirt«, schaut gut aus. Sie betrat die Gaststube, der Holzboden knarzte, und ein Mann an der Budel (Theke) drehte sich nach ihr um. Bis auf den Kellner hinter der Bar war niemand in dem Raum. »Gibt's was zu essen?«, fragte die Großmutter etwas schüchtern. »Für dich immer, Pupperl,« murmelte der Gast an der Theke leicht verwaschen, die Lider über den glasigen Augen mit Mühe hochhaltend. Erschrocken drehte sich die Großmutter auf dem Absatz um, nur schnell weg von hier, und verließ das Beisl fluchtartig. Wohin jetzt? Ihr Magen knurrte unüberhörbar. Aber außer diesem »1er Wirt« befand sie sich in einer gastronomischen Wüste.

Zurück in der Innenstadt suchte sie in ihrer hungrigen Verzweiflung einen Würstelstand auf. »Eine Käsekrainer, bitte!« »Mit an siaß'n oder an schoarf'n?« Ach so, ja, Senf natürlich. »Scharf!« »Und a 16er Blech, ein Ottakringer vielleicht dazu?« Sechzehner Blech« hatte sie schon einmal gehört. »A Eitrige mit an Buckl und a 16er Blech.« Nie wären ihr diese Worte über die Lippen gekommen. Von Rudi, ihrem Bruder, hatte sie diesen Spruch gehört. Die »Eitrige«, die aß sie jetzt, aber ohne 16er Blech, sondern nur mit einer kleinen Römerquelle, prickelnd.

Doch der Tag brauchte noch einen Glanzpunkt. Warum nicht in so einem richtig feinen, teuren Etablissement absteigen? Sie waren ihr nicht vertraut, die gehobenen Restaurationen, schüchterten sie aber auch nicht ein. In den früheren Urlauben und auf ihren Reisen hatte es sie nie dorthin gezogen. Walter und sie hatten es immer einfacher, volksnäher geliebt.

Das Hotel Imperial verfügte sicher über eine stimmungsvolle, dezente Bar und war nicht weit. Beim Betreten das übliche Hintergrundklavierklimpern, gedämpft durch die Teppiche. Sie ließ sich in einem der tiefen, rot gepolsterten Sessel nieder. Etwas unschlüssig bestellte sie schließlich einen Cocktail Hawaii, nein, doch lieber ein Glas Prosecco – da kann nichts passieren – und auf Empfehlung des Kellners einen Garnelen-Cocktail. Ah, herrlich, so richtig fein. Die sanfte Musik, das gedämpfte Licht, das elegante Interieur. Sie schloss die Augen, streckte die Beine aus und genoss den ungewohnten Luxus in der ungewohnten Umgebung. Auf einer kleinen Tanzfläche bewegten sich einige Paare. Ihr letztes Tanzen, ihr letzter Ball? Wie lange das her war! Walter, ihr Mann, war ein äußerst tanzfreudiger Partner gewesen. Vergangenheit. Doch da trat plötzlich ein älterer Herr auf sie zu, mit Silberschläfen und Silberkrawatte, und bat um einen Tanz. Sie hatte schon ein bisschen getrunken und so fiel ihr das, »Ja, gerne« nicht schwer. Er war kein schlechter Tänzer, aber kein Vergleich mit ihrem Walter. Außerdem roch er nach Wein und Mottenpulver und erzählte komische Witze. Nach dem »English Waltz« ließen sie sich in die Sessel sinken und er begann von den bedeutenden Stationen seines Lebens zu erzählen.

Im diplomatischen Dienst war er gewesen, hatte allerlei exotische Länder bereist, Indien, den Iran, Burma, Vietnam. War im Iran unter Aufständische geraten, in Burma knapp einem Anschlag entgangen und in Vietnam um ein Haar verschleppt worden. Elsa war ihm erst neugierig zugewandt und hörte aufmerksam zu. Mit der Zeit rutschte sie im Sessel hin und her und betrachtete ihre Schuhspitzen; der Mann mit den Silberschläfen redete währenddessen unvermindert weiter. »Übrigens, ich heiße Alfons.« Es war, als hätte sich ein Schleusentor geöffnet und die aufgestauten Erlebnismassen entluden sich in einem Schwall. Elsa wurde immer kleiner in ihrem Sessel. Schließlich gab sie sich einen Ruck und stand auf. Ganz steif war sie geworden. »Ich muss jetzt leider gehen«, murmelte sie höflich. »Darf ich Sie vielleicht wiedersehen? Und dürfte ich eine Adresse oder eine Telefonnummer haben? Hier ist jedenfalls meine Karte.« Elsa nahm die Visitenkarte mit einem verlegenen Lächeln entgegen.

Es war spät geworden. Im Bus sah sie ein kleines Mädchen mit ihren Eltern. Die sollte aber längst im Bett sein, schoss es ihr durch den Kopf. Ob wohl Karoline und Susanne schon schlafen?

Aus dem Imperial hatte sie zwei Zuckersäckchen für sie mitgenommen. Mit dem Hotel-Logo natürlich. Die Visitenkarte, die würde sie doch behalten. Für alle Fälle. Man kann ja nie wissen.

RENATE

Zwei Großmütter

Meine Großmutter starb mit 94 Jahren.

Ich, 78jährig, lebe noch.

Sie wuchs auf dem Land auf, in einem kleinen bayrischen Dorf.

Ich wuchs in der Stadt auf, in München.

Sie war Köchin.

Ich habe studiert und wurde AHS- Lehrerin.

Sie verbrachte ihr ganzes Leben in Bayern (auf dem Land und in der Stadt).

Ich war sieben Jahre in Amerika und lebe seit über 50 Jahren in Österreich.

Sie hatte vier Brüder.

Ich hatte einen Bruder.

Ihre Brüder hatten bei der Eheschließung (ziemlich sicher) einiges mitzureden.

Bei meiner Eheschließung hat niemand mitgeredet.

Auf jeden Fall taten sie das später, bei Finanzangelegenheiten, bei der Ausbildung meines Großvaters, während der Nazizeit.

Bei mir auch sonst nicht.

Sie arbeitete u.a. als Köchin in einer jüdischen Familie.

Ich arbeitete als Lehrassistentin an einer amerikanischen Uni, in Österreich als Lehrerin.

Sie bekam ein uneheliches Kind vom ältesten Sohn dieser Familie.

Zu meiner Zeit gab es schon die Pille.

Sie war sehr katholisch – bis an ihr Lebensende.

Ich war unterschiedlich katholisch – seit ca. vier Jahren aus der Kirche ausgetreten, aber immer noch empfänglich für manches wie gute Predigten, schöne Musik und allerlei Spirituelles, gewisse Werte und das Menschenbild, auch Caritatives. Außerdem habe ich an einer katholischen Privatschule unterrichtet.

Sie heiratete einen Mann aus ärmlichsten Verhältnissen (Torfstecher), der sie allem Anschein nach liebte (Widmung auf einem Foto) und der auch ein fremdes Kind annehmen musste.

Ich heiratete einen Mann, Biochemiker in der Forschung einer pharmazeutischen Firma, der mich sehr liebt, der aber kein Kind übernehmen musste.

Sie hatte drei Töchter.

Ich habe eine Tochter und einen Sohn.

Für die Hochzeitsmahle ihrer Töchter kochte sie zu Hause auf. Zu Gast war der engste Familienkreis.

Mein Hochzeitsmahl war ein Heuriger und fand auf einer großen Wiese mit vielen Gästen statt. Es wurde getanzt und ein Schwein gebraten.

Sie konnte wunderbare Krapfen und Hasenöhrl (Polsterzipf) backen. Auch »Rosenwunder« (einen Kuchen aus lauter Hefeteigschnecken), Streuselkuchen und Hefezopf (Striezel). Ohne Rezept.

Ich backe so lala, aber immer mit Rezept.

Sie hatte einen Buckel.

Ich habe (derzeit noch?) keinen.

Sie hatte einmal im Monat Waschtag. In der dampfenden Waschküche, mit Waschbrett, Stampfer, einem Riesentopf zum Auskochen und Schwemmen im kalten Wasser. Schlechte Laune. Kein ordentliches Essen.

Ich habe eine Waschmaschine.

Meine Großmutter war 27, als sie ihr erstes Kind bekam.

Ich war 32.

Es war ein uneheliches.

Meines nicht.

Es folgten zwei weitere.

Bei mir nur eines.

Der Kindesvater des unehelichen war 51.

Meiner war 33.

Ihr Mann wollte den »Judenbankert« in der schlechten Zeit loswerden. Dank des Einspruchs meiner Onkel habe ich meine Mutter nicht verloren.

Ich lebe zum Glück nicht in solchen Zeiten (Nationalsozialismus, Krieg).

Die Großmutter ging immer ohne Zähne schlafen. (Ich habe sie, die Zähne, nie in einem Wasserglas gesehen).

Ich gehe mit Kronen und Brücken schlafen.

Meine Großeltern hatten einen schwarzen Adler (Automarke): ein Privileg.

Für mich waren und sind Autos eine Selbstverständlichkeit.

Meine Großmutter war höchst selten und erst in späteren Jahren in einem Gasthaus.

Ich noch nicht als Kind, aber ab dem Jugendalter, beginnend mit den Weinstuben, immer mehr.

Sie trug ihre Haare in einem Knoten. Nur im Nachthemd sah ich sie mit langem, offenem Haar.

Mein Haar war seit meinem 14. Lebensjahr kurz. Da hatte ich mir die Zöpfe abgeschnitten.

Die Großmutter brachte die gewaschene Bettwäsche zu einer Mangel.

Ich bügle sie zu Hause oder gar nicht.

In ihre Bettwäsche ist ein rotes oder blaues Monogramm eingestickt.

In meiner gibt's kein Monogramm.

Der Mann meiner Großmutter, also mein Opa, hat im Haushalt keinen Finger gerührt.

Mein Mann kocht, geht einkaufen, wir teilen uns die Hausarbeit, und die Kindererziehung war gemeinsame Sache.

Meine Großmutter starb mit 94 Jahren.

Ich lebe noch, 78jährig.

RENATE

Meine Großmütter. Oder: Was sich für uns Frauen verändert hat

Generell bin ich einfach nur unzufrieden, dass wir immer noch dieselben Debatten führen müssen, weil ich in einem so konservativen Land mit sehr konservativen Politiker:innen lebe. Rein routinemäßig zähle ich bei jedem Foto von einer Sitzung, jeder Fernsehdiskussion, jedem Gipfeltreffen, überall die Anzahl der Frauen, die einen Platz am Tisch haben. Wir dachten wohl alle, mit Johanna Dohnal hätte die Gleichberechtigung und vor allem die Gleichbehandlung Einzug gehalten. Aber der Hund liegt im Detail und in den Köpfen unserer Gemeindevertreter:innen, unserer Politiker:innen und in unseren eigenen Köpfen.

Es hapert immer noch bei der Betreuung unserer Kleinkinder, den Kindergärten, die es Eltern unmöglich machen, einem Vollzeitjob nachzugehen, unserem Schulsystem, das so ausgerichtet ist, dass unsere Kinder mittags entlassen werden, und natürlich bei den langen Ferien. Frauen, die keinen super Job haben, müssen sich immer noch überlegen, ob es nicht für alle Beteiligten einfacher ist, nur halbtägig zu arbeiten, weil ihnen so viele Steine in den Weg gelegt werden. Das Pensionssplitting ist dem Großteil der Männer offensichtlich nicht zumutbar und die Väterkarenz immer noch eine rare Angelegenheit. Neulich ist es uns nicht einmal gelungen, eine Frau und einen Mann vorzuschlagen für einen österreichischen EU-Kommissionsposten.

Viele Mädchen und junge Frauen kapieren immer noch nicht, wie wichtig ihr Beruf und ihre Eigenständigkeit sind. Manchmal dachte ich mir, mein Geschichteunterricht ist an ihnen vorbeigegangen, wenn sie ihren Beruf nur als Wartezeit für den Prinzen auf dem weißen Pferd und die Hochzeit als den wichtigsten und schönsten Tag in ihrem Leben sehen. In ihren Köpfen haben sich amerikanische Filme und Serien einen breiten Raum erobert, der den Platz für den gesunden Menschenverstand verdrängt. Wissen sie denn immer noch nicht, dass fast 40 Prozent der Ehen in Österreich geschieden werden und die Selbstständigkeit, für die meine Generation so gekämpft hat, keine Selbstverständlichkeit ist? Ich habe in meiner Dienstzeit alles getan, um Mädchen den Rücken zu stärken. Wie weit ich zu ihnen durchgedrungen bin, ist eine offene Frage. Es regt mich auf, wenn mein Autoverkäufer nicht glauben kann, dass ich mit meinem Tempomaten gut zurechtkomme. Es regt mich auf, wenn junge Frauen einander den Rücken nicht stärken und meinen, es sei doch wirklich zu früh, um wieder zu arbeiten. Ich wundere mich, wie leicht Frauen ihren Mädchennamen (weshalb ist es nicht der Frauenname oder Name bei der Geburt) bei der Hochzeit ›hergeben‹, so als ob sie gerne wieder von vorne anfangen würden. Ich kann gar nicht verstehen, dass das Gendern bei uns immer noch nicht selbstverständlich ist.

Ich sollte ja zufrieden sein, denn trotz all der oben beschriebenen Widrigkeiten habe ich eine gute Pension. Ich hatte das Glück, dass ich studieren durfte, dass ich in meinem Beruf dasselbe Gehalt bezog wie die Männer, dass ich meine Karenzzeiten verlängern konnte und wieder eingestellt wurde, dass ich trotzdem 35 Dienstjahre zusammenbekommen habe. Ich bin ein Glückskind im Vergleich zu manchen meiner Freundinnen. Sie haben zu lange nur halbtägig gearbeitet, zu wenige Dienstjahre erworben, konnten beruflich nicht aufsteigen oder gingen vor Erschöpfung viel zu früh in Pension. Sie wurden bei der Scheidung über den Tisch gezogen, waren zu bescheiden, um ihre Rechte einzufordern. Trotzdem jammern wir alle auf einem hohen Niveau.

Uroma Dora Krug

Was hättest du, liebe Uroma Dora Krug, denn sagen sollen, als du mit 35 im Kindbett verblutet bist? Du, die du alle Geburten und Fehlgeburten in dein Büchlein eingetragen hast. Ich habe viel über dich nachgedacht, als ich das Memoir zu meiner Oma Anna geschrieben habe. Sie war das mittlere deiner fünf Kinder, die du hinterlassen hast. Sie hat mir erzählt, wie du ihren Papa, Anton Pfanner, kennengelernt hast, damals, als du Köchin im Schloss beim Grafen Waldburg-Zeil in Hohenems warst. Alle haben erzählt, was für eine tolle Wirtin und prima Köchin du warst. Das mit dem Kochen und Bewirten habe ich sicher von dir. Genauso wie die blonden Haare, die jetzt weiß sind. Nur die Locken habe ich leider nicht von dir geerbt.

Aber das hast du ja alles nicht erlebt. Die ganze Arbeit in eurer Wirtschaft, die vielen Geburten und Totgeburten haben dich, die du das große Herz der Gastwirtschaft warst, das Leben gekostet. Du bist Mitte dreißig einfach verblutet nach der x-ten Geburt oder Fehlgeburt. Habt ihr denn nie darüber nachgedacht, die ›ehelichen Pflichten‹ auszusetzen, dir eine Pause zu verschaffen? Hast du euer Eheleben genießen können oder hattest du ständig Angst, wieder schwanger zu werden? War es für dich selbstverständlich oder hat dir der Pfarrer beim Beichten ins Gewissen geredet? Ich glaube, du hattest gar keine Wahl. Du konntest nicht anders, du hattest keine Karenz, kein inniges Stillen eines Neugeborenen. Du bist in der Küche gestanden, und falls du doch hast stillen können, mussten die Säuglinge wohl warten, bis die Wirtshausgäste satt waren.

Hättest du dir damals gedacht, als dir der 15 Jahre ältere Anton Pfanner den Hof gemacht hat, dass deine Ur- und Ururenkel die berühmte Pfanner-Nase deines Antons erben würden? Hättest du dir vorstellen können, dass deine Ururenkelinnen ihre blonden Locken offen tragen und ihre Schwangerschaften planen würden?

Was mir außer den Erzählungen über dich noch geblieben ist, sind deine Weihnachtskeksrezepte und das Lindauer Kochbuch, das dir die Gräfin Waldburg-Zeil zu Hochzeit geschenkt hat. Meine Oma Anna war erst neun, als du gestorben bist. Sie und ihre Geschwister haben die Erinnerung an dich lebendig gehalten, weil sie sich gegen ihre Stiefmutter, die ›böse‹ Auguste, wehren mussten. Dein Mann, der Anton, hat ja nicht lange gewartet, bis er eine neue Frau für die Wirtschaft und für die Kinder geholt hat. Aber das Wasser konnte sie dir nicht reichen.

Deine Tochter Anna hat es nicht gut erwischt mit der Auguste. Sie durfte nicht lernen, man hat sie sofort daheim als Mägdle gebraucht. Ihren Mann, den Peppo, hat die Anna natürlich in der Wirtschaft kennengelernt. Er war Lehrer und sie war stolz, dass er ihr den Hof gemacht hat. Aber der Anton und die Auguste haben das anders gesehen, sie waren nicht einverstanden und haben ihr die Mitgift verweigert. Da ist sie dagestanden wie eine arme Kirchenmaus ohne ihre Mitgift, die ihr doch zugestanden wäre für die jahrelange Arbeit im Gasthaus. Sie hat ihn trotzdem geheiratet, weil sie geglaubt hat, dass sie ihn ändern kann, aber er ist weiter ins Gasthaus gegangen und sie war allein daheim mit den Zwillingen.

Anna hat sich, weil sie bei der Geburt beinahe gestorben wäre, gegen die ehelichen Pflichten gewehrt, auch als er später – da waren die Mädchen schon 16 – noch ein Adölfle wollte. Dabei war es ihr egal, was der Pfarrer bei der Beichte gesagt hat, weil sie dachte, der Herrgott würde sicher verstehen, dass sie mit diesem Mann nicht noch mehr Kinder haben konnte.

Für ihre Mädchen hat sie alles getan, sie hat ihnen zugesteckt, was sie konnte, und vor allem hat sie gar alles für sie genäht und wenn sie kein Geld hatte, hat sie auch für andere genäht. Anna hätte leicht verbittert werden können, aber sie hat ihre Würde und ihre innere Unabhängigkeit bewahrt. Sie hat sicher oft geschluckt, wenn ihr Peppo angestochen aus dem Gasthaus gekommen ist und unzufrieden war mit ihr. Wenn er sie gefragt hat, weshalb sie ihm denn nicht so einen köstlichen Schweinsbraten vorsetze, wie er ihn im Gasthaus gerochen hat.

Ihr war wichtig, dass es ihren Töchtern und ihren Enkelinnen besser geht. Sie hat sich für uns gefreut, dass unser Leben als Frauen besser geworden ist als ihres, sie hat sich für mein Studium und mein Leben interessiert. Sie hat meine Aussteuer für mich zusammengetragen. Als ich für ein Jahr nach Amerika ging, war sie ganz zufrieden, dass ich zur Firmung einen goldenen Ring und zur Matura eine goldene Uhr bekommen hatte und man sich mit mir da drüben nicht schämen musste. Von ihr habe ich mich immer unterstützt gefühlt. Ihre einzige Kritik an mir waren meine kurzen Haare.

Liebe Uroma Dora, du wärst stolz auf Anna, wie sie ihr Leben gemeistert hat und wahrscheinlich auch auf deine Enkelinnen Dora und Helgard. Dass meine Mama Dora bei der Heirat ihren Beruf als Lehrerin aufgeben musste, weil es in Vorarlberg noch ein Lehrerinnenzölibat gab, hätte dich eher verwundert. Aber keine Angst, nach dem fünften Kind ist sie wieder in den

Schuldienst eingetreten. Sie ist eine tolle Köchin geworden, wie du, und eine prima Gastgeberin. Sie hat mir erzählt, dass sie und Papa schon Mittel zur Familienplanung kannten und nichts von den sogenannten ehelichen Pflichten hielten, egal was die Pfaffen davon hielten.

Für meine Generation war alles schon viel einfacher, wir mussten nicht gleich heiraten, weil wir unsere Schwangerschaften planen konnten. Wir haben sogar jetzt im Alter ein eigenes Einkommen, Ärzt:innen, die uns betreuen, wenn wir krank werden, und wir sind so selbstständig, dass wir uns im Notfall auch von unseren Männern trennen können.

Uroma Maria Kranz

Liebe Uroma Kranz, von dir weiß ich leider gar nichts, weil mir deine Tochter Maria, meine Großmutter aus Meiningen, nichts von dir erzählt hat. Ich weiß nicht, ob du in Rankweil glücklich warst, wie viele Kinder du hattest, ob du immer dort gelebt hast. Was ich weiß, ist, dass deine älteste Tochter Maria ungewöhnlich lange keinen Mann gefunden hat. War es, weil Krieg herrschte und die jungen Männer alle weg waren? Oder war sie einfach nur wählerisch und hat auf einen Mann gewartet, den sie auch lieben konnte? Jedenfalls ist sie mit meinem Opa Gebhard Kühne nach Meiningen ganz hinunter an den Rhein an der Schweizer Grenze gezogen, weil er dort zu zuhause war. Er war ein Kriegsversehrter und konnte seinen gelernten Beruf nicht mehr ausüben. Miteinander haben sie alles aufgebaut. Die Bäckerei, die Gemischtwarenhandlung, die Trafik, die kleine Landwirtschaft. Tüchtig war sie, die Maria, und gläubig. Neben der vielen Arbeit und den vier Kindern war so ein Rosenkranz oder eine Frühmesse sicher eine Mußezeit und Gelegenheit, ihre Gedanken zu ordnen.

Über meine Oma Maria weiß ich nur, was mein Papa mir erzählt hat. Ich habe nie bei ihr in Meiningen übernachtet, sie hat nie etwas für mich genäht und ich kann mich auch nicht erinnern, dass sie jemals direkt mit mir gesprochen hat. Was ich gesehen habe, ist, dass sie einen riesigen Kropf am Hals hatte, am Sonntag gerne Karten spielte, herzlich lachen konnte und dass sie und Opa sich an den Händen hielten, wenn sie vor dem Haus auf der Bank saßen. Außerdem gab es immer frische Pärle (Brot) und Wurst aus dem Laden, wenn wir zu Besuch waren oder sie zu uns kamen. Liebe Uroma Kranz, wenn ich es mir genau überlege, kommt Papas Mantra: »Man muss mit Freude bei der Arbeit sein« sicher von dir und deiner Tochter Maria, genauso wie mein Name und mein herzliches Lachen.

MARIA

Liebe Theresia Haberpointner!

Ich habe dich auf einem Foto gesehen im Familienstammbaum von Lisi Schnöll. Lisi ist eine weit entfernte Cousine von mir, unsere Urgroßmütter waren Schwestern, also Töchter von dir, die Burgi und die Elisabeth. Wir Nachfahrinnen kannten einander bis vor Kurzem nicht. Beide sind wir jetzt um die sechzig, und jede hatte plötzlich Interesse an den VorfahrInnen, an der Herkunft. Da habe ich dich gesehen, Theresia, dein Foto, und komme seither in Gedanken immer wieder zu dir. Ganz lang hab ich dich angeschaut, geboren vor 1860, wie du da sitzt in der schwarzen Seidentracht, die Hände im Schoß, vom Bergbauernhof irgendwo weit hinter Hallein zum Fotografen herunter gekommen, ein Mal im Leben. Ich habe überall in deinem Gesicht nach etwas von mir gesucht, nach einer Spur – ich weiß nicht wohin.

Vielleicht zu meiner Krankheit. Die Lisi Schnöll und ihre Schwester haben auch rheumatoide Arthritis. Und meine Oma, die Elisabeth, eine deiner unzähligen Enkelinnen, Tochter von deiner Tochter Elisabeth, hatte es auch. Sie ist mit ganz verkrüppelten Händen gestorben, wie ihre Schwester. Hattest du das auch? Hast du auch geweint in der Früh vor Schmerz? Und dich zu Mittag gefreut, dass es nachlässt? Bist du auch verzweifelt, weil du vor Schmerz ein Glas fallen hast lassen? Hat dir auch dein Mann die Haare gekämmt und dir die Knöpfe zumachen müssen? Aber dein Mann, ich seh ihn hier im Stammbaum und im Schwarzweißfoto neben dir, im finsteren Trachtenanzug, das Gesicht halb hinter dem Schnurrbart versteckt, die Augen unter den borstigen Brauen – dieser Mann sieht nicht so aus, als hätte er dir jemals einen Knopf zugemacht oder dir das Haar gekämmt. Hattest du es auch in den Schultern? Bitte sag mir was! Bitte! Ich habe dann weiter oben im Stammbaum geschaut, zwei Zeilen unterhalb von dir, zwei Menschen vor dir, zwei Bauernleben, zwei Schultern unter dir: da waren zwei Haberpointners, deren Kinder geheiratet haben. Waren das Geschwister? Cousin und Cousine? Gab es Inzest bei deinen Großeltern? In meiner Not, als der erste Schub kam, war ich bei einer Heilerin.

Die sagte, oft steht Inzest am Anfang einer vererbten Autoimmunkrankheit. Das Wort »Heilerin« verstehst du, ja? »Inzest« auch? »Autoimmun« sicher nicht, das erzähl ich dir ein anderes Mal. Vielleicht ist es gar nicht wichtig.

Ich weiß nicht, warum ich bei dir Trost suche, meine liebe Ururgroßmutter. Ich wünsche mir, dass es nicht zufällig ist, was ich habe, sondern logisch. Und ich will nicht allein sein mit dieser Krankheit. Du schaust so stolz und so wissend aus, und gar nicht stark, aber auch gar nicht demütig. In deinem Gesicht sehe ich etwas, das hinter der Müdigkeit liegt und das keine Erklärungen braucht.

Ja, gar nicht klein und unterwürfig, nicht einmal neben diesem Mann, dem Anton Haslauer. Hast du Toni zu ihm gesagt? Hat er Resi zu dir gesagt? War er fesch? Hast du ihn dir ausgesucht? Wo hast du ihn zum ersten Mal gesehen? Am Markt? In der Kirche? Du hattest vierzehn Kinder mit ihm, das sehe ich hier im Stammbaum. In den 1890er Jahren jedes Jahr eine Geburt. Zwei Kinder sind gleich nach der Geburt gestorben. Dann habt ihr den Namen nochmal vergeben, an das nächste oder übernächste Kind. Walpurga und Rosalia kommen zweimal vor. Oma hat mir erzählt, dass du so traurig warst, als dein Neugeborenes gestorben ist – und da hätte dein Mann gesagt: Wein' nicht, ich mach dir ein neues! Bei der Geburt gestorben, das klingt so schlicht. Und du? Wie war das für dich am 2. Februar 1885 im eiskalten »Gsand« Hof? Mit Hebamme und Wasserkochen und Blut und Tüchern und den sieben Kindern, die schon da waren? Hattest du Angst? Hast du gebetet? Hast du dir selber was gesagt? Hattest du genug Wörter damals? Wie bist du gestorben?

Ich hatte nur eine Geburt, habe nur ein Kind. Einen Sohn, den Jan David. Darf ich vorstellen: dein Ur-ur-urgroßenkel!

Ich habe viele Wörter, auch für die feinen und die wilden Gefühle, das hilft. Und ja, das gibt es: nur ein Kind und sogar dieses eine freiwillig! Ich wollte nur ein Kind. Sein Papa war dabei bei der Geburt und hat auf mich aufgepasst, zusammen mit der Hebamme. Er hat mir den Rücken massiert und das Baby gebadet. Ach so, ja, was ein »Baby« ist, erzähl ich dir auch später. Das hat mit den Amerikanern zu tun und mit dem zweiten Weltkrieg. Aber du hast ja nicht einmal den ersten Weltkrieg erlebt. Du hast gar keinen Krieg erlebt, nur den Alltag da oben mit dem Mann und dem Hof und den zwölf Kindern, und sechsundvierzig Winter im hinteren Tennengau. Ich bin älter als du, Theresia. Auch auf dem Foto bist du viel jünger als ich jetzt.

Ich habe keinen Bauernhof. Ich habe lernen dürfen und habe studiert, und bin dann viel gereist. Manchmal fliege ich mit dem Flugzeug zur Arbeit, sonst fahre ich mit dem Zug und mit dem Auto – das erzähl ich dir alles später einmal. Auch wie meine Arbeit aussieht.

Gerade denke ich, mein Leben ist so, wie du dir damals das Paradies vorgestellt hast. Köstliches Essen, jederzeit. Liebe und Zärtlichkeit und über alles reden können mit dem Mann. Viele Pausen, sitzen dürfen, ausschlafen dürfen. Musik, wenn ich Musik hören will. Tanzen, wo die Kaiserin getanzt hat. Warmes Wasser, so viel ich will, wann ich will. Schöne bunte Kleider und Hosen, die sind so praktisch. Und warme Schuhe und Jacken und Daunendecken im Winter. Vielleicht hast du einen Traum in den Himmel geschickt und ich hab ihn erhascht, genau deinen Traum unter den Milliarden von Träumen, die zwischen den Partikeln herumschweben – und jetzt bin ich drin!

Jedenfalls, wegen der Krankheit, unserer Krankheit: Meine Oma, deine Enkelin, ist dann am Cortison gestorben, Magenkrebs. Ich aber habe versucht, die Krankheit mit dem richtigen Essen zu heilen – und es hat geklappt! Ja, ich darf genau das essen, was ich brauche, und kochen, was ich will. Und es gibt alles, was ich brauche. Es gibt überhaupt alles, Theresia! Und das Warmhalten hilft mir sehr. Weißt du, was eine Heizung ist?

ELISA

Andere Frauenleben

Und andere Frauen, wie altern die? Nein, sie sind nicht »andere« Frauen, nicht »anders«. Aber es gibt ganz andere Umstände. Ganz andere Frauenleben. Damals. Dort. Da unten. Da draußen. Da drüben.

Ich denke an euch, Carolina, Muruma, Carmencita, Amal, Raihana, Susan. Und auch an euch: Elsa Starzer, Theresia Haberpointner, Maria Brandstätter, Maria Theresia. Während ich über mein Altern schreibe, denke ich an euch, und das sollt ihr wissen. Ich kann nicht über euer Altern und nicht für euch schreiben. Mir ist klar, dass meine Erlebnisse als alternde Frau von meiner Kultur, meinem Geburtsjahr, meinem Land, meiner Bildung, meinen gesellschaftlichen Chancen und Hindernissen geprägt sind. Ihr sollt wenigstens wissen, dass mir das klar ist.

Ich denke an dich, Theresia Haberpointner, meine Ururgroßmutter, in der schwarzen Festtagstracht beim Fotografen, zart und wissend lächelnd und uralt mit 47, nach einem Bergbäurinnenleben und 15 Mal Wochenbett. Dir hab ich schon geschrieben, dir hab ich schon über mein Leben als freie Frau erzählt und über meine, unsere, Erbkrankheit.

Ich denke an dich, Elsa Starzer. Dich habe ich noch gekannt, meine Oma, die Löwin Elsa, dich habe ich sterben gesehen über viele Jahre, deine Hände waren verformt wie Schaufeln von der rheumatoiden Arthritis, unserer »RA«, sterbend am Magenkrebs vom vielen Cortison. Du warst eine Gescheite, eine Starke, eine Geschickte, und dann eine Hauchzarte, nur noch gebogenes Gestänge, wie deine alte Nähmaschine. Und eine Nachteule warst du, weil die »RA« am Morgen unerträglich ist und erst am Abend ein halbwegs schmerzfreies Tun möglich ist. Kenne ich. Aber du durftest nicht vegan essen, nicht in warmes Klima ziehen im Winter, nicht Ayurveda probieren und Tees aus chinesischer Weisheit. Auch Magenschoner hätten dir vielleicht geholfen. Oma, ich bin schmerzfrei, und das ganz ohne Medikamente! Und wenn wieder ein Schub kommt, esse ich wieder vegan. Das hilft, Oma!

Ich denke an dich, Maria Brandstätter, meine andere Oma, die ich nicht kennen lernen konnte. Du bist nur bis zum Wechsel gekommen, und schon mit 47 gestorben an Brustkrebs. Kein Alter. Keine Früherkennung, keine Schmerztherapie, nur Äthernarkosen. Und ab und zu nach Wien zur Bestrahlung mit der sogenannten Kobaltkanone. Keine Gespräche darüber, nur der stumme blasse Horror im Haus. Und depressiv warst du wohl auch, aber dafür gab es nicht einmal einen Namen – »schwermütig halt, von klein auf« – und schon gar nicht eine Therapie.

Ich denke auch an dich, Frau ein einem Bergdorf in Sizilien in den 70er Jahren – für uns damals eine alte Frau, die uns junge Frauen in ihr Steinhaus herein gewunken hat. Natürlich schwarz gekleidet, natürlich behäbig, rechtschaffen massig, mit Kopftuch überm weißen Haar. Machtvoll in deiner Weise, machtvoll die Rolle ausfüllend, ein Monument, respekteinflößend, herrschend und klagend. Und nicht zu umgehen, auch nicht von deinen Söhnen. Du warst sicher nicht älter als ich heute bin.

Ich denke an dich, Carolina in Medellín. Meine Freundin, Kollegin, Nachbarin – du warst damals schon an die 70, und ich war 30. Jetzt wärest du über 100, und natürlich bist du längst tot. Immer schon warst du leidend, herzleidend nach dem Rausschmiss aus dem Kloster, und tapfer mit uns unterwegs in den Bergbauern-Gemeinschaften. Du warst dick, schwer, belastet, das gehörte zum Altern in Kolumbien. Viele Tabletten, made in the USA, kein Sport, keine passende Ernährung, ab und zu seltsame Hausrezepte von Bauerngroßmüttern: bei schweren Beinen? Kröten auflegen! Und es ist normal, dass alles weh tut. Wir haben nie übers Alter geredet. Es gab nichts zu sagen, es war nicht gestaltbar. Und ja, es hat mich damals wohl nicht interessiert.

Ich denke an dich, Carmencita, Campesina in den Kaffeebergen Kolumbiens. Heute denke ich, du warst so alt wie ich. Aber damals unendlich viel älter. Du hattest schon fünf Kinder, grobe Hände, einen groben Mann, und ein aknenarbiges Gesicht. Beim Fest zur Einweihung der Schule, die wir zusammen für eure Kinder gebaut hatten, waren wie immer alle kostümiert. Du hast dich als Nonne verkleidet. Heute verstehe ich, warum. Wie geht es dir heute, mit 67? Lebst du noch? Trinkt dein Mann noch? Lebt er noch? Hast du

Enkel? Urenkel? Darfst du heute essen, was deinem Körper guttut? Wie geht es deinen Knien, deinen Hüften? Hast du noch Sex? Gern? Möchtest du noch Nonne sein, manchmal?

Ich denke an dich, fremde Frau, vorgestern in Wien in der U6. Hellblaue Abbaya, hellblaues Kopftuch. Ich vermute, du bist eine Hazara. So zarte asiatische Züge, so ernst um den Mund, so lieb-streng mit deinen zwei Söhnen. Sie sollen sich benehmen, danke sagen für den Sitzplatz neben mir. Du bist noch keine 30, aber ich fühle dich gleich alt wie mich, weil gleich ernst. Fleißig Erwartungen erfüllen, das Leben meistern, wie es kommt, und es soll allen gut gehen. Wie wirst du altern, später, irgendwann? Wirst du ausbrennen? Zusammenbrechen? Wirst du leichter werden? Wirst du dich zurückziehen in ein Nest aus Glauben und Regeln-Befolgen? Was wird Österreich, was wird Wien aus dir machen? Wirst du es zulassen?

Ich denke an dich, kugelrunde schwarzverhüllte kopftuchtragende Frau, in Flipflops watschelnd, wackelnd, und Taschen schleppend aus dem Supermarkt in Levico. Es sieht auf ersten Blick fast komisch aus, und ich schäme mich sehr für diesen ersten Blick. Wir sind zum Bergsteigen hier im Trentino, und du lebst hier, musst hier leben. Bist zu Fuß unterwegs zwischen Co-Op und Küche, alte Frau, so alt wie ich vielleicht. Meine Solidarität trottet hinter dir her. Ich möchte mir vorstellen, dass du glücklich bist. Warum denn nicht?! S. und ich reisen freiwillig, mal Trolley, mal Rucksack, wir strengen uns freiwillig an für einen Gipfelkuss, für eine gute Figur. Wir praktizieren freiwillig: »reduzieren«, down-sizing im Alter, Ballast abwerfen. Wir möchten leichtfüßig bleiben für die späten Jahre, den Überfluss verantwortungsvoll loswerden. Überfluss – ein Luxusproblem? Nein. Ein echtes Problem. Aber durch unseren Luxus entstanden.

Ich denke an dich, Muruma, im gelblichen Sari im damaligen Madras. Wir haben uns kurz kennengelernt, sehr kurz. Wie heißt du?, hast du gefragt. Wie alt? Gleich alt!! Und du wolltest mich berühren, hauptsächlich das. Ich wohnte in dem kleinen Hotel, du auf dem Gehsteig davor. Eine Unberührbare. Dein Mann war Rikschafahrer, Fuß-Rikscha. Mit erschreckender Sicherheit »weiß« ich, dass du schon tot bist.

Ich denke an dich, Susan in Portland, du bist gerade siebzig geworden, falls du noch lebst. Seit deinem Unfall vor 30 Jahren und der Querschnittlähmung musst du täglich Antibiotika nehmen, das geht auf die Gesundheit, so oder so. Lebt dein Mann noch, um dich zu pflegen? Seid ihr in ein Heim gezogen? Spielen die Narben von den Verbrennungen noch eine Rolle im Alter? Ich hab dich überall im Internet gesucht und nicht gefunden – nur im Newsletter von Kaiser's Hospital in Portland, als du vor etlichen Jahren als rollstuhlfahrende Krankenhaus-Kaplanin in Pension gegangen bist. Hast du nochmal Handschrift schreiben gelernt im Rahmen der Reha? Dir getraue ich mich nicht über mein Altern zu schreiben, nicht über die Falten, nicht über das Langsamerwerden auf den Bergtouren.

Und ich denke an dich, Cvetka, meine zukünftige Nachbarin in Slowenien. Du bist zwei Monate jünger als ich und lebst wie meine Mutter. Du schüttelst wahrscheinlich manchmal den Kopf über mich, wie meine Tante, »Nein, die Mädchen von heute ...!« »Jeden Morgen Yoga, das würde ich mir nicht antun!« Zwei Söhne mit guten Posten, zwei Enkelinnen, sie sind brav in der Schule, Busreisen für Pensionisten ans Meer, da braucht man nichts organisieren, gutes Essen, sehr nette Gesellschaft! Ich bewundere dein blitzsauberes Haus. Immer stehen Kekse bereit, viel Arbeit im Gemüsegarten, der Rücken schmerzt, der Mann muss Blutdruckmittel nehmen, du selber nimmst nur ab und zu »was zum Schlafen«. Trotzdem frage ich immer: Wie geht's dir? – Danke gut, immer gleich.

Ich denke an noch eine Theresia, eine aus Österreich und aus der Vergangenheit: Maria Theresia, Kaiserin, 16 Geburten, 6 Kinder starben. Machtvolle Frau, dir verdanke ich die Schule, die Schulpflicht, besonders als Mädchen. Und dass mich Frauen erzogen haben, die lesen und schreiben und sogar ein bisschen Englisch konnten.

ELISA

Auch so geht Altern – Tante Helgard

Meine Tante Helgard war eine Königin, die nach ihrer Pensionierung alles, aber auch gar alles ins Haus kommen ließ. Sie hielt in ihrer Wohnung Hof und vereinbarte Termine mit der Geschäftsfrau, die ihr Weihnachtsdekoration und Geschenke ins Haus brachte, ließ die Maniküre und Pediküre kommen, und von der Kosmetikerin wollen wir gar nicht sprechen. Der Friseur war eigentlich über der Straße, aber das war auch schon lästig, denn da hätte sie sich ja ausgehfertig anziehen müssen. Das gefiel ihr gar nicht, denn sie hatte sich eine größere Anzahl von Nicki-Morgenmänteln per Post kommen lassen – gerne mit Stehkragen – oder sie trug einen royal wirkenden Hausanzug.

Zu einem kleinen Spaziergang war Tante Helgard auch nicht zu bewegen, denn sie musste ihre Hüfte schonen und deren Lebenszeit unbedingt verlängern. Tante Helgard trug oft drei bis vier Halsketten gleichzeitig sowie Ringe, Armbänder und Armreifen, eine Diamantbrosche am Stehkragen. Alles in Gold oder Weißgold, versteht sich, denn sie war der Ansicht, wenn man auf eine Gelegenheit warte, könne man hierzulande, das war in Bürs, ja wirklich verzweifeln.

Der Schmuck kam allesamt von ihrem wohlhabenden aber sehr sparsamen Ehemann Hubert, denn Tante Helgard hatte, so lange sie arbeitete, alles in den Haushalt und die Haushaltshilfe gebuttert. Onkel Hubert, der das stattliche Haus in die Ehe gebracht hatte, hätte seine Anzüge am liebsten wenden lassen, so sparsam war er, aber er bezahlte die Betriebskosten, das heißt die Heizung und den Strom. Konsequenterweise hatte ihn meine Tante Helgard dazu verdonnert, ihr zu Weihnachten, zu Ostern, zum Muttertag, zum Geburtstag und zum Hochzeitstag ein ›schönes Stück‹ zu schenken. Mit dem Geld, das ihr nach Bezahlung aller Haushaltskosten übrigblieb, stattete sie die Wohnung mit Perserteppichen aus oder bedachte zu Weihnachten oder zum gemeinsamen Geburtstag meine Mutter, ihre Zwillingsschwester Dora, mit einem eleganten Morgenmantel oder dergleichen.

Dora hatte wie sie fünf Kinder und einen Beruf, aber Dora verstand nichts vom Königinnendasein, und es war Tante Helgard ein großes Ärgernis, wenn bei Dora die Gesichtsmasken und Cremes, die sie ihr so großzügig schenkte, dahinranzten, anstatt die Faltenbildung der Schwester hintanzuhalten. Gleich nach der Pensionierung fand Tante Helgard, sie könne fortan wegen einer wiederkehrenden Augenentzündung nicht mehr Auto fahren. Deshalb ließ sie sich von einem ihrer Kinder zu ihrer Schwester oder zum jährlich stattfindenden gemeinsamen Kuraufenthalt führen. Dies brachte wiederum uns in Schwierigkeiten, weil wir ganz und gar nicht einsahen, die zwei unter 70jährigen einmal vier Stunden zur Kur hin und drei Wochen später wieder von der Kur vier Stunden heimzuführen. Aber bei Tante Helgard biss man auf Granit, wenn man öffentliche Verkehrsmittel ins Spiel bringen wollte, denn schließlich hatte sie ihrer Meinung nach in ihrem Leben genug geleistet, sodass sie sich jetzt wirklich schonen und bedienen lassen konnte.

Sie ließ sich die letzten 15 Jahre ihres Lebens wöchentlich von ihrer Schwester besuchen, die das mit öffentlichen Verkehrsmitteln bewerkstelligte und dabei noch den leichten Spott ertragen musste, sie sei ja wie ein Furz in der Laterne ständig auf Achse. Als kleines Incentive ließ Tante Helgard allerdings zu diesen Besuchen eine Dame für die Fußmassage ins Home-Spa anreisen.

Als Tante Helgard, die ehemalige Schuldirektorin, schließlich im Alter von 86 verstarb, das war sechs Jahre vor ihrer Zwillingsschwester, meiner Mutter, waren ihre Wangen immer noch rosig, die Hüfte vermutlich intakt, allerdings hatte sie das Interesse an der Welt und an ihrer Umgebung schon lange vor ihrem Tod verloren.

MARIA

Alt sein – so nicht!

Unausgesprochenes:
Des wiad nimma (= Das wird nicht mehr gut).
Nur nicht auffallen!
Gib Ruh!
Du schaffst das nicht mehr.
Musst dich mehr bewegen!
Alt sein ist anstrengend.
Zieh dich zurück!
Lass die anderen!
Du kennst dich nicht mehr aus.
Geh zum Arzt!
Nimm Medikamente!
Das zahlt sich nicht mehr aus.
Da kannst du nicht mehr mitreden.
Steig nicht mehr auf Leitern!
Lass dir helfen!
Alt sein heißt krank werden.
Die Pensionisten haben immer Zeit.
Die Pensionisten haben nie Zeit.
Ihr seid ja nie da!
Ihr müsst uns helfen, vor allem finanziell!
Von Großeltern erwarten wir, dass sie immer bereit sind.
Alte Menschen sind ungeschickt.
Hoffentlich stirbt sie bald.

AUGUSTE

Alt werden – lieber so!

Entwicklung ist immer möglich.
Alt werden – aber alt sein?
Ich habe etwas zu sagen.
Ich bin frei und kann zwischen Ruhe und Bewegung entscheiden.
Du bestimmst selbst, was du machen kannst und willst.
Übe liebevollen Umgang mit deinen Begrenzungen!
Der Tod ist näher – schau hin!
Hilfe annehmen ist keine Schande.
Wer neugierig bleibt, kann glücklich alt werden.
Du bist frei.
Du hast gute Erfahrungen, gib sie weiter!
Du kannst andere unterstützen, das tut gut.
Engagiere dich, aber opfere dich nicht auf
Du brauchst Interesse und kreative Betätigung.
Tanzen und Theater spielen fördert deine Vitalität.
Es ist wichtig, interessiert und offen zu bleiben.
Alt werden heißt auch, über das Vergangene oder Verluste trauern dürfen.
Angst vor dem Altwerden ist normal.
Sich der Angst vor dem Verschwinden, vor der Vergänglichkeit zu stellen, braucht Mut.
Schau gut auf deinen Körper, es ist dein einziger!
Verabschiede dich bewusst von Dingen und bedanke dich!
Was möchtest du noch jemandem sagen oder schreiben?
Es gibt immer noch Zukunft für dich.
Jeder Tag ist neu und einmalig.
Liebe, liebe, liebe!
Lebe so, dass du jederzeit sterben kannst!
Versuche dein Leben in Ordnung zu bringen!
Sich erinnern gibt deinem Leben Sinn.

Was möchtest du, das von dir bleibt?
Was ist eine Botschaft an die nächste Generation?
Erzähle von dir und lass andere an deinem Leben teilhaben!
Deine Geschichte ist einmalig.
Welche Spuren hinterlässt du?
Schreibe deine Geschichte auf!
Du kannst immer noch was lernen.
Das einzig Sichere im Leben ist die Veränderung.
Das wirklich Sichere ist der Tod, sprich mit ihm, sprich über das Sterben.
AUGUSTE

You care

Sue und ich feiern unsere Geburtstage gern zusammen, inzwischen nicht mehr nur unsere runden oder halbrunden. Meistens irgendwann im Sommer, obwohl wir beide im Frühling Geburtstag haben, irgendwo in Europa, irgendwo am Meer oder wenigstens in Italien. Sue bucht und fliegt und lädt mich ein, ich komme auf dem Landweg und bringe das Auto und Bücher und Yogamatten mit. Diesmal ist es Chioggia. Sie ist aus California, für sie ist alles hier billig. Sie ist links, gebildet, belesen, Psychotherapeutin. Seit 50 Jahren verheiratet mit Josh, einem ebenso linken und mit 78 immer noch engagierten Richter und Uni-Dekan, einem der liebsten, bescheidensten und klügsten Menschen, die ich kenne. Ich sage immer wieder scherzhaft, er sollte endlich Rabbi werden. Er hat eine fortschreitende Autoimmunkrankheit, kann ohne Infusionskuren nicht leben und ist leicht gehbehindert. Graues kurzes Haar hat Susan, um 10 Jahre grauer als meines, und immer die passenden Ohrringe. Sie hat wache schwarze Augen, ist elegant und sehr witzig. Wir hatten beide schon Brustkrebs – und er ist für beide noch nicht ganz »verjährt«. Wir hatten beide den gleichen Krebs-Typ, den leichtesten. Für sie war das ein noch größerer Glücksfall, sie hätte auch das böse BRCA-Gen haben können, das bei Ashkenazi-Frauen, also Frauen mit mitteleuropäisch-jüdischen Wurzeln, so oft vorkommt. Jedes Jahr, wenn wir uns treffen, zeigen wir einander die Narben. Pullover hochziehen, BH auf die Seite schieben, da, schau, fast nichts mehr zu erkennen! Sie lebt in Stanford. Dort kann man nur Feministin sein und durch und durch liberal. Josh und Sue waren als Studenten auf sämtlichen großen Anti-Vietnamkrieg Demos, Sit-ins und Picket-Lines. Zwei ihrer Enkel haben auch koreanische Großeltern. Manche Rabbis in ihrer Synagoge sind lesbisch oder transgender. Als während der Pandemie die Thora-Schule Samstag vormittags online war, hat sie zuhause nebenbei Yoga gemacht. Natürlich mit Camera OFF – »Das wollte ich dann doch nicht, dass die Gemeinde mich im Herabschauenden Hund sieht«, lacht sie.

Vor ein paar Jahren habe ich sie noch auf die Tenner-Alm beim Schmittenstein mitgenommen. Nicht mitgezerrt, nein. Sie wollte ausdrücklich dort hinauf wandern. Aber im Nachhinein und an ihren Foto-Posen habe ich bemerkt, wie stolz sie war auf den gelungenen Aufstieg und auf den Abstieg und wie froh sie um meine Teleskopstöcke war.

Inzwischen bin ich fürsorglicher mit ihr, fast zärtlich. Ich habe das auf den Reisen mit meiner Mutter gelernt. Halte die Türen auf, helfe in die Jacke, trage mehr Gepäck. Ich hole allein das Auto vom Außenparkplatz, 10 Minuten Fußmarsch. Und auf dem Weg dorthin, allein eben, werde ich von italienischen Männern angesprochen. Höflich, nicht aufdringlich und natürlich nur von den *noch* älteren. Und natürlich liegt es auch an meiner Frisur, Körperhaltung, Kleiderfarbe. Una cosa culturale?

Ja, ich bin fürsorglich zu meiner älteren Freundin, bin im Stand-by-Modus, möglichst nonchalant, das gehört dazu. Auch frage ich mehr und setze weniger voraus. Ich staune lieber, wenn etwas Anstrengendes gemeinsam geht, immer noch geht. Hier in Chioggia haben wir kostenlos Leih-Fahrräder vom Vermieter bekommen. Nein, es ist nicht selbstverständlich, dass wir zusammen zum Strand radeln. Ich fahre langsam vor, schau mich oft um nach ihr.

Bleibe öfter stehen und warte. Ja, inzwischen bewundere ich aufrichtig, dass sie das noch macht. Und sie ist gerührt. »You care!« Sie weint plötzlich ein bisschen. »Das macht sonst niemand mit mir«, sagt sie. »Mit Josh kann ich nichts Sportliches mehr machen, obwohl ich so gern würde… Und andererseits nimmt Josh keine Rücksicht. Da muss ich die Starke sein, da bin ich es, die die Sachen trägt und ihn stützt. – Ich weiß nicht, wie lange ich das noch kann…«. Bei diesem Satz werden die Tränen mehr. Und genau diesen Satz denke ich in letzter Zeit auch manchmal, wenn ich meiner Mutter helfe. »Ich weiß nicht, wie lange ich das noch kann.« Meine Tränen lasse ich nicht zu. Nicht jetzt. Jetzt bin ich die Starke, die zum Anlehnen.

Vor ein paar Monaten hat Sue mir einen Facebook-Link geschickt: irgendeine berühmte und inzwischen alte US-Schauspielerin wettert gegen den Ausdruck »Anti-Aging«! Wie recht sie hat, schreiben wir einander, erfrischt, aufgeregt, zufrieden mit dem Benennen. Auf jedem dritten Kosmetik-Produkt im Drogeriemarkt steht dieses Wort. »Anti-Aging«. Ich verstehe es nicht als »diskriminierend«. Dieses Wort wird zu häufig verwendet. Aber ich verstehe es als pervers. »Anti« heißt bekämpfend, ablehnend: den natürlichsten Prozess des menschlichen Körpers ablehnend!

Nur das eine hat mich schockiert, an jenem Vormittag auf der Dachterrasse in unserer Airbnb-Wohnung hoch über der Fußgängerzone von Chioggia. Wir haben unser Obst gefrühstückt und unseren Grüntee getrunken, bevor wir auf die Piazza hinabsteigen für Cappuccino und frische Cornetti. Wir reden über die Härte und Disziplin der alternden Italienerinnen, über die Argentinierinnen, die mit 18 schon zum Chirurgen laufen, über Brust-Implantate, Lifting-OPs, dümmlich und babyhaft wirkende Botox-Lippen. Kopfschüttelnd natürlich. Beide. Dachte ich erst. »Würdest du dich je schnipseln lassen?« – »Naja, nur wenn ich verwitwet wäre und nochmal einen neuen Partner finden möchte.« – Was?! Sie ist jetzt 76! An welches Alter denkt sie denn?! Aber so sind die, denk ich dann – must be a cultural thing, ist wohl was Kulturelles – und ich lasse meinen Vorurteilen freien Lauf. »So sind die da drüben: können nicht in Würde altern. Können nicht loslassen. Müssen sich bis ans Lebensende auf den Markt tragen, immer ›competitive‹, immer in Konkurrenz. Und immer unsterblich!«

Dabei reden wir oft über Tod und Sterben. Sue ist dem rechnerischen Abgrund 10 Jahre näher als ich. Fakt. Aber solange wir darüber reden, gehört es uns. Und nicht umgekehrt. Solange wir darüber reden, sitzen wir im Sattel, haben wir es im Griff, können *wir* den Abstand bestimmen. Und umgekehrt. Auch das habe ich mit meiner Mutter erlebt. Wir haben oft über Tod und Sterben gesprochen. Ganz vernünftig und gelassen, über ihr Sterben, über meines und allgemein. Nur in den letzten Wochen vor ihrem Tod hat sie nicht mehr darüber gesprochen.

ELISA

Mariann

Mariann ist Margaretas ›geliebte‹ Nachbarin, die wir kennengelernt haben, als wir für unsere Schreibwerkstatt zum Thema Nachbar:innen in Margaretas Atelier einquartiert waren. Margareta hat sie einmal ›eingeladen‹, für uns zu kochen.

Mariann wohnt im Parterre ihres Hauses, das sie in besseren Zeiten gemeinsam mit ihrem Mann – »Gott hab ihn selig« –, dem Wirtshausbesitzer in Kufstein, bewohnt hat. So sieht sie auch, rein zufällig, weil die Küche ja direkt auf die Straße ausgerichtet ist, was bei Margareta gegenüber los ist, wer so ein und ausgeht, ob sie eventuell einen Kuchen oder einen Apfelstrudel…

Es ist gut, dass sie nicht mehr in den oberen Stock muss, weil sie ja kaum mehr gehen kann. Knie, Hüfte, alles kaputt, wie es halt so ist bei einer Köchin, die täglich mindestens zwei 30-Liter-Töpfe Kartoffeln gekocht und geschält hat, als Beilage für Kartoffelsalate, zu Wienerschnitzel oder Würstel. Ja, bis zu 95 Mittagaessen hat sie täglich serviert und das, obwohl sie gerade erst mit dem Frühstücksservice fertig war. Die deutschen Eisenbahner haben Marianns Frühstück geliebt. Für 7 DM, andere verlangten damals schon 10, bot sie drei Scheiben Press-, drei Scheiben Extrawurst und drei Scheiben Lyoner, drei Scheiben Käse, alles schön aufgefächert und in der Mitte ein gekochtes »Gockei« und als Garnitur ein halbes »Gurkei«. Diese Grundlage haben die Eisenbahner wohl gebraucht, weil sie dazu immer Weiß-Gespritzte getrunken haben.

Ja, die Schnapsgläser mit dem Tiroler Adler, die waren so beliebt, dass die Gäste sie nur zu gerne auch daheim zur Schau stellten. Einmal hat sie sogar einen erwischt, auch nur, weil sie so zufällig an seinem Rucksack gestreift ist, und da hat sie das Klimpern gehört. Ja überhaupt! Also ihr Mann, der Sepp, hatte einen Freund namens Sepp und der Sepp hat für den Sepp einen großen Rahmen für einen Spiegel geschnitzt. Mariann wusste nicht wohin damit, wo doch alles in der Gaststube und am Gang schon voll war. Also dachte sie, die Männer sind auch gerne schön und hängte ihn ins Herren-WC. Das ging auch lange gut, aber dann hat ein Holländer, so ein großer, unter dem Anorak den Spiegel mitgehen lassen. Sie ist ihm natürlich nach, bis zum Busparkplatz, aber sie waren beide schon weg: der Spiegel und der Holländer.

Also das Kochen ist ihre Leidenschaft, je mehr desto lieber, ist alles ein Klacks gegen die vielen Kartoffeln. »Hat's euch geschmeckt?« Auch alle Kochsendungen schaut sie, obwohl sie sich ja noch an die Hygienevorschriften mit den Haaren gehalten hat, die heute noch streng zurückgebunden im Knoten sind. »Aber die Fernsehköche! Mein Gott!«

Also einen Kuchen zaubert sie in 18 Minuten. Ja, die Butter nimmt sie logisch am Vortag aus dem Kühlschrank. Das Rezept 20, 20, 20 und 4 Eier und Backpulver. »Marillen sind meistens ein Pfusch, zu sauer, Kirschen muss man de facto entkernen, aber diese Pfirsiche aus der Dose, ein Gedicht! Natürlich abschütten, eventuell sogar abwaschen, die Soße mit den Konservierungsmitteln, die picksüße, kann man ja nicht einmal trinken!« Sie jedenfalls sicher nicht. »Also abwaschen, auf Küchenrolle oder Tuch ausbreiten, abtupfen und dann zack-zack in Scheibchen auffächern. Ein herrlicher Blechkuchen bei 200° Umluft 15 Minuten, höchstens 20. Das Rezept muss man sich merken. Watscheneinfach!«

Das Bier da, hat sie immer im Keller, ihr Sohn wollte ihr neulich eine Kiste..., nein sie hat selber das aus Deutschland, da hat sie einmal gearbeitet. Ja, wo sie überall schon gearbeitet hat und diese Abenteuer! Schon mit zwölf ohne Fahrkarte von Langkampfen nach Kufstein, den Schaffner ausgetrickst, nein, natürlich nicht ihre Idee, ihre Freundin, die war schon zwölfeinhalb. »Hat's euch geschmeckt, ja für heut Abend könnt ich euch noch sechs Flügerl nachbraten, ginge ganz schnell, ja der Pilzreis...«

Mariann lässt sich aus dem Margareta-Garten heimbegleiten an meinem Arm, sie tut sich sichtlich schwer, aber statt eines Stöhnens kommt ein weiterer Wortschwall, dem ich rasch zu entkommen versuche. Aber bei Mariann gibt es kein schnelles Entkommen, wenn sie das geringste Interesse wittert, denn schließlich hat sie als Wirtin und Köchin ein abwechslungsreiches Leben geführt, immer unter Leuten. Sie würde sagen: »Allaweil a lustige G'schicht, an Hoangascht halt!«

[*Ein Hoangascht ist in Tirol ein Schwätzchen oder eine lustige Runde.*]

MARIA

Altsein und reisen

Meine Freundin Vivian und ich haben schon einige Reisen zusammen gemacht. Wenn sie nicht aus den USA zu mir nach Österreich gekommen ist, haben wir uns an einem Flughafen getroffen und sind von dort aus gereist. Unser ›Full Immersion‹ Italienisch-Kurs mit Kochen und Kultur in Poppi, einer kleinen Stadt in der Toskana, war seinerzeit ein voller Erfolg. Danach sind wir hinunter bis Rom und über den Apennin hinauf bis Venedig gereist. Unsere Andalusien-Reise haben wir in Barcelona begonnen, sind von dort nach Sevilla geflogen und haben ein Auto gemietet.

Aber dieses Jahr ist nach mehreren Jahren Pause, in denen sie ihre Mutter gepflegt hat, die erst kürzlich im Alter von 105 gestorben ist, alles irgendwie anders. Wir wissen nicht, ob wir das so wohl noch einmal machen können. Wir treffen uns in Lissabon am Flughafen, ich habe alles arrangiert und geplant. Vivian ist erschöpft vom langen Flug und dem Warten am Flughafen. Die Wohnung im Roof Top Apartment im 2. Stock ist nur über 40 Stufen zu erreichen, aber sie hat idealerweise zwei Schlafzimmer und zwei Badezimmer. Das Pflaster in Lissabon ist porzellanartig, wellig und rutschig. Vivian hat sich für ihre schmerzenden Knie eigens Spritzen geben lassen. Sie sieht schlechter, sie versteht mich schlechter. Ihre Hörgeräte und ihre Bifokal-Brille lässt sie zuhause. Beides sei unpraktisch, weshalb sie sie nicht verwendet. Ich höre sowieso schlecht, aber ich verwende wenigstens meine Hörgeräte und verstehe gut, wenn man mich anspricht. Am Schalter hört Vivian ganz andere Dinge als ich. Sie hört auch mich oft nicht, sie kann das WIFI-Passwort ohne Brille nicht lesen und so weiter. Die Lesebrille ist nicht bei der Hand. Sie sieht weder Straßenschilder noch Busabfahrtszeiten. Es ist mühsam! Na ja, sie ist ja auch vier Jahre älter als ich.

Das Essen ist problematisch für eine Vegetarierin, aber das wenigstens wusste ich bereits. Ich muss Toleranz üben für meine Freundin, der manchmal jeder Schritt zu viel ist, die keinen Aperitif will, fassungslos vor Speisenkarten steht und im Internet keine Lokale und Wegbeschreibungen aufrufen kann.

Ich frage mich natürlich, wie es nur so weit kommen konnte. Wir sind doch schon öfters zusammen gereist, aber so war es noch nie. Vivian bemerkt das auch und wir fragen uns wieder, ob wir das so wohl noch einmal machen können. Das kann niemand sagen, aber ich bin erschöpft. Navigieren, Bus checken, Museum checken, finden, voraus buchen. Das Calouste Gulbenkian Museum, das von einem wunderbaren Park umgeben ist, hat es mir besonders angetan.

Nach sechs Tagen in Lissabon übernehmen wir das von mir vorbestellte Auto am Flughafen. Es ist alles etwas komplizierter, als frau es sich vorgestellt hat. Wir schaffen es nicht, das Navi im Auto von Portugiesisch auf Englisch umzustellen, mein Handy spricht nur Deutsch. Die Klimaanlage bläst mich nieder – und hat jemand schon Kreisverkehre mit Ampeln gesehen? Wir fahren über die Vasco-Da-Gama-Brücke, die längste Brücke Europas, und die Klimaanlage lässt sich noch immer nicht umstellen. Gut, wenigstens die bekommen wir mit der Zeit in den Griff.

Wir landen gut in Évora, das Hotel ist außerhalb der Stadtmauer, der Weg zum Hauptplatz führt aufwärts. Dafür ist der prächtige Friedhof, den wir besuchen, gleich gegenüber. Zurück im Zimmer kann Vivian die Dusche nicht einstellen. Morgen will sie fahren, schließlich hatte sie in ihrer Jugend auch keine Automatik. Ich schlafe schlecht und fasse mir am Morgen ein Herz. Bitte lass es uns erst auf einem Parkplatz üben. Nicht, dass sie eine schlechte Autofahrerin ist, aber sie ist halt die Automatik gewohnt. Dann eine einsame Landstraße, ich fahre an den Rand, eine gute Gelegenheit zum Üben. Die Kupplung raucht, wir kommen nicht vom Fleck. Danach ist das auch vom Tisch, ich fahre, Vivian navigiert mit meinem deutschsprachigen Navi. Ein Zwischenstopp in Beja mit seiner Burg führt uns direkt in das Museum des berühmten Bildhauers Jorge Vieira, der einen Teil seiner Werke der Stadt vermacht hat. Die Frauenskulpturen inspirieren uns für unsere Morgenübungen, die wir aus Platzmangel im Bett machen müssen.

In Vila Real de Santo António habe ich uns in eine Pousada, einem Hotel in einem historischen Gebäude, eingebucht. Es liegt direkt am imposanten Hauptplatz, der von Orangenbäumen gesäumt ist. Detail am Rande: Die Stadtverwaltung lässt sie unreif ernten, da die Jugendlichen der Stadt mit den reifen Orangen Schlachten veranstalten und großen Schaden am Platz und an den Gebäuden anrichten. Weshalb ein altes Gebäude, wo liegt der Charme?, fragt mich die Amerikanerin, als wir entspannt in einem von Bögen gesäumten Innenhof mit Palme und kleinem Pool sitzen. Ich freue mich auf die Bootsfahrt flussaufwärts zwischen Portugal und Spanien. Wir erfahren alles über die einstige Größe der Stadt, den Thunfischfang, den es seit einiger Zeit nicht mehr gibt, und über die große Zeit der Sardinenfischerei. In Spanien drüben, da waren wir schon. Bis Cádiz haben wir es damals geschafft, aber da war ich noch nicht 74, es ist also mehr als zehn Jahre her. Dahin müssen wir nicht mehr.

In Lissabon haben wir uns mit Vivians Cousine getroffen, die im Marriott abgestiegen ist. Es ist nahe der Autobahn, sie kommt mit ihrer Nichte in einem Uber-Taxi zu unserem Treffpunkt. Vivian will später wissen, weshalb ich denn Marriott Hotels ablehne bzw. nicht dort wohnen wollte. Weil sie überall gleich sind und ich nicht geschäftlich reise, sage ich. Das Hotel in Lagos, unserer nächsten Station, in dem wir auch zwei Nächte bleiben wollen, ist ein Drei-Sterne-Fehlgriff, aber dafür direkt im Zentrum. Wir finden auch ein Lokal, das ein, ja genau ein einziges, gutes vegetarisches Gericht und für mich traumhaften Fisch anbietet. Vivian würde ohne mich nicht nachhause finden, obwohl wir uns keine fünf Minuten entfernt vom Hotel befinden. Der Bootsausflug von Porto Maio zu den Felsformationen und Bengali-Höhlen ist ein voller Erfolg. Allerdings fällt Vivian beim Aussteigen aus dem Boot zum zweiten Mal auf ihr rechtes Knie. Trotzdem machen wir einen Abstecher ins Museum, in dem eine Sardinen-Verwertungsfabrik nachgebaut ist. Kein Wunder, dass die Portugiesen so stolz auf ihre Sardinendosen sind. Sehr zu meinem Erstaunen haben hier vornehmlich Frauen gearbeitet. In Vila Nova Milfontes geht es schon besser, denn das Hotel ist direkt am Strand. Wir sind auf einem Teil des Pilgerweges nach Santiago de Compostela gelandet und treffen auf viele Pilgerinnen oder Wanderer, die sich das Gepäck täglich zum nächsten Hotel weiterschicken lassen. Alle sind sie fit und frohgemut.

Unsere Reise neigt sich langsam dem Ende zu, und wir fragen uns wieder einmal, ob wir das so wohl noch einmal machen können. Eine Fluss-Kreuzfahrt vielleicht? Wir werden bewegt und müssen uns nicht bewegen. Unsere beiden letzten Nächte in Porto Covo mit seinen tollen Buchten, in denen wir an der Sonne dösen, stimmen uns nachdenklich und etwas traurig. Wir wissen wirklich nicht, ob diese Reise unserer letzte gemeinsame war. Der Abreisetag ist regnerisch und nebelig. Erst als wir wieder über die Vasco-da-Gama-Brücke nach Lissabon hineinfahren, klart es auf. Nachdem wir den Stau am Flughafen auch bewältigt haben, ist die Rückgabe des Autos erstaunlich problemlos. Am Flughafen in Lissabon hat Vivian wie schon für den Herflug einen Rollstuhl bestellt, wegen der weiten Wege. Ich habe noch vier Stunden bis zum Einchecken alleine zu überbrücken.

Nun bin ich mir sicher, dass wir das so wohl nicht noch einmal machen können.

MARIA

Leben und Feiern in Gemeinschaft

Meine Freundin Ulrike ist mit ihrer Pensionierung von Tirol in die Steiermark gezogen, wo sie mit ihren drei Brüdern einen alten Vierkanthof samt Schwimmteich gekauft hat. Ulrike hatte schon immer Visionen, was sie gerne machen würde, was gemacht werden könnte etc. Einmal wollte sie in einem aufgelassenen Lokal in Obermais in Meran eine Milchbar eröffnen, weil sie sich vorstellen konnte, wie sie ausschenkt und die Menschen zum Plaudern und Philosophieren einkehren. Meine Einwände, dass es einen Grund gibt, weshalb die Lokale alle eingegangen sind, hat sie nicht gelten lassen. Aber dann kam sowieso schon die nächste Idee. Mit ihrer Art hatte Ulrike auch immer die wunderbarsten Begegnungen, besonders wenn sie mit dem Zug fuhr. Ulrike hätte sicher ein Klimaticket, wenn sie noch leben würde. Mit ihrem Umzug in die Steiermark gründete sie sofort einen Tauschkreis, mietete ein aufgelassenes Lokal für einen Mittagstisch. Sie stellte sich vor, es würden sich schnell genügend Personen finden, die liebend gerne einmal in der Woche für andere kochen würden. Das hat sie auch über mehrere Jahre aufrechterhalten. Sie hat sogar noch eine Ausbildung zur Bibliothekarin gemacht, weil es ihr ein Anliegen war mit Menschen übers Lesen ins Gespräch zu kommen.

Eine ihrer innigsten Wunschvorstellungen war aber Leben und Feiern in Gemeinschaft. Sie besuchte deswegen eine zusammengewürfelte Gemeinschaft, die in ihrer Nähe eine aufgelassene Kaserne gemietet hatte, um dort gemeinsam zu leben und zu feiern. Zu ihrem 65er habe ich die folgende Geschichte zu ihrem Wunschtraum geschrieben, freilich ohne zu wissen, dass sie ihren nächsten Geburtstag nicht mehr erleben würde:

Leben und Feiern in Gemeinschaft ist seit längerem Ulrikes Traum. Sie stellte sich das einfach herrlich vor. Die Küche, in der ständig etwas Wunderbares am Herd steht, ihr jemand einen Espresso in die Leseecke serviert, in der ausreichend Qualitätszeitungen aufliegen und Gesprächspartner:innen vorhanden sind. Zwischendurch lässt sie sich eine kleine Kostprobe vom entstehenden Mittagessen herüberbringen. Ihre Expertise als Köchin wird sehr geschätzt. Sie steht kurz auf, um nachzuwürzen und gerät in eine Diskussion, was noch dazu passen würde. Besinnt sich dann und kehrt zum Artikel in der Literaturbeilage der Züricher Zeitung zurück. Sie hat auch gleich einen Vorschlag zum Film parat, den man am Abend im Filmraum gemeinsam anschauen und anschließend diskutieren könnte.

Vom Kaffee geht sie hinaus auf die einsame Sonnenbank unter dem Schatten des Apfelbaumes, wo sie ihr kleines Büchlein zückt, ihre Gedanken zum Tag niederschreibt und eines ihrer nun doch ergrauten Haare dazu klebt. Danach wandert sie ein wenig durchs Gelände, berät Tina und Margareta, die gerade im Gemüsegarten werkeln, geht von dort weiter zum Schwimmteich, streift alle Kleider ab und genießt ausgiebig die Frische des Wassers. Sie lässt sich gerade in der Sonne trocknen, als sie die Glocke hört, die zum gemeinsamen Essen ruft. Sie umarmt einige Mitbewohnerinnen und den Mitbewohner, denen sie heute noch nicht begegnet ist, und setzt sich möglichst an den Rand des Tisches, damit sie nicht eingeklemmt ist und sofort aufstehen kann. Das Essen ist tatsächlich vorzüglich geworden. Aber das Geschnatter und die Diskussionen um den heutigen Film nerven sie doch, und sie entspannt sich kurz in ihrem Zimmer.

Danach hat sie für diesen Tag genug. Sie macht alleine einen Ausflug in die nächstgelegene Stadt und geht dort ins Café, wo sie mehrere Bekannte trifft, mit denen sie aber nur kurz plaudert, auch wenn es interessante junge Männer sind. Sie will ja alleine sein. Zum Abendessen ist sie wieder zurück, vollgetankt mit frischen Ideen und ganz beseelt von dem Gedanken, bald mit einem der jungen Männer vom Café über Hegel versus Kant zu sprechen. Außerdem könnte man doch einen Kalligraphie-Kurs anbieten, eventuell kombiniert mit Origami-Falttechnik. Ja, da wird sie sich sicher dahinterklemmen, sofort am nächsten Tag nach dem Frühstück.

Ist es nicht schön, alles so gemeinsam machen zu können, denkt sie noch, bevor sie zufrieden mit sich und der Welt einschläft.

MARIA

Lass mich in Ruhe, aber nicht allein

Zwei ältere Menschen, ein Mann und eine Frau, sitzen nebeneinander. Sie bewegen sich synchron: hebt der eine die Hand, machte es die andere auch. Steht er auf, steht sie auch auf. Wer Loriot kennt, weiß, was ich meine: Aus zwei wird eins. Keiner von beiden kann alleine sein. Eine andere Szene: die Distanzierten: Er ist im Wirtshaus, sie kocht zu Hause. Sie essen schweigend miteinander, nur zwischendurch keppeln sie.

Sie sind wie aneinandergeklebt und lassen nicht los. Um nicht alleine zu sein, verliert jeder sein Eigenes.

Lass mich in Ruhe aber nicht allein! Das ist meist ein Wunsch von Jugendlichen: Der Wunsch nach Autonomie und gleichzeitiger Verbindung, ein Balanceakt in allen Beziehungen. Wie kann das im Alter gelebt werden?

Wieviel Nähe und Distanz zu anderen Menschen braucht man im Alter im Unterschied zur Jugend oder Erwachsenenzeit?

Ich persönlich brauche viel Eigenraum, Rückzugsorte, Zeit für mich. Das habe ich ausreichend, aufgrund meiner Freiheit, meines Wohlstands und weil wir viele Räume haben. In meiner Beziehung kann ich gute Nähe und freiwillige Distanz erleben und leben. Wir haben schon lange getrennte Schlafzimmer, das wird oft als Zeichen von Beziehungskrisen gewertet. Schade, denn es erhöht die Schlafqualität, sagen Forschungen und meine Erfahrung. Die Beziehung wird auch spannender. Im Laufe unserer beinahe fünfzigjährigen Ehe haben wir gelernt, dass Rückzug und der Wunsch nach alleine sein nicht bedeutet: Ich mag dich nicht. Es bedeutet: Ich sorge für mich, ich nehme mir Raum und Zeit für mich alleine, und dann können wir wieder miteinander sein.

Es ist leichter, für sich sein zu können, wenn man weiß, dass man nicht alleine ist. Menschen werden einsam, wenn sie alleine sein müssen. Das ist ein Problem im Alter, wenn der Partner oder die Partnerin stirbt. Dann wird dieses selbstverständliche Dasein und Miteinandersein zerstört. Besonders nach Trennungen ist die Einsamkeitsgefahr groß, außer man hat sofort wieder einen neuen Partner oder eine Partnerin. Eine Frau sagte einmal, sie fühle sich einsam, weil »niemand auf sie schaue«. Eine Nachbarin ist seit längerem getrennt, und wir passen auf, ob sie da ist, ob das Licht brennt, ihr Auto da ist. Es muss ja nicht immer die eigene Familie sein, die nachschaut.

Persönlich bin ich gut verbunden mit meiner Familie, meinen Nachbar:innen, Freundinnen und mit meinen Schreibkolleginnen. Es ist nicht selbstverständlich.

Abends ein Gegenüber zu haben, dem man erzählen kann, was tagsüber los war, beruhigt. Wir haben kurze und längere Gesprächszeiten, Gewohnheiten wie »happy hour« mit einem leichten Aperitif oder im Winter »teatime« oder wir lümmeln vor dem Fernseher. Auch das tut gut. Manchmal. Was wird sein, wenn einer von uns nicht mehr ist? Darüber reden mein Mann und ich und blödeln auch: »Wenn ich vorher sterbe, musst du meinen Krimskrams entsorgen«, sage ich.

AUGUSTE

Wie alt bist du?

»Wie alt bist du?«, fragt mein Enkel: »Ich bin 76 Jahre alt«, sage ich. Er sagt nichts dazu. In einem Schwimmbad höre ich hinter mir wie zwei Buben reden: »Komm, wir lassen die alte Dame vor«, damit meinen sie mich. Seit ich 76 Jahre bin, sage ich über mich selbst »Ich bin schon alt«, bin aber nicht so ganz überzeugt. Was ist das: »alt sein«? Ganz einfach: Die Zeit, die hinter mir liegt, ist länger als die vor mir. Emotional und geistig fühle ich mich jung, auch das überzeugt mich nicht ganz. Jung oder alt, was ist besser? Gerne möchte ich alt sein an Jahren aber körperlich jünger. Dann wäre vieles leichter. Ein junger Körper in einem alten Menschen? Faltenfreie Hundertjährige? Liebevoller Umgang mit den körperlichen Veränderungen, das ist die hohe Kunst, die ich

versuche zu lernen. Manchmal erinnere ich mich an meine bewegten Zeiten, an Tanz und Theaterspielen, an meine dicken und dünnen Phasen, an meinen Kampf mit meinem Bild von mir als Frau. Ich bin meinem Körper dankbar, dass »er« so lange gesund und vollständig geblieben ist. Nach und nach entdecke ich, dass ich selbst mein Körper bin und dazu ist es nie zu spät. Seit ich über das Altwerden schreibe, öffnen sich für mich neue Perspektiven. Ich fühle mich frei, manchmal gelassen, dankbar verbunden und wohlversorgt. Und jeder Tag ist neu, anders und einmalig. Ich wachse in das Altwerden hinein.
AUGUSTE

Altsein macht frei

Als ich unlängst in die Stadt fuhr, mitten am Vormittag, spürte ich Freiheit: Ich darf und kann mit meiner Zeit tun, was ich will. Was ist jetzt anders im Alter? Was ist jetzt anders für die 76jährige, die immer schon eigenständig entschieden hat? Die Freiheit, die ich jetzt spüre, ist eine andere Freiheit, frei von Verpflichtungen und Ansprüchen.

Meine Freiheit besteht darin, dass ich, solange ich mich eigenständig bewegen und versorgen kann, meine Zeit frei gestalten kann. Ich habe ausreichend Zeit zu schreiben! Aus meinen Tagebüchern, die ich seit 60 Jahren gesammelt habe, werde ich eine Autobiografie für meine Familie verfassen. Schreiben ist meine neue Freiheit.

Das eigene Zimmer und ausreichend Geld, das sieht Virginia Woolf als Voraussetzung für schreibende Frauen. Ich habe beides.

Die Freiheit »nichts zu tun«, übe ich: im Garten sitzen, in der Hollywoodschaukel oder im Strandkorb, den Vögeln zuhören, den sonnengewärmten

Wind spüren und einfach schauen und sein. Und dann gehe ich wieder zum Computer und schreibe, ohne Muss, weil ich will.

»Ich muss«, sage ich, statt »ich will«. Dieses Müssen ist eine starke Kraft. Es war überlebensnotwendig. Als Kind einer Arbeiterfamilie habe ich die Norm »Frauenhände dürfen nie ruhen« geerbt. Ich sah meine Eltern nie ruhen, nur wenn sie schliefen. Sie meinten, Spazierengehen sei nur etwas für »Damen«. Es klang abfällig. Meine Eltern hatten die Freiheit vom Geldverdienen auch erst im Alter leben können, jedoch jeder für sich, denn sie hatten sich leider getrennt. Meiner Mutter schenkten wir Reisen, das war ihre Freiheit.

Freisein ist nicht immer angenehm: die Qual der Wahl! Was ist jetzt wirklich wichtig?

Heute habe ich mich verzettelt: nach Bestätigungen gesucht, Konten hinauf und hinunter gescrollt, Mappen umgeschlichtet. Eigentlich wollte ich etwas anderes tun. Was eigentlich? Ich höre die Regentropfen am Dachflächenfenster, beruhigend und tröstend. Dann habe ich mir vorgenommen, dass ich nur das mache, was mich freut. Das ist meine neue Freiheit.

AUGUSTE

6. Die Entdeckung der Langsamkeit. Oder: Ja, die Seele altert auch.

Bauchgefühl

Ich hätte so gerne ein Bauchgefühl, aber mein Kopf ist meinem Bauch immer im Weg. Mein Kopf ist logisch, rational und nicht emotional. Mein Kopf kann alles, er kann analysieren, er kann vergangene und zukünftige Ereignisse einbeziehen, sich ausmalen, wie es den anderen mit meiner Entscheidung geht, etc. Mein Bauchgefühl dagegen ist völlig unterentwickelt, ich habe nie gelernt, auf mein Bauchgefühl zu hören und ihm zu folgen. Sollte ich es denn überhaupt registrieren, ist es total unmöglich – weil emotional, und bitte, wohin führt uns das denn, wenn ich einfach meinen Emotionen folge?

Wenn ich als Kind meine Emotionen zeigen wollte – meist waren das Zorn, Ärger, vielleicht auch Wut – wurde ich aus dem Raum geschickt. Einmal, ich war längst erwachsen und sehr wütend, ich glaube, es war wegen einer unseligen Geschichte wegen der Grabpflege am Friedhof. Da stand ich vor meiner damals über 80jährigen Mutter und ließ eine Tirade los. Sie steckte ihre Hände in die Schürzentaschen und lachte mich aus, einfach so. Ich fand es grotesk, dass sie mich wie ein zorniges kleines Kind behandelte, aber es erinnerte mich an meine Kindheit. Es hat mich nicht gekränkt, es hat mir nur klargemacht, dass ich diese Seite in unserer Familie nie zeigen durfte und auch nie gelernt habe, damit umzugehen.

Oft habe ich Freundinnen beobachtet, die aus dem Bauch heraus Entscheidungen fällen konnten, die aus dem Bauch heraus agieren konnten, und ich habe sie beneidet. Ich erinnere mich an Elfriede, ihr Mann war Brauerei-Vertreter bei Adambräu und musste von Hotel zu Hotel und von Gaststube zu Gaststube fahren. Da wurde ihm natürlich überall ein Adambräu Bier angeboten. Aber sein und damit das Familieneinkommen hingen auch von seinem Führerschein ab. Eines Tages, es war offensichtlich sehr spät geworden, da fand er sein Bettzeug knallhart vor der Schlafzimmertüre. Egal was sich die Kinder dachten, egal was auch immer. Sie hatte es satt und ihre Reaktion kam aus dem Bauch, als er angetrunken nachhause kam.

Was waren meine Reaktionsmuster? Stilles Leiden, Gekränktheit, und ich bin mir fast sicher, dass meine Umgebung meistens nicht genau gewusst hat, weshalb ich mich so kränkte. Hätte ich doch einmal aus dem Bauch heraus losbrüllen können, ohne vorher über die Konsequenzen nachzudenken!

Ob ich es jetzt noch lernen kann, das Bauchgefühl, ob ich jetzt noch bemerke, dass sich mein Bauch meldet? Ob ich, ob ich?

Manchmal nehme ich mir eine emotionale Reaktion vor. Einmal, da ging ich die Stiege hinunter und hatte vor, den Direktor so anzuschreien, wie er üblicherweise es tat. Ich schrie, er hörte mir baff zu, weil ich vorher nie geschrien hatte. Eine Stunde später ging ich hin und entschuldigte mich mit den Worten: »Das wäre wohl nicht notwendig gewesen.« Er: »Was soll ich sagen, ich mache das ja dauernd.«

Ich war aber außer mir, und außer mir zu sein ist für mich ein Problem. Ich möchte doch immer in mir ruhen. Das habe ich ganz offensichtlich so weit kultiviert, dass mein damals vierjähriger Sohn zu mir sagte: »Mama, schrei nicht so!« Ich sagte: »Aber Georg, ich schreie doch gar nicht!« Er: »Aber du schaust so schreiend!«

Wenn ich doch manchmal schreien könnte, meinen Unmut äußern, dann könnte ich leichter vergessen, weniger nachtragend sein und stattdessen, ihr wisst schon…!

MARIA

Zeit des Vergessens

Es gab eine Zeit, da habe ich nichts, aber auch gar nichts vergessen. Ich konnte jedes Gespräch wiedergeben, ich wusste, wie meine Kolleginnen bei der Besprechung gekleidet waren, und wenn ich irgendwo zu Besuch war, war ich in der Lage, anschließend die Einrichtung der Wohnung genau zu beschreiben. Meine Kinder konnten mich fragen: »Wo ist…?« oder »Hast du… gesehen?«, dann wusste ich genau, wo ich zum Beispiel zuletzt eine Schere gesehen hatte. Dasselbe galt auch für den Inhalt aller Schränke und Schachteln.

Dazu kam noch mein Geruchssinn. Ich wusste, wer vor mir den Lift benutzt hatte, und wenn ich Wäsche aufhob, drückte ich sie oft an die Nase. Nicht detektivisch, sondern weil es ja schön ist, an Wäsche zu riechen. Meine Kinder hätten sich schwergetan, mich anzulügen, bei wem sie den Nachmittag verbracht hatten, wenn sie den Hausgeruch eines Freunds oder einer Freundin mit nachhause brachten.

Allerdings war das auch eine Zeit, in der ich furchtbare Migräneanfälle hatte. Ich musste sozusagen jeden Monat zwei bis drei Tage für Migräne reservieren. Da lag ich dann im abgedunkelten Raum: Erbrechen, Liegen, Kompressen. Als die Kinder klein waren, lag ich im Wohnzimmer auf dem Boden, unfähig irgendetwas zu tun, aber zumindest war ich anwesend. Ich weiß nicht, ob sich meine Kinder daran erinnern, wie viel Zeit ich im abgedunkelten Schlafzimmer verbracht habe. Sie sind dann hereingeschlichen und haben mich flüsternd gefragt: »Wo ist…?«, »Mama, darf ich…?« und so weiter. Die letzten Migräneanfälle waren dann so arg, dass ich nur mehr aus dem Bad gekrochen bin und nicht wusste, wie ich wieder hochkomme. Nach zwei, drei Tagen bin ich gewöhnlich frisch gereinigt, runderneuert, voller Tatendrang aufgestanden. Damals habe ich auch gelernt, rein gar nichts auf den letzten Drücker zu machen. Es hätte ja immer eine Migräne dazwischenkommen können.

Ich wollte nicht, dass jemand groß mitbekam, dass ich Migräne hatte, und versuchte zwischen den Anfällen diese komplett zu vergessen. Deshalb hat es mich auch so aufgeregt, wenn mich meine Mutter bei jedem Anruf daran erinnerte und als Erstes fragte: »Wie geht es deinem Kopf?«

Dann, mit dem Wechsel (Menopause) war plötzlich alles anders. Keine Migräne mehr und allmählich veränderte sich alles. Mein fotografisches Gedächtnis ließ nach, so als ob es egal wäre, wo ich zuletzt eine Schere gesehen habe oder wo etwas verstaut ist. Die Gerüche wurden weniger stark. Ich konnte mich nicht mehr so genau erinnern, wer was getragen hatte, ich speicherte weniger Bilder und Gespräche. Es war, als ob mein Gehirn begonnen hätte, auf Durchzug zu schalten.

Jetzt erwarten mich in manchen Schachteln Überraschungen, von denen ich gar nicht mehr wusste, dass ich das aufgehoben habe. Ich beginne, Schachteln zu beschriften, Schlüssel immer direkt an den Haken zu hängen, Termine sorgfältigst einzutragen. Und trotzdem passieren Dinge. Neulich suchte ich zwei teure Karten für die Festwochen der Alten Musik, sie lagen nicht mehr da, wo ich sie vermutete, dabei hatte ich eigens ein Foto von den Karten gemacht und nach Wien geschickt mit der Bemerkung: »Karten abgeholt!« Sie waren mir in einem Umschlag mit dem Logo der Festwochen überreicht worden. Habe ich sie verlegt, mit der Zeitung entsorgt? Bis 18. August muss ich sie finden, glauben die an der Kassa mir? Ja, ich bin ja registrierte Kundin – und doch! Dann, eines Tages hängen sie völlig überraschend an meiner Pinnwand am Seil. Der Wind, der Durchzug, hatte den Umschlag umgedreht. Ich fand sie also zufällig wieder und dann konnte ich nicht vergessen, dass ich sie so verzweifelt gesucht hatte. Tagelang ging es mir noch im Kopf herum, dass ich sie suchen muss.

Auf so einer Suche finde ich natürlich Dinge, die mich überraschen, und ich denke, ich sollte mir echt die Verena, eine professionelle Organisationshilfe, kommen lassen, weil meine Wohnung und mein Keller in letzter Zeit einfach zu viele Überraschungen für mich parat haben.

MARIA

Was wollte ich schreiben?

Was sollten wir gleich wieder schreiben?
Ah, ein Gedicht übers Älterwerden.
Dann schreibe ich über Vergesslichkeit.
Was sollten wir gleich wieder schreiben?
Da muss ich nochmal nachfragen.
Es wird's mir schon niemand nachtragen,
dass ich noch einmal muss nachfragen
nach dem, was wir schreiben sollen.
Ich glaube, es war...
Ich erinnere mich nicht.
Oh, jetzt weiß ich's wieder:
ein Gedicht!
(Diesmal vergess' ich's ganz sicher nicht!!)
– Pause –
Was sollten wir gleich wieder schreiben?

RENATE

Habe ich nichts vergessen?

Habe ich nicht vergessen,
den Herd abzudrehen?
den Keller abzusperren?
das Dachbodenlicht abzuschalten?
den Termin für den Rauchfangkehrer einzutragen?
meine Zähne zu putzen?

Ich darf nicht vergessen,
Klopapier einzukaufen,
die Blumen im Vorzimmer zu gießen,
die Waschmaschine auszuräumen,
das Gartentor zu ölen,
den Installateur wegen des verstopften Rohrs anzurufen.

Ich darf nicht vergessen,
Heinz zum Geburtstag zu gratulieren,
Sophie nach ihrem Essenswunsch zu fragen,
Theaterkarten für »Ende gut Alles gut« zu bestellen,
die Slipeinlagen für Mutter zu besorgen,
die Vogerl zu füttern.

Ich darf nicht vergessen,
einen Friseurtermin auszumachen,
ein Beileidsbillet für Herrn Jacob zu schreiben,
den Briefkasten der Nachbarin auszuleeren,
eine Mausefalle auf dem Dachboden aufzustellen,
die Magenschoner einzunehmen.

Ich habe vergessen,
wo meine Brille liegt,
wem ich das Buch »Altern« geliehen habe,
ob ich die Mülltonne rausgestellt habe,
wann der Rauchfangkehrer kommt,
warum ich in den Keller gegangen bin.

Ich werde auf keinen Fall vergessen,
meine Parte zu entwerfen,
einen Kranz auszusuchen,
den Pfarrer zu verständigen,
Freunde und Verwandte zum Leichenschmaus einzuladen,
in Frieden zu ruhen.

RENATE

Eine Fallgeschichte

Das Fallen war schon als Mädchen ein Thema. Uns Mädchen und jungen Frauen wurde von allen Seiten eingetrichtert: Mädchen und Frauen können tief fallen, wenn sie nicht gut aufpassen, es gebe von diesem tiefen Fall eigentlich kein Zurück. Zukunft, Ehe, Familie – alles verbaut. Ein unbarmherziger Gott, eine unbarmherzige Erziehung, eine unbarmherzige Gesellschaft.

Dann gab es die Pille, aber trotzdem waren wir Frauen diejenigen, die sich vor dem Fallen schützen mussten. Eine gewisse Angst blieb kleben, sie war immer da. Einmal die Pille vergessen, einmal Durchfall, einmal Erbrechen, und schon musste Frau froh sein, dass nichts passiert ist. Schließlich lag die Verantwortung bei ihr.

Dazwischen Erleichterung, Familienplanung, hurra: Schweben statt Fallen, und dann ging es weiter mit der Anspannung. Und kaum war dieser Lebensabschnitt vorbei, nahm die Behändigkeit ab und man konnte sich nicht mehr so leicht fallenlassen, musste auf die Knochen aufpassen und fiel vornüber, schwer beladen. Ein Abstützen gelang nicht mehr. Gefallen über die letzte Stufe, wieder schwer beladen, mit den Gedanken bereits auf einem anderen Kontinent. Es wäre ein Arbeitsunfall gewesen, zu dumm, er hätte als solcher gemeldet werden können.

Endlich wieder Schifahren, aber dabei bitte nicht fallen, denn wie willst du das Aufstehen bewältigen? Also Langlaufen und in der Spur bleiben, einfach in der Spur bleiben. Nur in der Spur bleiben und nicht fallen. Bewegung ist wichtig, Bewegung muss sein, achte auf deine Knochen, aber bitte nicht fallen. Achte auf Stolperfallen, sei umsichtig, übe Beweglichkeit, übe Balance. Geh ins Balance-Institut, deine Knochendichte ist echt im Eimer, mehr Bewegung, mehr Medikamente, da müssen wir etwas tun! Deckplatten-Einbrüche, du bist schon geschrumpft, deutlich! Die Angaben in deinem Pass sind falsch, man kann es in Zentimetern messen. Bitte nicht fallen, bitte vorsichtig, bitte nicht übermütig.

Brav an alles gehalten, eine Dienstreise, eine Rolltreppe, eine Hand am Handlauf. Du fällst wie ein angesägter Baum. Der Schock, der Schmerz nach diesem Fall ist enorm. Ein tiefer Fall mit allen Konsequenzen für dein restliches Leben. Du warst nicht übermütig, du warst nicht unvorsichtig, du warst nicht leichtsinnig, du warst nicht unkonzentriert. Du hast dich gehalten, du bist einfach gefallen und dein Arm ist zersplittert. Ein mühsamer Weg zurück, aber es ist nichts mehr, wie es einmal war, du bist gefallen!

Das macht dich ängstlich, ungeschickt, du willst nicht wieder fallen, du bist ja schon beeinträchtigt. Deine Knochen werden spröder, du sollst mehr DIES essen und DAS weglassen. Weshalb lagert dein Körper das Kalzium nicht ein? Was er mit dem Kalzium tut, untersuchen sie auf der Endokrinologie. Da warten hauptsächlich Frauen, meistens ältere. Die jungen sind aus einem anderen Grund da. Die älteren sind geschrumpft, sie haben Deckplatten-Einbrüche, die Mäntel sind ihnen zu lang geworden, sie tragen vernünftige Schuhe und manchmal kann man ihnen direkt ansehen, dass sie Angst vor dem Fallen haben, besonders in der Nacht, wenn sie aufstehen müssen, weil die Blase drängt.

MARIA

Noch eine Fallgeschichte

»Wir müssen schnell gehen, es ist noch weit«, sagt er. Es ist heiß, ich bin müde. Wir haben die Stadt besichtigt, eine nette italienische Stadt. Treviso. Wir schauen vieles an und gehen dann gut essen – sehr gut essen. Wein und Tintenfische schlabbern in meinem Bauch, meine Beine und Füße sind schwer, aber wir müssen noch in das Quartier. Es liegt am Rand des Zentrums. Wo ist der Weg? Es ist dunkel. »Schau mal auf das Handy, vielleicht finden wir dann den kürzeren Weg«, sage ich. Wir finden es am Handy nicht und gehen einen Umweg – der Weg wird immer länger. Er geht immer schneller. Die Straße ist langweilig, »Wir hätten besser ein Taxi nehmen sollen«, sage ich erschöpft. »Aber nein, wir schaffen das!« sagt er. Meine Knie jammern, der Schrittzähler ist schon über 10.000 Schritte, toll! »Es ist gesund, so viel zu gehen!«, denke ich wehleidig. Wieder müssen wir über die Straße, er ist wie immer zehn Schritte vor mir – ich schaue auf die andere Seite, stolpere über die Gehsteigkante und falle der Länge nach auf den Bauch. Die Hände sind nach vorne ausgebreitet, ich liege flach wie ein umgefallener Baum am Boden… Ich rufe, er hat meinen Sturz nicht gesehen, ich kann nicht sofort aufstehen. »O weh, bist du verletzt?«, sagt er, nachdem er mein Rufen gehört hat und hilft mir aufstehen. Eine Frau wendet mit ihrem Auto und fragt, ob etwas passiert sei – auf Italienisch; ein Mann kommt aus dem Supermarkt und fragt nach, wir bedanken uns für die Aufmerksamkeit. Es ist tröstlich, wenn man in der Not gesehen wird. Hinfallen ist beschämend, aber das merke ich erst später. »Kannst du gehen?«, fragt er. »Ja, ich kann gehen, nur das rechte Knie schmerzt und die rechte obere Rippe. Bitte langsam gehen.« Kurzer Zorn über sein Tempo und dass ich so blöd bin und nicht auf mein eigenes Tempo achte. Aber: ich kann gehen. Im Zimmer lege ich mich hin und erhole mich vom Schreck. Der sitzt noch tief in den Knochen und Gelenken, im Nacken und im Kopf: Ich habe die Balance verloren, ich bin gefallen! Erzählungen über Oberschenkelbrüche und danach nicht mehr gesund werden, tauchen auf. Am Boden liegen, zugrunde gehen, sich fallen lassen, den Halt verlieren, all das hat mein Sturz schmerzhaft berührt. »Achte auf dein Tempo und deine Füße«, sagt mir mein verletztes Knie.

AUGUSTE

Entfalten – Zerbröseln

Das Schöne am Entfalten ist, dass ich mir jetzt Zeit nehmen kann für Dinge, die ich früher gar nicht machen konnte. Ich kann eine Freundin nach der Hüft-OP beherbergen, ich kann den Vormittag mit Schreiben verbringen, ich kann auf meinen Enkel aufpassen, ich kann Theater spielen, ich kann, ich kann. Und dann ist da die Müdigkeit, die Terminflut, die Liste der ausständigen Einladungen, der Kontakte, die ich pflegen möchte, der Dinge, die ich in der Wohnung machen möchte, die überquellenden Dinge, die Arzttermine, die Therapien, die selbstverschriebene Gymnastik, die ungelesenen Bücher, die Bewegung an der frischen Luft und der Haushalt.

Ich leide am Zuviel, manchmal wird mir das alles zu viel, viel zu viel. Ich will eigentlich tanzen gehen, aber schaffe es nicht, tanzen zu gehen und gleichzeitig für meine Kids und mein Enkelkind zu kochen. Ich will Theater spielen und verstehe das Stück und den Regisseur nicht. Ich sollte aufhören, dann könnte ich in der Zeit zum Feldenkrais-Kurs gehen. Doch ich will die Truppe nicht missen, halte aber den Lärm nicht mehr aus. Es hieß, wir könnten am Text arbeiten, aber jetzt muss er genauso sein, wie der Regisseur es uns vorgibt. Eigentlich sollte ich beim Clubabend sein, aber ich habe Theaterprobe und außerdem nervt mich der Clubabend. Jetzt bin ich so lange dabei und bleibe halt aus Gewohnheit, aus Pflichtgefühlt, wegen, wegen, wegen.

Die Gordon Girls, unsere monatlichen Unterstützungs-Treffen, zerfallen, zerbröseln, weil ich nicht dahinter bin. Die Gruppe müsste doch funktionieren, ganz ohne mich! Will ich da einfach nur daran festhalten, warte ich auf ein offizielles Begräbnis unserer Gruppe, dann hätte ich nicht mehr das Gefühl, ich sollte doch.

Wie viel von dem, was ich tue, mache ich nur mehr halbherzig, aus Pflichtgefühl, weil ich Angst habe, den Kontakt zu verlieren. Wie viel Struktur brauche ich, wie viel ist mir zu lästig? Wie viele Termine sind gerade recht, wie viele zu viel? Was könnte ich nur tun, um doppelt so viel Zeit zu haben? Was würde ich in der doppelten Zeit eigentlich ganz genau machen wollen?

Da möchte ich meinen Lese-Berg abarbeiten, spontan was zusagen können. So hätte ich morgen zwei Dinge, die ich lieber machen würde als Theater zu spielen, aber mein Pflichtbewusstsein... Wir führen schließlich in fünf Wochen auf, das hält mich zurück. Was will ich eigentlich? Jetzt muss ich es durchziehen, ob ich will oder nicht.

Wie viele Dinge in meinem Leben habe ich durchgezogen, ob ich wollte oder nicht. Weil ich wichtig war, oder wenigstens glaubte, wichtig zu sein, weil es ohne mich zerfallen wäre – oder doch, weil es mir Spaß gemacht hat? Wie viele Abschiede, Trennungen habe ich in meinem Leben aus Pflichtbewusstsein hinausgezögert?

Dora, meine Schwester, will mit mir in eine Wellness-Oase im Kleinen Walsertal, zwei Tage Anreise, aber eigentlich habe ich keine rechte Lust. Eine Freundin will mit mir mit dem Zug nach Nizza, dahin, wo wir eh im Herbst waren. Aber ich habe keine rechte Lust, weil sie sich da auskennt und ich ihren Vergangenheitsbildern folgen muss. Weshalb muss sie mich da überhaupt betteln, ich sollte doch die Möglichkeit, etwas mit ihr zu unternehmen, freudig annehmen?

MARIA

Mein müdes Ich

Du willst nichts tun, du willst nur sitzen und atmen.
Du willst deine Gelenke und Muskeln entspannen, deine Gedanken schweifen lassen.
Nichts tun.
Sein.
Aber das genügt nicht, du hast noch so viel zu tun!
Vielleicht macht das müde, das Viele?
Dinge, Bücher, Kleider, Krimskrams... einfach zu viel Haben?
Du willst alles loslassen und nichts tun müssen?
Auch das macht müde.
Müdes Ich, du darfst langsam, schwer und träge sein.
Wenn du wieder Kraft hast, stehst du auf.
Du spürst den Boden, der dich trägt.
Du richtest dich auf.
Du gehst mit leichten Schritten durch den Tag.
Irgendwann darfst du wieder müde sein.

AUGUSTE

Zwei Miniaturen zu alten Frauen

Alte Frauen
haben einen Buckel
laufen in die Kirche
sind gebrechlich
sind am liebsten zuhause
stricken
sitzen mit Katze auf dem Schoß
kochen und backen für die Jungen
tragen beige
reisen in Pensionistengruppen
kräutern im Garten
gehen nicht mehr schwimmen
stehen sehr früh auf
besuchen Gräber
kümmern sich um Grabschmuck
haben keinen Sex
treiben keinen Sport (Schifahren, Wandern, Bergsteigen…)
verstehen die Jugend nicht
mögen keine moderne Musik
sind Medienmuffel
können nicht mit Automaten umgehen
leben hinterm Mond
sitzen auf Parkbänken
verwöhnen ihre Hunde
tragen weißes Haar mit lila Farbstich
tragen Kleiderschürzen
interessieren sich nicht für Politik
gehen mit einem Rollwagerl einkaufen
erzählen endlos aus der Vergangenheit

So wollen wir nicht werden. Ob uns das gelingt?

»Früher« Litanei

Des hat's früher net geb'n:
dass es »lecker« schmeckt
dass ma »tschüss« sagt
dass die Männer die Kinder wickeln
dass im Zug olle in ihr Handy schau'n
statt mit'm Nachbarn z'red'n
dass ma dauernd »selfies« schiaßt
dass koan Fleischer mehr gibt im Dorf
dafür aber a Nagelstudio
dass ma des, wos am Teller is,
net aufisst
dass die oidn Frau'n
in a Schreibwerkstatt geh'n

RENATE

Schön langsam

Ich schnaufe mich bergauf, wie eine kleine Dampflok. Gerade führt mich der Weg aus dem Wald heraus und die Stadt Salzburg wird unten sichtbar mit all ihren Türmchen und grünlichen Kirchenkuppeln, die Festung wirkt klein und bockig von hier heroben. Ein Stück weit vor mir stapft eine einzelne Frau mit Wanderstöcken, klein und ein bisschen krumm schaut sie aus. Es ist ein Februartag, nicht Fleisch nicht Fisch, nicht Schnee, aber auch nicht Frühling. Heute gehen kaum Leute auf den Gaisberg, den braven Trainingsberg der Salzburger:innen. Vor allem der älteren Salzburger:innen, denke ich oft. Dabei sehe ich genauso viele junge auf diesen Wegen, mit Leggins und Turnschuhen. Es kommt aufs Tempo an, ob dieser Berg brav ist oder heftig. Beim Überholen sehe ich im Augenwinkel ihr dickes Stirnband, ihre Brille und dass sie ziemlich alt ist. Tapfer. »Geh'n Sie ruhig vor, Sie sind viel schneller«, sagt sie, »aber ich bin halt schon fast 90.« Ich: »Hut ab! Das tut mir gut, dass Sie da raufgehen. Ich brauche Vorbilder!« Sie: »Ja, aber man muss das eigene Tempo gehen, das ist wichtig im Alter.« Ich: »Bitte machen Sie noch viele Jahre so weiter, im eigenen Tempo!« Vielleicht denke ich das auch nur. Und ich merke, wie sehr ich möchte, dass sie sich nicht vergleicht. Hey, mit 90! Bloß nicht vergleichen! Ob meine ›Kids‹ sich auch wünschen, dass ich mich nicht vergleiche, mit ihnen und ihren »unter-dreißig«-Möglichkeiten? Ob sie es sich wünschen für mich und für unsere Beziehung? Bitte nicht mehr vergleichen! Am besten nie vergleichen! In das Wort »langsam« ist ja schon ein Vergleichen eingebaut. Nicht erst ins Komparativ-Wort »langsamer«. Es gibt kein sinnvolles Adjektiv ohne eine Referenzgröße. ›Der Baum ist groß.‹ Sagt gar nichts. Groß im Vergleich zu was? Das gilt auch für Adverbien. ›sie geht schnell.‹ Im Vergleich zu was? Zu wem? Ich darf, will, muss, kann jetzt: langsam tun. Also langsamer – als…? Als ich getan habe? Wann? Vor 10 Jahren? Vor 20 Jahren? Vor 5 Jahren? Ich probier's mal mit: »Ich darf jetzt langsamer tun als vor 10 Jahren.« Der Satz gilt. Und tut vielleicht gut. Es macht vielleicht Sinn, mein Tempo zu beobachten und zu beachten. In welchen Bereichen?

Nicht in allen Lebensbereichen bin ich langsamer, in manchen sogar schneller. Entscheidungen treffe ich oft schneller als früher. Weil furchtloser, herznäher, abgespeckter in meinen Anliegen.

Aber körperlich? In meinen alltäglichen Erledigungen? Ja, ich ›bin‹ langsamer! Eine gefährliche Sache für meine Kinderseele… Ich war dieses Kindchen, das immer zu langsam war, das nach jeder Turnstunde in der Volksschule die Strumpfhose verkehrt anhatte, Fersen nach vorne und die zwei Poponähte am Bauch. Das frierend in der Stirnreihe stand und als eine der letzten gewählt wurde ins Völkerball-Team – weil es Angst vor dem schnellen Ball hatte und sich am liebsten gleich abschießen ließ, um den Rest des Spiels dann als »Geist« in Sicherheit hinter der Linie zu verbringen. Alles war mir zu schnell als Kind. Zu schnell und zu laut und zu grob. Die meisten Kleider kratzten irgendwo, und die Zugluft am Bauch war unerträglich, wenn das Unterhemd aus der Unterhose gerutscht ist. Die Kindergartenzeit habe ich in der dampfenden Küche verbracht. Dort war es stiller und die Frau Seidl, die alte Köchin, hat freundlich mit mir geredet, und zugehört. Alles zu schnell, oder ich zu langsam – das war mein Lebensgefühl als zu früh Geborene. Bis ich mit 14, 15, 16 langsam Kraft bekam, Judo lernte, in Latein und Englisch »Spitze« wurde und rundum aufholte. Und überholte! Und mir schwor: Ich bin lieber die Erste vorne, die auf die anderen wartet – und nie wieder umgekehrt! Lieber schubse ich mich selbst, als dass ich mich jemals wieder schubsen lasse.

Und angespannt, in manchen Dingen ungeschickt – auch das war mein Kindheitsgefühl. Die vom Schweiß verfilzten Strickdeckchen im Handarbeitsunterricht! Zwischen meinen viel zu engen Reihen standen die ebenmäßigen Maschen von der Oma, die die Lehrerin sofort als »nicht von mir« erkannte und vor meinen Augen wieder auftrennte… Ich war noch nicht so weit. Ich konnte das mit den Fingern und den zwei Nadeln noch nicht.

Vielleicht bin ich jetzt *nicht mehr so weit*. Die Gelenke tun mir weh, ich lasse manchmal etwas fallen, wenn der Schmerz zusticht. Für meine weise Seele ist das eine geniale Sache, die neue Langsamkeit! Erstens: mehr Lebensgenuss, mehr Augenblick, mehr Achtsamkeit! Zweitens: eine Form von Widerstand! Drittens: etwas Neues! Kenn ich ja nicht: erlaubte Langsamkeit! Erwartete.

Bewusste. Freiwillige. *Noch* freiwillige Langsamkeit – noch fühlt es sich so an, als könnte ich es mir aussuchen, ob ich etwas powerspeedyturbo durchziehe. Oder ob ich es ohne Produktivitätsansprüche tue, verspielt, tanzend, meditativ aufs Tun konzentriert. Vielleicht ist das bald eine Illusion. Vielleicht schon jetzt? Vielleicht stimmt es jetzt schon, dass ich mein Tempo gar nicht so frei wähle, sondern dass ES langsamer wird. Egal. – Egal? Es hat doch etwas mit Würde zu tun. Also nicht egal. Hier ist eines meiner Entwicklungsziele, es gehört auf meinen Stundenplan, im Schulfach »Fürs Leben Lernen – fürs Altern Lernen«: meine Würde und meinen Wert aus etwas anderem beziehen als aus Vieltunkönnen, Schnelltunkönnen, also Produktivsein, Mithalten, Dabeisein, Nichtsverpassen, am neuesten Stand sein – also Konsum oder zumindest einen vollen Terminkalender vorweisen. Würde nicht daran festmachen, ob ich etwas alleine kann oder Hilfe brauche. Wert nicht daran festmachen, ob ich viel oder wenig »Ergebnis« liefere in der Zeiteinheit. Würde und Wert überhaupt nicht mit Leistung verknüpfen. Ein Abenteuer – zumindest in der Praxis mit *mir*! In der Theorie und in der Praxis mit Anderen weiß ich das, seit ich 18 bin und mit behinderten Menschen und Kranken gearbeitet habe. Würde fängt vielleicht dort erst an: wo die Eigenmacht reduziert ist und die Freiheit hauptsächlich darin besteht, eine eigene Antwort zu wählen auf die Fragen: Wie gehe ich um mit den Hindernissen und Begrenzungen und der Hilfe? Was sage ich mir dazu? Was sage ich mir über mich dazu? Mit wem vergleiche ich mich? Mit wem lasse ich mich vergleichen? Und in welchen Bereichen und Disziplinen? Was glaube ich zu verpassen? Was glaube ich zu gewinnen? Freiheit und Würde entsteht also in meiner aufrechten Haltung, egal, wie meine Bandscheiben sich entwickeln – und in meiner inneren Rede. Das ist Philosophie pur!

Aber nochmal zur praktischen und sinnlichen Seite der Langsamkeit: Zeitlupe fasziniert mich, nicht nur im Sport. Sie lässt mich alles genau sehen, lässt mich in den Augenblick eintauchen, in die Schönheit jeder Bewegung! Ich kenne es aus den Achtsamkeits-Übungen, mit denen sich Führungskräfte-Trainings gut auflockern und vertiefen lassen. Manche Manager haben vor Rührung geweint – »...dass ich das darf!? so langsam gehen, dass ich merke, was ich alles tue, wenn ich einen einzigen Schritt gehe...« – Jetzt mache ich das selbst wieder öfter, und versuche dabei, kein schlechtes Gewissen zu bekommen: beim ›jetzt nur‹ Tee Zubereiten. Beim ›jetzt nur‹ den Einkaufswagen Leeren. Nicht in Zeitlupe, das kommt vielleicht noch, aber zumindest genussvoll, »›nur dieses eine jetzt‹«. – Und das angeblich ›weibliche‹ Multitasking? Ich mag es nicht mehr. Nicht, wenn es mir aufgezwungen wird. Ich mag es nur noch manchmal, als Tanz zwischen den Dingen, zum Beispiel in manchen Haushaltsstunden. Oder beim Horchen – auf ein Orchester, oder auf drei Kaffeehausgespräche, die gleichzeitig um mich herumlaufen.

Ich denke an den 60jährigen Kloputzer im Film. Er ist – aussterbende Spezies – ein Analog-Mensch. Und er scheint beides freiwillig zu sein: Kloputzer und analog. Da ist wieder die Würde! Eins nach dem Anderen tun. Und alles in seiner Zeit. Und alles gleich wichtig nehmen. Lautloser Widerstand. Perfect Days!

ELISA

Nebenwirkungen des Alterns

Sind das da unten die Seitenfragen des Alterns? Nebenschauplätze? Oder sind das die ganz großen Fragen? Für mich sind sie groß. Größer als mein immer faltiger und zerbrechlicher werdender Frauenkörper.

Diese Fragen lauten zum Beispiel: *Was machst du mit den ganzen Erinnerungen?* Ja, mit den ganzen und mit den halben. Mit denen, die da eingerahmt an der Wand hängen, sauber, und so lange schon, dass dahinter helle, lichtscheue Rechtecke entstanden sind? Und mit denen in der Schuhschachtel, abgelegt, mehr oder weniger gut einsortiert? Die Schuhschachtel ist übrigens von Schuhen, die du schon weggegeben hast, zu hoch oder zu eng geworden oder so lange getragen, weil so bequem, dass sie fransig und schief geworden sind und ebenfalls schon weit weg. Was macht du mit den Erinnerungen, die halb geblieben sind wie Schuhe, die zu wenig getragen wurden? Und was machst du mit den Erinnerungen, die du jetzt endlich entsorgen darfst, also von der Sorge befreien, auch vom alten Nagen: Hätte ich damals doch ins Parlament gehen sollen? Hätte ich vielleicht doch mit Dominik einen Tantra-Kurs machen sollen statt ihn verlassen in Richtung Märchenprinz?

Was machst du mit der Masse von Erinnerungen, mit dieser Wucht manchmal, mit diesem Übergewicht von Vergangenheit, Erfahrung, Geschichten? Wie eine riesige Klangschale wanderst du durchs Gelände, und ständig schwingt etwas mit, in jedem Jetzt tönt ein früheres mit, zu jedem Stichwort am Gasthaustisch hast du eine selbsterlebte Szene. Da hat eine junge Frau aus deiner Gruppe Entwicklungshilfe mit Kaffeebauern auf Java gemacht. Und in dir kommt: »Ach Java! Da sind wir mal zu den stinkenden Schwefelquellen hinaufgewandert, geregnet hat es, aber warm, und so nebelig war's, dass wir kaum…« Oder: »Ach, Entwicklungshilfe! Da haben wir einmal ein Fest für die Kaffeebauern im kolumbianischen Quindio organisiert, und da hat sich eine Mutter von fünf kleinen Kindern als Nonne verkleidet, weil…« Aber du beißt dir auf die Zunge, sagst nichts, hörst weiter zu und verstehst, sehr sehr viel. Nicht überall deine Geschichten erzählen, nur weil du so viele in dir hast!

Zu jedem Sonnenwinkel und jedem Lichteinfall spürst du tausend erlebte Stimmungen mit. Ah, ein Junimorgen, wenn die Luft gerade vom Frisch ins Warm hinüberschwappt. Ah, so ein rosaroter knirschkalter Februarnachmittag, ein zarter Geruch von Faschingskrapfen und verschwitzter Wolle. Und die Mutti wärmt die dir schmerzenden auftauenden Hände, nach dem Schlittenfahren… Das wird mehr im Alter. Das werden unerträglich viele Erinnerungen. *Was machst du, damit deine Innenwelt nicht zu schwer wird davon?*

Altern heißt auch, ungeduldig werden. Du hast keine Zeit zu verplempern. Früher warst du auch ungeduldig. Wenn etwas langweilig war, uninteressant, zu wenig action… Aber das jetzt ist eine andere Art von Ungeduld. Sie sagt eher: »Ich muss es noch bis zum Bahnhof schaffen, mein Zug fährt demnächst ab. Und ich möchte noch ein paar Mitbringsel besorgen…« Ist diese Ungeduld eine Schwester der Todesangst oder eine Cousine? *Und was machst du mit dieser Ungeduld?*

Altern heißt auch, vieles einen Blödsinn nennen. Die neue Ehrlichkeit! Des Kaisers neue Kleider in ihrer Erbärmlichkeit sehen und benennen und nicht mehr mitmachen, nicht mehr applaudieren – können! Du steckst lieber die Fäuste in die Manteltaschen. *Aber was machst du, wenn du dann doch noch irgendwie dazugehören willst?*

Altern heißt auch *wissen*, dass aller Glanz wieder vergehen und jede funkelnde Neugründung irgendwann überholt sein wird. Leider weißt du auch, dass jede Anfangsbegeisterung irgendwann ernüchtert wird und müde und brüchig und dass jedes Projekt enden wird, so oder so. *Wo lernst du die Kunst, nicht hoffnungslos oder passiv zu werden durch dieses Wissen?* Nicht einmal »abgeklärt« sollst du werden. Also zumindest nicht defätistisch und pappig wie eine gestrige Semmel oder eine feuchte Silvesterrakete.

Altern heißt dann wohl, den Unterschied finden zwischen desillusioniert und enttäuscht. Zwischen nüchtern und saftlos, zwischen Erde mit Himmel und Erde ohne Himmel. Diesen Himmel suchen, diesen Unterschied suchen, wie das Lebenselixier, ihn erforschen, pflegen, feiern! Und daraus wieder den Funken des Entdeckens schlagen und das Feuer hüten.

Altern heißt auch: jetzt oder nie! Sich das »Jetzt« trauen, und sich mit dem »Nie« anfreunden. Beides ist so abenteuerlich. Für beides brauche ich alles, was ich an Mut habe. Ein blöder Ausdruck: Mut »haben«, so irreführend! Mut habe ich nicht. Mut ist keine Gewohnheit und schon gar nicht eine Eigenschaft. Mut ist im Moment, ist immer gleiches neues Herzklopfen, bis in die Ohren, bis in den Hals. Mut ist tun oder nicht tun. Und im Alter nicht mehr jeden Blödsinn tun oder nicht tun. Im Alter werde ich wählerisch: Was traue ich mich wofür? Vor allem *wofür* tu ich mir das an? Ändert es etwas, wenn ich dem Schnösel mit seinem depperten fetten SUV am Nachbarparkpatz meine Meinung sage, belle, brülle?

Macht mich mein Alter mutiger fürs Jetzt? Mutiger fürs Wesentliche? Meiner Freundin Hilde sagen, dass ich sie seit 50 Jahre bewundere... Jetzt meinen Freund Hubert fragen, was er sich als Nachrede wünscht nach seinem Tod... Jetzt umziehen in kleines, helles, leichtes Wohnen – oder NIE?

Was ist mit dem »SPÄTER«? Ja, das Später wird kleiner. Ein kürzeres Stück zum Ausweichen. Altern heißt, mutig darauf hinschauen. Weder frech noch eingeschüchtert.

Altern heißt auch, Kind meines Kindes werden. Und Mutter meiner Mutter und sogar meines Vaters. Wenn mein Sohn, fast 29, mir etwas über Cloud-Speicherung erklärt oder über neue Wörter – die ich aber eher nicht sagen soll, weil sie von einer 67jährigen gesagt eher lächerlich wirken, ein bisschen peinlich. Und auch dafür gibt es so ein Wort – »cringe« – das ich wohl auch eher nicht sagen soll. Wenn er mit mir in einfacher Sprache spricht, mich zwischen den Erklärungen anschaut, zärtlich und augenzwinkernd: alles klar soweit? Oder kleinere Schrittchen? Seine pädagogische Geduld beim Mama-Führen. Das ist ein Ur-Bild in mir, archaisch und tief und nicht zu löschen: Irgendwann wird mein Sohn mich über einen reißenden Fluss tragen, der starke erwachsene Sohn seine kleine alte Mama. Aeneas und Anchises. Das andere Ur-Bild: Mutter meiner Eltern werden. Ja, ich sehe inzwischen meine eigenen Nöte als junge Erwachsene – junge Erwachsene, die sie »damals« auch waren. Ich kann ihnen verzeihen, auch meinem Vater. Aber da ist noch mehr: Ich sehe ihn als Kind, als Buben mit Nazihaarschnitt, Seitenscheitel, Topffrisur, in Lederhosen, viel zu mager. Ein braves Gesicht, zum forsch-Dreinschauen gezwungen. Ich sehe ihn in seiner Kinderhoffnung – nur ein bisschen gelobt werden, bitte! – in seinem Ideenrausch als Zwölfjähriger, wie er staunt über sein Zeichentalent, das niemand wirklich brauchen kann, und wie er viel redet und doch niemanden hat zum Herzausschütten. So schrecklich ähnlich wie ich. Mein Bub, mein Papa-Bub.

Altern ist: ganz neu hinschauen. Und manchmal Gänsehaut kriegen. *Traust du dich?*

ELISA

Das Schöne wahrnehmen

»Was ist das Gute am Altwerden?«, frage ich meine 85jährige Tante. Sie sagt: »Man kann gelassener sein, obwohl wenn ich den Fernseher einschalte und sehe wie es in der Welt zugeht, dann setze ich mich lieber in meinen Lehnsessel und schließe die Augen. Stell dir vor, unlängst, als ich dagesessen bin und beim Fenster hinausgeschaut habe, da sehe ich einen riesengroßen Regenbogen, der war über die Berge gespannt. Dann habe ich lange den Regenbogen angeschaut, das hat mich glücklich gemacht.« Sie hat das Schöne wahrgenommen.

Ich liebe Wolken, die sind so vielfältig und gleichzeitig flüchtig. Am Himmel sehe ich ein Wolkentheater, ein Hund und eine Kaulquappe küssen sich, ein wolliges Schaf kämpft mit einem Drachen. Ich sehe zärtliche und erotische Wolkentänze, Versteckspiele und Kondensstreifen. Ich wundere mich über die Unendlichkeit des Weltalls. Um Schönes wahrzunehmen, brauche ich die Ruhe des Atmens, ein-aus-Pause, ein-aus-Pause. Ein spannender Augenblick ist dort, wo der Atem sich wendet, dort wo es von selbst wieder einatmet. Das ist der Augenblick der Leere und des Nichts, der Augenblick der Angst und des Vertrauens. Wenn ich mir beim Atmen zuschaue, wird es in mir ruhig und klar. Die unruhigen Gedanken fallen wie Tropfen auf den heißen Boden und verdunsten. Ich bin gelassen, ich lasse mich atmen. Das ist das Gute am Altsein, mehr im Jetzt sein dürfen. Es klingt einfach, aber das gewohnte Lebenstempo, die Spannungen, das viele Wollen und Müssen steckt noch in den Knochen, klebt auf der Haut und rumort im Kopf. Vom Tun ins Nichtstun, vom »Haben zum Sein« zu finden, braucht viel Zeit. Ich habe 50 Jahre gebraucht, um auf meinen beruflichen Berggipfel zu kommen, zehn Jahre, ihn zu genießen, und jetzt gehe ich einen neuen Weg in das Tal, in die Weite des Alterns. Freiheit und Ruhe, Schönheit und Liebe, das ist das Gute am Altwerden.

AUGUSTE

7. Nix für Feiglinge! Oder: Ja, die Endlichkeit macht radikal.

Der Verzweiflung direkt ins Auge schauen – und siehe da …

Verzweiflung ist die logische Folge von Ego plus Altwerden.

Verzweiflung ist die logische Folge vom Sieger-Verlierer-Spielen plus Altwerden.

Verzweiflung ist die logische Folge von Sättigung plus Weitermachen aus Gewohnheit.

Verzweiflung ist gut, weil ich dann die Ebene wechseln muss.

MUSS.

Verzweiflung ist angemessen im Alter, damit ich nicht ewig wiederhole und sinnlos irgendwas fortsetze, was früher einmal Sinn hatte.

Von selber täte ich es nicht, aus dem laufenden Spiel von Produzieren und Belohntwerden aussteigen. Weil das Belohntwerden so berauschend ist. Solange es läuft.

Aber da »hilft« das Altern, es schiebt dich unbeirrbar vor die Entscheidung. Ab einem gewissen Alterungsstadium *wirst* du verlieren – wenn du im bisherigen Wettbewerb bleibst. Wenn du geradeaus weiterfahren willst. Spätestens, wenn deine Falten, deine Vergesslichkeit, deine Langsamkeit, deine Nervosität bei Multi-Tasking, nicht mehr zu leugnen sind. Du wirst weniger sichtbar sein, du wirst weniger gewählt werden am Leistungsmarkt.

Lass dich darauf ein!, sag ich mir täglich. Ich glaube, uns Frauen fällt diese Entscheidung ein bisschen leichter. Oder sagen wir: Frauenkörper streiken schneller und behutsamer, während viele alte Männerkörper weiter und immer extremer Mountainbiken können. Bis sie dann mit Herzinfarkt vom Großglockner abtransportiert werden.

Kratz lieber vorher die Kurve! Ja, abbiegen! Und zwar vertikal: Geh durch die Verzweiflung hindurch, auf eine andere Ebene, wo es keine Verzweiflung gibt, nur Loslassen, Veränderung, Neugier.

Verzweiflung unverdünnt wahrnehmen: die Wiederholungen und Endlosschleifen, das Imkreisgehen – das Stagnieren vorm Neuen, vorm Andersmachen.

Verzweiflung sagt hop oder drop.

Verzweiflung ist vor der Wand stehen, so nahe, dass es nur noch nach oben weitergeht, über den Zaun kletternd.

Verzweiflung ist nicht angenehm.

Verzweiflung ist angemessen aber unerträglich.

Kein Ort zum Verweilen.

Verzweiflung stellt vor die Wahl, die ganz radikale:

Andersmachen, Andersdenken, Anderssehen, Andersfühlen – oder nichts.

Verzweiflung ist nur der Sprung in jeder Schüssel, Leonard Cohen's »crack in everything«, damit irgendwann das Licht hereinfließen kann. Verzweiflung ist nur die Not, ohne die das Notwendige nicht passiert auf der Held:innenreise.

Nur in der schwärzesten Nacht ist das Elixier zu holen…

ELISA

Meine sogenannte Altersweisheit

Eine Freundin hat mich nach meiner Altersweisheit gefragt. »Altersteilzeit« hatte sie irrtümlich geschrieben, also nicht sie, sondern ihr Handy-Programm. Teilzeit kenne ich nicht. Steilzeit sehr wohl. Und Weisheit? Klingt nach grauweißem Haar, Lesebrille, Gehstock, langen Schweigepausen und sokratischem Lächeln. Auch nach knallharten Fragen mit gütigem Blick. Kommt vielleicht alles noch...

Meine Altersweisheit derzeit? Ist zum Beispiel wissen, dass sich nicht mehr alles ausgehen wird, bis ich sterbe. Und trotzdem weiter »fokussieren üben«. Und trotzdem weiter trödeln und mich nicht mehr schimpfen dafür.

Meine Altersweisheit, heute? Ist zum Beispiel sehen, wie egoistisch ich früher war, wie unerträglich ich in manchen Phasen in manchen Beziehungen war, wie verkrampft ich »auf-meine-Hälfte-geschaut« habe, früher. Also bis gestern. Also bis vorhin, vorm Schreiben. Und ahnen: Auf-mich-Schauen geht auch entspannter.

Meine Altersweisheit, manchmal? – Akzeptieren, dass ich nicht mehr alles lernen werde, was ich gern können möchte, weder ein gutes Arabisch sprechen noch ein perfektes Slowenisch noch Tiefschneefahren noch Parcoursklettern – vielleicht nur das Wichtigste noch lernen kann, vielleicht gerade noch ausreichend für den Übertritt. Und zufrieden sein damit, im Frieden, ganz ohne »Einser«-Note.

Also ja: Demut lernen. Demut auf den Lehrplan setzen, und auf den Stundenplan. Nicht als etwas Demütigendes, sondern als Raum, als Erlaubnis: Kleinsein*dürfen* in einer viel zu großen Welt. Und: nicht alles super schaffen zu müssen, nicht hervorragend sein und tun zu müssen. Demut als: Einsehen, dass ich auch so geliebt werde, einfach so, unerklärlich, grundlos. Und unkontrollierbar, ja! Und nicht doch noch Gründe erfragen im anderen. Sondern nur ein bisschen auseinanderfallen und heulen, zuerst vor Wut: dass ich mich also so lange ganz umsonst bemüht habe fürs Geliebtwerden – weil es nicht vom Bemühen kommt. Danach aber weinen, Berührung und Heilung. Momente lang nur. Weil ich das bedingungslose Geliebtwerden eh nur Momente lang glauben und fühlen kann. Und mich nicht schimpfen dafür, dass ich's noch immer nicht anhaltend spüren kann.

Meine Altersweisheit, immer öfter: neu sehen, dass ich schön bin, schön war und es jahrzehntelang kaum bemerkt habe. Und dass ich jetzt faltig bin und es merke. Und darüber lachen statt mich ärgern. Auch: meinen Körper jeden Tag als Wunder feiern. Meine 300 Millionen Lungenbläschen sind bei jedem Atemzug aktiv und verwandeln Gase, ohne dass ich was dazu tun muss?! Und mich ehrlich und tapfer bemühen ums Gesundbleiben und meine großartigen Ressourcen dafür als Frau in Österreich zu nutzen.

Vielleicht meine Altersweisheit: Ich merke, dass ich immer weniger verstehe zu den ganz großen Fragen. Nein: ich merke immer klarer, dass ich nie wirklich verstanden hab: Was ist Zeit? Was ist Leben? Was ist Bewusstsein? Was ist Energie? Wo oder was ist meine Mutter jetzt? Und das Nichtwissen genießen, das gehört auch dazu! Nicht einmal wissen, was morgen sein wird: Entertainment pur! Annehmen, dass ich das meiste nicht wahrnehmen kann, weil meine Sinne zu beschränkt sind. Und nicht wahnsinnig zu werden oder vorwurfsvoll (warum sind wir so erbärmlich ausgestattet als Spezies, he?!!). Sondern mir Stories ausdenken, wie es vielleicht sein könnte zum Beispiel nach dem Tod, wenn ich schon unbedingt was zum Vorstellen brauche, und wissen, dass es nur meine Stories sind.

Meine Altersweisheit? – Wenn ich nur noch eines lernen dürfte: es wäre »lieben lernen«. Jeden Tag neu wünsch ich mir das am allermeisten. Nicht als Aufgabe, sondern als Geschenk. Nie erreichbar und doch in jedem Moment potenziell ganz erreichbar. Vielleicht ist das das Lebensglitzern? Momente aufleuchten lassen in Vollkommenheit. Rund herum oft stockschwarze Dumpfheit. Macht nix. Macht nix sagen und weitertun. Aus welchem arroganten Urteil heraus sollte ich es aufgeben, bleiben lassen?

Und apropos Geschenk… Das gehört auch zu meiner Altersweisheit: mein Geschenk umarmen, es innig ans Herz drücken. Auch wenn es manchmal aussieht wie ein zerzauster, aus dem Gatsch geretteter Vogel, wie eine schrägbeinige Promenadenmischung. Nie mehr tauschen wollen, nie wieder schlecht darüber reden oder es vergleichen mit anderen schöner verpackten Geschenken! Es ist meins, mein einziges: meine Kindheitsbedingungen, meine genetische Ausstattung, Talente und Ungeschicklichkeiten, Unfälle und Glücksfälle und dieses einzigartige Leben, das daraus geworden ist. Nur staunen und ein bisschen heulen darüber, dass ich es je habe geringschätzen und austauschen wollen. Ja, ans Herz drücken. Tränen zulassen und nicht stoppen, nur weil irgendwer in mir sagt, jetzt reicht es schon.

ELISA

Frausein und Altern. Oder: Trotzdem lächeln

Frau-Sein und Altern heißt für mich, meine Figur zu verlieren, aber mein Lächeln zu behalten. Mit einem unbeweglicher werdenden Körper, Schmerzen und Verletzungen fertig zu werden. Über Dinge nachzudenken, die mir früher unwichtig waren. Über Dinge nachzudenken, die mir früher zu wichtig waren. Flache Schuhe zu tragen, mit Osteoporose zu leben, zu bemerken, dass ich keine tiefe Kniebeuge mehr machen kann, Arztbesuche einplanen muss und mehr Geld für mich aufwende und brauche als je zuvor. Es heißt auch Angst vor dem Fallen zu haben, Komplimente annehmen und genießen zu können und vor allem richtig stolz zu sein auf das, was ich in meinem Leben bisher geleistet habe.

MARIA

Mein Sehnsuchtsfalter

Wieviel Zeit habe ich noch? Kann ich mich noch entfalten, die Flügel öffnen, in die Zukunft gleiten? Kann ich leichten Herzens auf mein Leben schauen, auf die Blüten und Wurzeln meines Lebensgartens?

Ich öffne meine Tagebücher und fliege wie ein Schmetterling in alte Zeiten. Ich besuche die Zweijährige auf einer Wiese, umgeben von Blumen und Schnecken. Sie mag die Wiese nicht, hat Angst. Mein Erinnerungsschmetterling fliegt weiter und findet sie in einem Bauernhof, im Hinterhof mit vielen Kindern. Sie spielen. Der Falter setzt sich auf die Fünfjährige und saugt den kindlichen Duft ein, bringt ihn zu mir, in mein Jetzt. Er erinnert mich an meine Freude am Theaterspielen, am Geschichten erfinden, am fantasievollen Gestalten. Habe ich zu wenig getanzt, gespielt, geträumt? Zuerst die Arbeit, dann das Spiel? Verantwortung für die Geschwister, im Haushalt mitarbeiten, die Mama unterstützen, es war notwendig. Später habe ich meine kreativen Träume mit meinem Beruf verbunden. Die schöpferische Lust wirkt noch immer: Ich schreibe, spiele Theater, genieße Kultur, gestalte meine Räume, treffe Freundinnen, liebe meine Familie und... träume.

Der Erinnerungsfalter mit dem Duft des kleinen Mädchens fragt: »Und was fehlt dir noch?«

Sie beginnt zu singen und bewegt sich mit dem Schmetterling durch den Raum:

Einmal noch
werde ich Tango tanzen, mit einem Mann der gut führt und mir meine Freiheit lässt.
Einmal noch
werde ich ohne Sattel reiten, auf einem schwarzen Pferd, mit wallendem Haar und weitem Kleid.

Einmal noch

werde ich in einem weißen Schiff auf einem Fluss gleiten, das Ufer vorbeiziehen lassen und mich geborgen fühlen.

Einmal noch

werde ich am Rücken liegend mich vom See tragen lassen und in das Wolkenmeer über mir blicken.

Einmal noch

werde ich auf einer Bühne stehen und tanzen, im roten Kleid und mit schwarzem Hut.

Ich werde Rumpelstilzchen und böse Fee, Hexe und Göttin zugleich sein.

Einmal noch

werde ich nackt durch die Dünen laufen, mich im Sand wälzen und mich dann von milden Wellen umspülen und streicheln lassen.

Einmal noch

werde ich meinen Körper lieben, mit Bauch und Fett, mit Falten und Flecken.

Einmal noch

werde ich ein Fest feiern mit allen Menschen, die ich liebe und geliebt habe, mit allen, zu denen ich gehöre und die zu mir gehören.

Einmal noch

werde ich mich bei meinen Träumen bedanken und mich nicht mehr für sie schämen.

Immer wieder

werde ich ...

Und der Schmetterling nimmt ihre Träume mit und verwahrt sie in einem wunderbaren Buch über das »entfALTen«.

AUGUSTE

Die Wunschträume einer 67jährigen

Falsche Überschrift! Ein bisschen falsch nur, aber trotzdem. Es kann nur heißen: »Meine Wunschträume jetzt als 67jährige«. Generisch geht nicht. Niemand ist einfach nur eine 67jährige, schon gar nicht bei etwas so Persönlichem wie Wunschträume und Lebenswünsche.

Wunschträume sind nicht fix in mir wie ein Bild an die Wand genagelt. Träumen ist ein inneres Tun, aktiv, in einer bestimmten Zeit – also lieber ein Zeitwort verwenden. Ich sehne mich nach… ich träume von… ich male mir aus, dass… ich stelle mir schön vor, wenn… ich erflehe vom Leben, dass…?

Ich wünsche mir erstaunlich wenig für mich. Ich habe ja alles, was ich brauche und mag. Nicht nur an Dingen, auch an Erfahrungen und Begegnungen und Erlebnissen. Also *fast* alles. Ich kenne doch schon so vieles da draußen, auch die Wiederholung. Nein, meine Sehnsucht geht nicht in Reisen, fremde ferne Länder, neue Grate und Gipfel und Tango-Festivals. Meine Wunschträume gehen schon gar nicht in Richtung Applaus, Scheinwerfer, Genanntwerden, von meinem eigenen Foto angelächelt werden aus einer Zeitschrift am Kiosk. Nein, bitte nicht!

Zitiertwerden wünsche ich mir schon eher: dass irgendwem irgendwie das Leben leichter oder schöner wird durch irgendetwas von mir Gesagtes, Getanes. Naja, es muss nicht einmal von mir sein. Mein Wunschtraum ist, dass das Leben noch besser wird für die Menschen. Für alle Menschen, meine ich. Klarer, leichter, sanfter. Nicht einmal nur für meine Kinder und deren eventuelle Kinder. Nein, überhaupt, dass weniger Menschen verletzt werden. Mehr geheilt, mehr beschützt, mehr geliebt. Keine Schläge mehr, weltweit. Das reicht doch schon als Wunschtraum, oder?

Doch, ja, wenn ich ehrlich bin: ich würde gerne merken, dass es angekommen ist, was *ich* geben wollte. Ich wünsche mir, dass es jemandem hilft und Mut macht, was *ich* tue oder getan habe. Dass es neue Gedanken ermöglicht, Befreiung vielleicht. Ich möchte, dass ich so manche Freiräume und Durchblicke nicht umsonst erkämpft habe. Wieso »umsonst«? Reicht es denn nicht, wenn ich sie für *mich* erkämpft und genutzt habe? Nein, nicht ganz, sagt etwas in mir. Und nicht erst seit ich »älter« bin, nein, immer schon. Ich bin halt eine »Älteste«, immer schon. Eine Helferin, manchmal hilflos, manchmal hilfreich. Als Kind hatte ich Albträume. Darin wurden meistens mein kleiner Bruder und ich von einem Mörder mit blitzendem Messer oder einer grünen Giftflasche verfolgt. Dann habe ich einen Trick entdeckt, wie ich mich selbst daraus zum Erwachen bringen kann: mit aller Kraft die Augen aufreißen! Beim nächsten solchen Albtraum habe ich das wieder angewandt und stieg dann gleich vom Stockbett hinunter zu meinem schlafenden kleinen Bruder. »Christoph, es ist nur ein Traum!«, sagte ich ihm in der Finsternis und schüttelte ihn, »Brauchst nur die Augen aufreißen!« Verwirrt und verschlafen schaute er mich an. »Was ist?«

Und noch ehrlicher jetzt: Steht denn wirklich nichts Ego-artiges mehr auf meiner Wunschtraumliste? Doch! Natürlich will ich ganz besonders das Glück *meiner* »Kids«, Jan und Laila. Diese Erfüllung, die ich auch erleben durfte. Im Wald schlafen, ein Werk in die Welt bringen, einen akademischen Titel samt Sponsions-Podium und »Freude schöner Götterfunke«, Tränen vor Stolz und Erleichterung. Auch Tränen vor Glück, wenn sie beim Aufwachen in die Augen des/der Liebsten schauen. Die unsagbare eigene Verwandlung spüren, wenn sie ihr Neugeborenes in den Armen halten – Menschenfreuden eben, samt Menschenbangen und den immer neuen Held:innenreisen. Und Freunde! Ja, all das mit Freund:innen – erst Fremde, dann Vertraute, dann Gefährten …

Und weiter? Die allerehrlichsten Wunschträume? Ganz für mich, im Elisa-Körperlein? Also die Traumfigur in teuren Kleidern ist es nicht. Auch nicht im Salzburger Festspielhaus. Dort ist es eher: noch viele Jahre lang Ohren haben, die alle Feinheiten hören, vom Bassgrollen bis zum Mäusewispern. Das ist schon Wunschtraum genug. Und wenn ich noch etwas wünschen dürfte, dann bitte: weiterhin tief atmen können, nicht so armselig sich plagen müssen um die Luft wie meine Mutter mit ihrem kaputten Herz. Bitte weiter so frei und leicht tanzen dürfen, wie die Musik es mir einflößt, Tango vor allem, und bitte weiterhin einen Stift halten und übers Papier führen können ohne

Schmerzen. Weiter auf die Almen gehen und im Winter Schneeschuhspuren ziehen können, weiterhin auf den Sonnblick kraxeln, bitte! Nur noch ein paar Mal, bitte! Zehn Sommer noch! Nein bitte 15, ja? Bitte!

Und noch was, Ego hin oder her: ich träume davon, noch berührbarer zu werden, noch durchlässiger, noch verbundener. Und endlich vertrauen lernen! Nicht vom Hirn her, sondern aus den Zellen. Geht das? Und noch mehr vom Menschsein verstehen, vielleicht durch die Kunst? Es aufsaugen, mitschwingen, verstehen in allen Fasern: was ein Mensch ist, was ein Leben ist, wir, du, ich. Dafür würde ich sogar mein Super-Gehör hergeben. Und das gute Augenlicht, das noch ganz ohne Brille sieht. Wenn ich diese erträumte Tiefe bekomme, die Erleuchtung in den Farben, das Jauchzen, das meine Mutter in ihren allerletzten Jahren und Monaten hatte. »Schau doch mal, das Rot dieser Tulpe! Es wird immer intensiver. Und hör dir mal diese Amsel an!«... Ist das Seligkeit?

Und darf ich noch einen ganz unverschämten Wunschtraum äußern? – Er lautet: mit S. alt werden! Mit S. den Heimweg wandern. Und möglichst gleichzeitig ankommen. Dass keiner traurig zurückbleibt, übrigbleibt. Einander weiter begleiten auf dieser Reise in unbekannte Gebiete und Entwicklungen, auf einander schauen, den anderen immer heiterer und gelassener werden sehen. Gelöster. Spielerischer. Sérénité. Mit oder ohne Rollator? Nebensache!

ELISA

Tipp-Liste einer 67jährigen

Meine Tipps für die »Hausapotheke des Alterns« oder sagen wir: Tipps für das dritte Lebensalter von vier. Damit das ein eigenes Lebensalter wird, nicht eine Verlängerung des zweiten, nicht eine Vorwegnahme des vierten. Damit es golden wird und bleibt, das dritte.

Tipps also, aber für wen? Für Jüngere? Für »die Jungen«? Nein, am ehesten für Fast-Gleich-Alte. Für die Frauen und Männer mit 55, 60, 65 – die im ersten Schrecken über ihr Altern stecken und überlegen, ob sie es nicht gleich wieder verdrängen sollen. Es ist der Schrecken, aus dem ich mich gerade erst herausgewurschtelt habe, herausgeweint, herausgeschrieben und herausgeträumt. Mit 20 oder 30 oder 40 hätte mich so eine Tippliste nicht tiefer interessiert. Ich hätte sie vielleicht angelesen und dann gesagt: »Aha, darum geht's dann später irgendwann!« Aber nein, ehrlich gesagt nicht einmal das. Ich hätte gesagt: »Aha. So ticken die!« Ganz die objektive Forscherin, die eine andere Spezies beobachtet. Interessant eben, aber fremd.

1. Für Gespräche mit gleich alten Freunden schlag folgende Spielregel vor: jeder darf »nur über ein Organ und nur über ein Enkelkind« erzählen!
2. Bevor du Handy-Fotos »von neulich« von dir zu sehen kriegst, mach dir klar: Du wirst älter darauf aussehen, als du glaubst.
3. Streich das Wort »anti-aging« aus deinem Vokabular, aus deinem Toilettenschrank, aus deiner Welt. Lass dir auf der Zunge zergehen, wie unterdrückend und verachtend dieses Wort ist. Zettle einen Aufstand dagegen an, wenigstens innerlich. Und schau, was dann passiert.
4. Wenn dir dein Altern als Einschränkung und Verlust erscheint (es gibt solche Tage, garantiert): Mach dich vertraut mit dem Konzept »Sekundärer Krankheitsgewinn«. Schau, was das für dein Altern sein könnte. Dann streich das Wort Krankheit. Danach streich das Wort sekundär.
5. Überleg dir gründlich, was du auf welchem Markt noch darstellen und anpreisen willst. Überleg dir, ob du nicht endlich aufhören darfst, dich zu vergleichen, zu konkurrieren, zu verkaufen. Für wen willst du unbedingt sichtbar sein? Was genau würde es dir bringen? Brauchst du genau das?
6. Spür und überlege beizeiten, wofür du noch am Leben sein willst. Und was von dir bleiben soll, wenn überhaupt. Wenn möglich, noch bevor du Enkel bekommst. Enkel können eine enorme Bereicherung sein. Enkel sind keine Sinn-Lieferanten. Und Ekelkriegen ist nicht garantiert.

7. Erforsche in dir ganz gründlich und ehrlich, woran du wirklich, wirklich, wirklich glaubst. Immer schon geglaubt hast. Deine ganz leisen großen kleinen Sätze, über dich, das Leben, die anderen. Nimm sie ernst. Pflege sie, wenn sie dir guttun. Heile sie, wenn sie dir nicht guttun.
8. Erlaube dir Geschichten und Bilder zu der Frage: Woher kommen wir? Wohin gehen wir? Was ist der Mensch? Und vergiss einfach nie, dass es nur Bilder und Geschichten sind.
9. Wenn du Panik kriegst, weil deine Zeit immer schneller vergeht und deine Zukunft immer »kürzer« wird: Stell dir deine Lebenslinie nicht als Linie vor. Schon gar nicht als ein Meterband, von dem schon mindestens zwei Drittel fehlen. Lieber als Kurve, als Kreis, als Spirale. Natürlich mit einer Richtung, aber nichts Gerades, lieber was Mehrdimensionales, Dynamisches. Lass dich nicht täuschen von der Idee der »linearen Zeit«! Mach dich im Ansatz vertraut mit der Infinitesimal-Rechnung: alles lässt sich in unendlich viele unendlich kleine Einheiten teilen – Betonung auf »unendlich«! – auch jeder Moment deines Lebens. L'éternité, c'est maintenant. Die Ewigkeit ist jetzt.
10. Lern zuhören und lehre einen Menschen, dir zuzuhören. Zugewandt, präsent, nahe, ohne Kommentar, ohne Nachfragen, ohne Bestätigen. Er oder sie soll nur bei dir sein und nur zuhören. Wenn möglich, mache es mit deinem Lebensmenschen. Abwechselnd, ein paar Minuten jeder. Regelmäßig. Am besten täglich. Hüte diesen Raum. Erzähle deinen Augenblick in diesen Raum hinein, unvorbereitet, lass kommen, was kommt. Das kann wie »laut meditieren« werden. Und intimer als Sex.
11. Lass dich berühren. Deinen Körper, deine Haut. Und deine Seele. Täglich.
    Lerne weinen. Sonst kriegst du Kopfweh.
    Lerne weinen. Das wäscht die Augen und den Blick.
12. Und ja, mach ein bisschen Gymnastik, so achtsam wie diszipliniert, und erhalte dir ein bisschen Muskelkraft. Ja, schwitzend. Du ersparst dir damit einige Schmerzen und Verletzlichkeiten. Aber tu es mit der Idee des »konditionalen Imperativs« und mit der Idee der »hedonistischen Askese«, dann funktioniert es am besten.

Soll heißen: Es gibt keinen absoluten Imperativ. *Du musst prinzipiell gar nichts*. Du musst (und zwar zwingend!) *nur, wenn* du ... Du musst nur essen, wenn du leben willst. Du musst nur dann zum Frisör, wenn du ... Du musst nur dann täglich deine Übungen machen, wenn du ...

Und was ist hedonistische Askese? Verzicht – *für den größeren Genuss*! Denk an die sinnliche Lust, die Lebensqualität, die du dir gerade erweiterst, auch wenn der Weg dorthin momentan unkomfortabel ist. Auch »gesunder« Verzicht ist ja Verzicht – also nur um der größeren Lust willen auf etwas verzichten! Ich rauche nicht mehr, weil mir das Essen dann besser schmeckt. Ich geh früher ins Bett, weil ich die frischen zarten stillen Morgen so liebe. Ich versuche ein Leben ohne Auto, weil es so viel Schönes gibt, das ich damit verschone.

Ein bisschen schreibe ich diese Tipp-Liste auch für mich. Als Bestandaufnahme: Was trägt und hält mich gerade? Und zum Erinnern, wenn ich vergesslich werden sollte und unachtsam vorzeitig ins vierte und letzte Lebensstadium rutschen sollte ...

Meine Tipps werden sich verändern, ich werde neue Tipps brauchen und neue finden. Ich werde weiter lernen. Ob ich will oder nicht. Und das ist mein

13. Tipp: Lern weiter! Und sag dir, vergnügt: »Vielleicht lernst du in diesen wenigen Jahren grad das Allerwichtigste deines Lebens!«

ELISA

Die Angst der Alten vor…

»Ich trau mich nicht mehr auf der Autobahn fahren«, erzählt mir eine 60+ Frau. »Ich steige auf keine Leiter mehr« eine andere, 70+. Manchmal sind Ängste sinnvoll, weil sie vor Unfällen schützen. Manche Ängste engen zu früh ein und verringern den Bewegungsradius. Altwerden und Angst wird eher verknüpft als alt sein und Mut. Das widerspricht der Meinung: »Alt sein ist nur etwas für Mutige.«

Wovor habe ich Angst? Um es zu erzählen, will ich meine Scham überwinden. Im Erzählen wird die Angst kleiner. Wir verbringen viele Tage am Ossiacher See. Dort haben wir einen direkten Seezugang, und der See lädt zum Schwimmen ein. Leider habe ich Angst vor tiefem Wasser. Lieber gehe bei der flachen Stelle hinein, kleine Fische kitzeln an meinen Zehen, neben mir hüpfen kleine Kinder lustvoll vom Steg. Bis dorthin kann ich gehen. Dann wird es tiefer. Nach ein paar Tempi zapple ich schon wieder zurück zum Steg. Warum traue ich dem Wasser nicht, obwohl es trägt? Vertraue ich meiner Bewegung nicht? Meine Angst vor tiefem Wasser, vor allem im unüberschaubaren Gelände, hat Geschichte. Ich habe zu spät schwimmen gelernt. In meiner Kindheit gab es noch keine Schwimmbäder, wir plantschten nur im nahegelegenen Bach und die tiefe Stelle, wo man nicht mehr stehen konnte, sollten wir meiden. Die Angst der Eltern, die auch nicht schwimmen konnten, hemmte die Lust an der freien Bewegung im Wasser. Manchmal beneide ich Kinder, die übermütig und lustvoll in tiefem Wasser herumtollen, oder wenn sich ältere Menschen vertrauensvoll und am Rücken liegend vom Wasser tragen lassen. Wo lohnt es sich, meine Angst zu überwinden? Wird meine Neugier stärker sein als meine Angst?

In der Stadt gehen. Seit ich einmal über eine Gehsteigkante gestolpert bin, bin ich in der Stadt wesentlich ängstlicher. Es gibt viele Fallen: steile Stiegen zu Toiletten, hohe Auftritte in Straßenbahnen, Rillen und Kanten an Straßenrändern, Kopfsteinpflaster, dort ein kleines Loch, die Ampel schon wieder rot!

Vermutlich haben die Architekt:innen der öffentlichen Räume und Infrastrukturen noch nie ihre alte Mutter oder den Vater in der Stadt begleitet. Woran misst sich die öffentliche Mobilität? Am Auto? An gestressten Business-Menschen? Wie schnell muss ich sein?

»Na Alte, geh weiter. Ich hab's eilig«, sagt niemand laut, aber ich spüre es. Es braucht Mut, als älterer Mensch in der Stadt sein eigenes Tempo zu gehen, sich über unebene Flächen zu bewegen, in Fahrzeuge ein- und aussteigen. Es braucht auch Mut, in öffentlichen Verkehrsmitteln jüngere Menschen anzusprechen, damit sie ihren Platz für uns Ältere freigegeben. Respektlos und unachtsam mit verstöpselten Ohren und handyfixierten Augen nehmen sie ihre Umgebung nicht mehr wahr. Die Durchsage in der U-Bahn »Menschen den Sitzplatz überlassen, die ihn notwendiger brauchen« bleibt ungehört. »Sollen sie doch zu Hause bleiben, die Alten«!

Was ist meine größte Angst? Krieg, ich möchte keinen Krieg erleben. Die Erinnerungen der Elterngeneration ist noch viel zu nahe. Die Bilder von unfassbarem Leid und Zerstörung fluten die aktuellen Nachrichten. »Nein, nein«, schreit es in mir. Es soll gehört werden! »Sagt Nein«, singt Konstantin Wecker, jetzt 78jährig. Wir »Alten« als Nachkriegsgeneration müssen dieses NEIN mutiger hinausschreien!

Zugleich spüre ich, wie machtlos und ohnmächtig wir gegenüber diesen wahnsinnigen Gewaltsystemen sind. Was hilft vielleicht? Petitionen für Demokratie unterschreiben, bei »Omas gegen Rechts« mitwirken, soziale Projekte unterstützen? Meine Waffe gegen Ohnmacht ist Zuversicht und Solidarität.

Wie kann ich die Enkelgeneration und die übernächste vor Krieg schützen?

Hilft es, darüber zu schreiben? Hilft es, in Schulen von den schrecklichen Erlebnissen des Holocaust zu erzählen? Wir haben die Wahl zwischen demokratischen Kräften und Diktatur. Werden die Menschenrechte abgeschafft?

Aber wie kann ich andere dazu bringen, dass sie die »Guten« wählen, menschenfreundliche und demokratische Politiker?

Ich verstehe die Resignation alter Menschen, die sagen »Damit möchte ich nichts mehr zu tun haben«, die nicht mehr wählen gehen oder eine Partei wählen, die auf Angst aufbaut und Schwächere, Fremde und Minderheiten abwertet. Eines Tages könnten da auch die »Alten« dazugehören, zu den Missachteten.

Liebe »Altersgenossen und -genossinnen«: habt Mut und sagt NEIN.

AUGUSTE

Alt werden ist riskant

Ich lese in einer anerkannten Tageszeitung die Meldung, dass die meisten Frauenmorde an über 70jährigen Frauen verübt werden. Oft sind die Täter die Partner.

Alt sein ist immer schon ein Risiko gewesen.

Simone de Beauvoir beschreibt in ihrem Buch »Das Alter« (1970, in der Auflage von 1995) schreckliche Tatsachen im Umgang mit alten Menschen im Laufe der Geschichte. Das Wissen darüber wurde versteckt, sie deckt es schonungslos auf.

Nomaden ließen die alten und gebrechlichen Menschen zurück. Sie verhungerten oder wurden von Wölfen gefressen. Junge Menschen aßen alte Menschen, um ihre Kräfte in sich aufzunehmen. Alte Menschen waren gefürchtet, sie hatten etwas Unheimliches an sich, vor allem Frauen. Alte Menschen sind hässlich, abstoßend und überflüssig, so werden sie in Dichtung und Kunst beschrieben. »Das Kinn, das unter einem andern hängt, fällt über eure schlaffe Brust; Die Brust hängt über euren Bauch und dieser deckt die Knie auch« (Beauvoir, S. 145). So beschreibt ein Dichter alte Frauen im 17. Jahrhundert. Alte Männer, wenn sie reich waren, wurden geehrt und hofiert. Söhne mussten ihre Väter töten, so wollte es eine bestimmte Tradition. Es ist viel Unvorstellbares mit alten Menschen geschehen.

Es ging um das nackte Überleben, es ging um den Fortbestand der Sippe, die Aufrechterhaltung der Macht und des Reichtums. Je weniger Ressourcen es gab, desto gefährdeter waren die Alten. Sie haben nichts mehr geleistet, nur noch belastet. In sehr familienorientierten Kulturen wie teilweise im Islam aber auch früher in China ist die Familie für die Versorgung der Alten zuständig. In unserer Zeit haben wir ein Gesundheits- und Pensionssystem, das zwar wirtschaftlich immer labiler wird, uns aber die private Sorge für die Alten abnimmt. In Wohlstandsländern wird die Angst vor altersbedingter Nutzlosigkeit verdrängt, weil Pensionist:innen hervorragende Konsumenten sind. Die Statistik sagt, dass in ungefähr zehn Jahren die Altersgruppe der 65jährigen 25 % der Bevölkerung ausmachen wird. Bei wem wird eingespart, wenn es sich nicht mehr ausgeht? Die Würde des Alters ist antastbar.

Sitzt die Angst vor dem Verstoßen-, Verachtet- und Getötetwerden in unserem kollektiven Gedächtnis? Ist alt sein genauso gefährlich wie Baby sein: hilflos und abhängig vom Wohlwollen anderer?

Wir vier Frauen schreiben uns die Angst vor dem Altwerden von der Seele, wir überwinden die Scham und gewinnen Freiheit und eine bunte Vielfalt an Möglichkeiten. Wir entfALTen uns, ermutigen uns und andere.

AUGUSTE

Trauern – und danach?!

Altern heißt langsamer tun. Aber darüber habe ich schon woanders geschrieben. Auch darüber, dass das in unserer ökonomisierten Gesellschaft wie »Widerstand« aussieht. Langsamer tun ist weniger Output in der Zeiteinheit. Altern heißt loslassen. Das Wort hasse ich immer noch – nicht den Akt selbst. Aber dieses Wort predigen die falschen Leute den falschen Leuten. Die Verkniffenen und die disziplinlosen Neidigen predigen es den besonders Verkniffenen, die es ohnehin nicht verstehen oder den besonders Disziplinlosen, die die Parole »Lass doch einfach los!« auch nicht motivieren wird.

Altern ist ein Verlustgeschäft. Oder? Es heißt Verlieren und bestenfalls das Verlieren umdeuten. In ein »Gewinnen«. In ein »ist eh nicht so wichtig«. Oder Wegschauen von den Schmerzen und Einschränkungen oder Woandershinschauen, auf die Enkel, ins Fotoalbum, in die Reiseprospekte. Oder?

Oder die Kränkung voll annehmen wie einen frontal geschossenen Lederball in einem entscheidenden Match. Sich in die Schusslinie stellen, ihn fangen, dröhnen lassen im Brustkorb: die Kränkung durch das Sterblichsein. Es macht so vieles sinnlos, so absurd, so viele Bemühungen sind angesichts des Endenmüssens einfach nur zum Beweinen. Ins Altern gehen heißt Trauern. In Wellen, in Stufen, wie jedes Trauern: Leugnen, Emotion, Suchen und Trennen, dann neuer Selbst- und Weltbezug. Oder nach einem ähnlichen Stufenmodell: erst Verweigern, dann Zorn, dann Verhandeln (also sich's zurechtlegen, um ein bisschen Kontrolle ringen), dann Depression, dann Annahme.

Trauern – um was? Ums Jungsein? Ums Starksein? Unsterblichsein? Um den Elan, die Bereitschaft, alles zu glauben, alles zu hoffen, alles zu lieben oder zu hassen? Trauern um die Menschen, die schon weg sind? Zumindest ist ihre Frische weg, ihr Glauben, ihr Brennen und Hoffen. Sie sind schrumpelig geworden wie ich, meine Mitschülerinnen von damals. Die meisten Lehrer sind schon tot. Meine Freundinnen, mit denen ich damals gezeltet habe, zelten nicht mehr. Ich auch nicht, wenn ich nicht muss. Und ich sorge dafür, dass ich nicht muss. Noch hilft mir meine kostbare österreichische Staatsbürgerschaft dabei.

Altern heißt Trauern, ja. Und mein Altern-Verweigern ganz am Anfang, mein *Verleugnen*, hat auch schon dazu gehört. Mit 55, mit 60: »Ach was! Der Sechziger, das ist doch nur eine dumme Zahl! Es kommt doch nur drauf an, wie man sich fühlt!« – Die Phase des *Verhandeln*s wird mir wohl noch eine Zeitlang bleiben: »Wenn ich jeden Tag Yoga mache, bleib ich ewig beweglich, ja!?« – Der *Zorn* kommt vielleicht noch. Nein, stopp, das war gerade ein Leugnen. Ich *bin* verzweifelt wütend, wenn meine Daumengelenke so schmerzen, dass ich ungeschickt werde. Meine Mutter hatte diesen Zorn im Alltag. »Also sowas! Das gibt's doch nicht!«, rief sie, wenn ihr vor Schmerz und Gicht wieder etwas aus der Hand gefallen war. Ich habe es als Humor, als Abstandnehmen, als gespielte Empörung von ihr wahrgenommen. Aber es war nicht gespielt. Es war Zorn. Ein bisschen zurückhaltend und vorsichtig, wie alles an ihr. Denn was passiert, wenn der Zorn über die dicken Ödeme und den verklemmten Rollator voll ausbricht? Verzweiflung. Und dann? »Das bringt mir nichts, denn es ändert sich nichts«, hätte sie gesagt. Und hat sie gesagt. »Das Jammern macht es nur schlimmer, also lass ich's. Ich schau lieber auf das, was noch geht. Es gibt so vieles, was noch schön ist. Ja, das ist meine Freiheit: Ich kann mir aussuchen, wo ich hinschaue«. Meine weise Mutter. Nach ihrem Tod musste ich ihre Sachen von der Station im Krankenhaus holen. In ihrer Handtasche war ein Buch von Thitch Nhat Hanh – Achtsamkeit und Dankbarkeit hat sie geübt bis zu ihrem letzten Tag. Außergewöhnlich.

Gewöhnlich, laut Stufensystem, kommt also der Zorn und nach dem Zorn die *Depression*. Depression kommt und geht. Muss aber nicht kommen und bleiben. Und muss nicht wieder gehen. Aber *wenn* sie gegangen ist, kommt die *Akzeptanz*. Klar. Und dann ist das Trauern fertig. Trauern ist ja auch nur ein Prozess, mit Anfang, Durchlaufen und Ende.

UND DANN? Was kommt nach dem Ende des Trauerns? Ein neues Leben? Die Geburt in eine neue Phase?

Ins Altern hineingeboren. Ich verkoste dieses Bild. Ein seltsamer Geschmack, aber nicht übel. Kastanienhonig? Wintertrüffel? Meisterwurz? Artemisia? Alpenwermut, taufrisch?

Anfängerzauber. Anfängerbonus. Anfängeraufregung. Begeisterung fürs Neue?

Ich ahne etwas... Gänsehaut, Herzklopfen. Anfang ist spannend, immer. Jeder Anfang in meinem Leben war spannend. Manche Anfänge waren blutig, wie meine Geburt – auch meine Mutter war ja eine Anfängerin. Blutig und holprig wie das Radfahrenlernen auf dem kleinen roten Radl mit Luftreifen ohne Stützräder. Blutige Knie, blutige Handballen. Innerlich blutig auch der Anfang im Gymnasium, mit 10 Jahren ohne Begleitung, ohne Vorbild, ohne ältere Geschwister. Ich selbst war das älteste Geschwister, das tapfere Versuchskind. So nannte meine Mutter mich manchmal später, beim Evaluieren ihrer Eltern-Erfahrungen. Manche Anfänge waren aber einfach nur zauberhaft. Das Frische, das Neue... die Mai- und Junitage zwischen schriftlicher und mündlicher Matura! Plötzlich sind wir frei, müssen die Vormittage nicht mehr im Unterricht absitzen, sondern verbringen sie lernend auf der Festungsmauer, mit Blick auf den Klostergarten vom Nonnberg und auf die graubraunen Schulgebäude da unten zwischen den blühenden Kastanienbäumen. Die Freiheit und der Blick von da oben ist neu und voll Zauber wie die Sommerluft um die nackten Knöchel.

So neu also könnte das Altern werden, wenn ich fertig getrauert habe?

Meine Mutter hat gejauchzt, voriges Jahr im Frühling in ihrem 90. Lebensjahr, als im Garten wieder ihre Tulpen aufgeblüht sind. »Oh, dieses unglaubliche Gelb!« Die Pfingstrosen hat sie nicht mehr erlebt – aber im Jahr davor noch: »Schau mal! Dieses prachtvolle Herzrot! Purpur! Jedes Jahr erlebe ich die Farben noch intensiver«, hat sie gesagt. »Noch leuchtender! Ich hätte nie gedacht, dass sich das noch so steigern kann... Mit der Musik geht's mir genauso. Faszinierend!« Ihr letzter Kauf waren 3 CDs mit Walzern und Märschen – »Damit der Kreislauf und die Lebenskraft in Gang kommen. In der Früh brauch ich so furchtbar lang...«

Neuer Selbst- und Weltbezug, was für ein langweiliges Wort im Vergleich zum »*faszinierend!*« meiner Mutter. Ein Gelb-Grün-Blau-Rausch, ein Mozart-Bach-Ligéti-Ozean. Da will ich hin! Augen auf und durch!

ELISA

8. Der Blick von außen. Oder: Ja, es bleibt politisch. Und ja, es bleibt viel zu tun.

Auf der Suche nach der alten Frau in der Kunst

Dieses Thema treibt mich seit kurzem um. Wie kann ich es anpacken?

Ich tippsle den Begriff in die Suchmaschine (muss es denn immer Google sein?) und bekomme eine Fülle von Porträts alter Meister. Auffallend die Anzahl lesender und betender Frauen. Eine sticht hervor vom Italiener Bernardo Strozzi, der zeigt eine ganz andere Variation, eine Art Kokotte. Sie betrachtet sich im Spiegel, berüscht und grell geschminkt, Bänder und Schleifen um die fast nackte, welke Brust, Dekolleté kann man es kaum nennen. Sie kommt der lächerlichen Alten sehr nahe, aber mir gefällt sie, weil sie sich nicht in das betende, lesende, fromme und unauffällige Korsett einengen lässt.

Doch wie tun mit dieser Bildergalerie im Netz? Bilder von Bildern, dazu klein und unüberschaubar.

Ich fasse den Entschluss, ins KHM zu gehen, das Kunsthistorische Museum in Wien. Die Fülle, aber auch Begrenztheit des Angebots scheint mir bewältigbar. Zusätzlicher Ansporn ist meine Jahreskarte, d. h. ich kann mich dort nach Lust und Laune und Zeitguthaben aufhalten.

Ich beginne bei den Italienern, Renaissance und Barock. Mit meinem Alte-Frauen-Suchblick – ist es das, was man framing nennt? – streife ich durch die Säle, meine kleine Canon fest in der Hand. Drei Säle und dazu die seitliche Nebengalerie mit ihren vielen Nischen. Das Ergebnis meines Streifzugs: eine einzige Darstellung einer alten Frau. Und die hat es nur auf die Leinwand geschafft, weil sie heilig ist, nämlich die heilige Anna, die Mutter von Maria und Großmutter von Jesus. Und auch nur als Teil eines Familienbilds.

Nun könnte man sagen: Die Renaissance liebte Jugend und Schönheit, da kamen halt nur fesche Jünglinge und zarte bis üppige junge Frauen als Motive in Frage. Aber nein. Es befinden sich jede Menge alter Männer auf den Bildern, adelige Geldgeber, Fürsten, Götter des Olymps, Mönche, Maler, heilige Einsiedler und so fort; das Alter kann es also nicht sein, das die Frauen so gänzlich unsichtbar gemacht hat.

Es war schon eher ihre unbedeutende Stellung in der Gesellschaft, die sie nicht würdig genug für einen Platz auf einem Gemälde oder ein genaueres Studium ihrer Erscheinung befunden hatte.

Bei den Italienern also eine höchst magere Ausbeute vom Gegenstand meines Suchens. Dann also auf zu den Niederländern, schräg über den Gang.

Im Gegensatz zu den Künstlern Italiens, die sich vorwiegend mythologischen Themen und idealisierten Gestalten widmeten, befassten sich die Niederländer mit Themen des Alltags, Jagd- und Marktszenen, Bauernhochzeiten, Familienfeiern und anderen Szenen aus dem bäuerlichen Leben.

Es sind durchaus auch religiöse Szenen dabei, aber immer mit viel Volk, unter das auch die eine oder andere alte Frau gemischt ist:

bei dem »Fest des Bohnenkönigs«, bei der Kreuzigung Christi oder der Himmelfahrt Mariens, beim »betrogenen Bräutigam« die Kupplerin, oder bei Brueghels »Bauerntanz« ein zum Tanz eilendes Paar.

Eine alte Frau allein auf einem Bild – das fand sich nur zweimal: einmal »Alte Frau am Fenster«, blumengießend, das andere Mal als Allegorie des Bösen, abschreckend hässlich. Albrecht Dürer hat ihr diese Ehre verschafft.

Den wahren Fund tat ich dann im Museumsshop. Dort erstand ich sie dann, die alte Frau, eine Kunstkarte mit einem Porträt von Balthasar Denner, betitelt »Alte Frau« vor 1721.

Eine genaue Studie eines wunderschönen Gesichts einer alten Frau, erdfarbenes Gewand, ein Tuch um den Kopf, ganz unauffällig ein Pelzkragen um den Hals, ernst und forschend der Blick, leicht verhärmte Züge um den Mund, verbittert? zarte Falten, vom Leben gezeichnet, schön.

Kurze Zeit später die Ausstellung »Renaissance im Norden: Holbein, Burgkmair, Dürer«. Auch hier keine nennenswerte Ausbeute.

Ein paar Federzeichnungen mit älteren Frauen, um 1520, beim »Tod Mariens« und der »Heimsuchung«. Auch bei der Grablegung Christi durften sie dabei sein. Wieder kein Einzelporträt. Das heißt, manche Bürgerfrauen bekamen eines, im Doppelpack neben ihrem gut situierten Ehemann.

Ein Bild sticht jedoch hervor. Es ist das Bildnis von Hans Burgkmair d. Ä. und seiner Frau Anna, ihren Tod vorausahnend, der ihnen als zwei Totenköpfe im Spiegel entgegenblickt. Sehr einprägsam und berührend.

Gerechtigkeitshalber müsste mein nächster Forschungsstreifzug durch die darauffolgenden Epochen gehen: Rokoko, Biedermeier, Impressionismus, Moderne… Das ergäbe wohl ein doch anderes Bild.

RENATE

Hochaltrig

Meine Freundin ist gerade 80 geworden, also in den Augen der Leistungsgesellschaft nicht mehr Seniorin, nicht mehr nur betagt, sondern ›hochaltrig‹. Als Hochaltrige wurde sie gebeten, an einer für sie eher demütigenden Umfrage teilzunehmen. Beschämende Fragen für die Frau Dr. Mag. Phil., eine Germanistin. Sie sollte eine Uhr zeichnen und dergleichen. Sie unterhielt sich mit der Befragerin, beide amüsierten sich und es wurde vereinbart, dass die Hochaltrige in drei Jahren wiederum befragt würde, um festzustellen, ob die Hochaltrigkeit schon deutlich an ihrem Körper und ihrem Gehirn zehre.

Zwischenzeitlich sammelt sie Begebenheiten, die mit ihrer Hochaltrigkeit zu tun haben, wie die Situation neulich, als sie den Installateur fragte, ob in ihrem fortan behindertengerechten Badezimmer beim Umbau auch ein Bidet eingebaut werden könnte. Er setzte ein eher eindeutiges Grinsen auf und meinte, wozu sie denn noch ein Bidet brauche, sie bekomme ja eh einen Klappsitz in die Dusche und der sei dann auch noch gefördert. Dabei wünsche ich selbst mir, obwohl ich erst eine Seniorin bin, sehr oft ein Bidet herbei. Passieren doch gelegentlich kleinere Unfälle und frau möchte gerne das Gefühl haben, allzeit sauber zu sein.

Seit längerer Zeit passiert es mir, dass ich, wenn ich Nichtseniorinnen oder Nichtsenioren eine Geschichte erzähle, sie immer öfter sagen, das sei bei ihrer Mutter genauso. Will ich wirklich, dass sie mich wie eine Mutter sehen? Ein Freund, dem ich altersmäßig wesentlich näher bin als seine viel jüngere Freundin, bezieht sich öfters auf mich als seine ›Ersatzmutter‹. Dabei habe ich ihn noch nie getröstet, in den Arm genommen oder mit mütterlichen Ratschlägen versorgt. Nicht ein einziges Mal habe ich ihm einen Geburtstagskuchen gebacken, sondern ich habe ihm zum ersten Enkel gratuliert.

MARIA

Mit Leib und Seele

Neulich bin ich ihr wieder begegnet und fühlte mich sofort um Jahre zurückversetzt. Er regt mich immer noch auf, ihr prüfender Blick, der jedes Fettpolster sieht, überprüft, ob jemand hinkt, eine Schulter verschoben hat oder ob sonst irgendetwas am Gegenüber festzustellen ist, was nicht nach topfit, gut ausgeschlafen und frei von Gebrechen aussieht.

Sie denkt und sagt auch laut, darauf schaue sie, denn jeder/jede mit einem Gebrechen habe nicht gesund genug gelebt, nicht auf sich geschaut, nicht genügend Sport getrieben, zu viel getrunken, zu wenig geschlafen, geraucht und was sonst noch... und lebe eben deshalb nicht in einem gesunden Körper. »Weißt du«, sagt sie ganz unverfroren, »ein gesunder Geist kann ja nur in einem gesunden Körper sein! »Ja, dann frage ich mich, ob mein Geist jetzt so zersplittert ist wie mein Arm seit jenem Sturz über die Rolltreppe? Ob ihr Geist fitter ist als der meine? Ob sie mit ihrer sonnengegerbten Haut und ihren Tennismuskeln mehr Daseinsberechtigung hat als ich? Ob ich jetzt etwas weniger Geist hätte, wenn ich nicht so einen guten Chirurgen gehabt hätte und nicht privatversichert gewesen wäre?

Dazu kommt, dass ihr ganzes Wesen immer noch begleitet ist von diesem stets Zuversichtlichkeit und künstliche Fröhlichkeit ausströmenden Auftreten, dem über-fröhlichen ›Guten Morgen‹, das mir noch einmal mehr bewusst macht, wie wenig ich letzte Nacht geschlafen habe. In ihren Augen spiegelt sich die Tatsache, dass ich noch Zeit brauche, um in die Gänge zu kommen, dass ich mir gestern völlig erschöpft anstelle der wertvollen Doku über Süd-Ost-West-Asien doch lieber ›Grey's Anatomy‹ hineingezogen habe und dann bei ›The Mentalist‹ auf der Couch eingeschlafen bin.

Weshalb nervt sie mich bei dieser kurzen Begegnung wieder so? Weshalb kommt alles wieder hoch? Weil ich denke, da ist was dran, ich sollte mehr, ich sollte besser, ich laufe Gefahr, dass mein Geist verkommt? Ist sie für mich wie jene Frauenzeitschrift, von der meine Tochter meint, sie schaffe doch nur

Unzufriedenheit mit einem selbst und dem notgedrungen unperfekten Köper. Sie verkaufe sich nur deswegen so gut, weil wir alle danach süchtig seien, an uns selbst herum zu verbessern und einem idealen Körperbild nachzueifern?

Oder ist sie einfach die Ewiggestrige, die sich nicht scheut, altes Gedankengut weiterzutragen und Menschen nach dem Grad ihrer körperlichen und wie sie meint somit geistigen Gesundheit zu beurteilen? Ich war mir nie ganz sicher, was mich so an ihr irritierte, und dann wurde sie verabschiedet mit den Worten: Sie habe sich ein Lehrer:innen-Leben lang mit ›Leib und Seele‹ ihrem Beruf gewidmet, sie habe mit ›Leib und Seele‹ unterrichtet. Nichts anderes als das Wohlergehen ihrer Schüler:innen und sie mit Wissen zu versorgen sei ihr die ganze Zeit am Herzen gelegen.

Mit ihr hat sich ein wandelndes Lexikon für Faktenwissen, das einem nicht fassbaren gestrigen Gedankengut verhaftet ist, aus dem Schuldienst verabschiedet. Einem Gedankengut aus einer vergangenen Zeit, da man in Schulen und Sportvereinen gut organisiert dafür gesorgt hatte, dass Leib und Seele ›gesund‹ waren, weil man zu einem ›gesunden Volk‹ gehören wollte. Denn schließlich war sie noch ein Kind, als der Führer sagte: »Wenn die älteren Jahrgänge noch wankend werden könnten, die Jugend ist uns verschrieben und verfallen *mit Leib und Seele*.« (Aus Hitlers Rede am Parteitag 1934 »Triumph des Willens«) (Quelle: Literaturliste)

MARIA

The Women's Room. Oder: Wie ich zur Feministin wurde

Wenn ich an ein Buch denke, das mich verändert hat, habe ich sofort Marylin French ›*The Women's Room*‹, erschienen 1977, vor mir. Ich habe es auf Englisch gelesen und es war für mich das erste erkennbar feministische Buch. Ich habe es genau vor Augen. Ich weiß, dass wir schon in meiner jetzigen Wohnung waren und ich bereits zwei kleine Kinder hatte.

Wie habe ich mitgefühlt mit Mira, deren ganze Erziehung darauf ausgerichtet war, ihren guten Ruf zu bewahren, alles richtig zu machen und nicht schwanger zu werden. Am College leidet sie unter den Einschränkungen, denen sie als Frau unterworfen ist und sieht letztlich einen Ausweg in ihrer Ehe mit einem Medizinstudenten. Das ist die allerschlimmste aller Fallen, in die sie stolpern konnte. Sie sitzt fortan verheiratet ohne College-Abschluss in einer kleinen Wohnung fest. Sie muss arbeiten gehen, um ihn zu unterstützen, und er will nicht, dass sie überhaupt Autofahren lernt. Ihre beiden Schwangerschaften zementieren alles noch weiter ein.

Das war nicht ganz vergleichbar mit meiner Situation. Doch irgendwie schon, ich war zuhause mir zwei kleinen Kindern und mein Mann der Verdiener. Selbstverständlich bin ich in Karenz gegangen, selbstverständlich bin ich mir drei Kindern 8 Jahre zuhause geblieben und war für alles, gar alles zuständig. Aber frau kann ja allen Lebenssituationen etwas abgewinnen, ich habe Freundschaften geschlossen, Kinderbetreuung im Tausch organisiert, angefangen, esoterische Wochenendworkshops zu dolmetschen und mit Nachhilfe ›Taschengeld‹ zu verdienen.

Was ich aber wirklich wollte, war kein ›Taschengeld‹, sondern in meinem Beruf arbeiten. *The Women's Room* ist immer noch in meinem Bücherregal und ab und an lese ich wieder ein Stück. Wie schwierig es damals, 1977, war und oft heute noch ist, sich zu emanzipieren, wie schwierig es ist, wieder in den Beruf einzusteigen. Wie ungnädig deine Umgebung sein kann, wenn du es schaffst. Alle Fragen, die dir gestellt werden: »Ob es das Ego deines Mannes es wohl verträgt?« (er verdient Gottseidank mehr), »Ob es gut ist für deine Kinder?« und so weiter. Dein Mann kann und will keinen Pflegeurlaub nehmen, er will weiterhin pünktlich essen, er ist es gewohnt, dass du alles erledigst, du hast ja Zeit, du bist zuhause, er braucht den Samstag selbstverständlich für sich, deine Kinder brauchen dich! Dein Spagat wird immer größer – du musst alles, gar alles unter einen Hut bringen und noch schnell einen Kuchen für den Kindergeburtstag machen, zum Elternabend gehen und weiß Gott was noch alles.

Danke, Marylin French!

MARIA

Mit Vorteil arbeiten

Mit Vorteil oder wie er sagte ›Vortl‹ zu arbeiten, war unserem Vater ganz wichtig. Bevor irgendeine Arbeit in Angriff genommen wurde, musste der Arbeitsplatz eingerichtet, mussten alle Werkzeuge, Utensilien oder Zutaten bereitgestellt werden. Man musste sich den Arbeitsablauf so überlegen, dass die Arbeit effizient, fließbandartig erledigt werden konnte.

Das hatte er aus der Bäckerei in seinem Elternhaus mitgebracht. Da hat man sich genau überlegt, wie und wo der Teig geknetet wird, wo er steht zum Aufgehen, zum Zusammenschlagen, um ihn dann auf einer bemehlten Holzfläche zu Brotlaiben, Wecken, Brötchen, Pärle oder Schilden zu formen. Die Brote wurden möglichst ökonomisch auf ein Blech gelegt, um noch einmal zu gehen, bevor sie mit Wasser bespritzt oder mit Mehl bestäubt ins Rohr geschoben wurden. Natürlich gab es auch einen speziellen Platz zum Abkühlen.

Ich habe natürlich nie in einer Backstube gearbeitet, aber meinen Arbeitsplatz richte ich mir immer her. Ich würde nie in einer Küche arbeiten, in der ich keine freie Arbeitsfläche habe, weil da sonst die seltsamsten Unfälle oder Missgeschicke passieren. Als ich dann an einer Tourismusschule unterrichtete, habe ich natürlich gelernt, dass das ›mise en place‹ heißt. Man richtet sich die Zutaten und Koch-Utensilien vorher her und vermeidet, dass man das Mehl zum Bestäuben erst suchen oder die Zestenreibe noch vorher abwaschen muss. Was man außerdem vermeidet, ist eine Sauerei, weil man mit fettigen, mehligen oder zwiebeligen Händen in Schubladen greift, die Griffe verschmutzt etc.

Und trotzdem musste ich mir von meiner Tochter, die eine High-Tech-Touch-Küche hat, einmal sagen lassen: »Wenn du auf Besuch warst, ist unsere Küche immer so schmuddelig.« Diese High-Tech-Touch-everything-Küche ist ein Biest, das von ihrem Mann eingerichtet wurde, auf seine Höhe mit extra Tiefe der Arbeitsfläche. Die Arbeitsfläche ist außerdem bündig mit den Schubladen, die keine Griffe haben. Deshalb stoße ich mit meinem Bauch ständig irgendwo an, weil ich zu klein bin, und dauernd springt eine Lade auf, die ich gar nicht öffnen wollte. Natürlich passiert das auch, wenn ich etwas von oben herunterholen will. Dann brauche ich mindestens drei Versuche, bis sich die Schublade mit einem sanften Schubs wieder schließen lässt. Und dabei sollte ich jederzeit saubere Finger haben!

Bei meinem letzten Besuch in Wien hatte meine Tochter Krücken und musste sich von mir bedienen lassen. Vor meiner Abreise sage ich laut: »Jetzt muss ich noch die Küche putzen, bevor ich fahre.« Da sagte sie, ihr Bruder habe bereits nach dem ersten Tag gefragt, ob die Küche schon schmuddelig sei.

MARIA

Die alten Frauen meiner Kindheit – Klischeesammlung I

Alte Frauen sind krumm und faltig.
Alte Frauen sind grau und klein. Dürr oder dick.
Alte Frauen stricken und flicken.
Alte Frauen backen und kochen für alle, meistens zu viel.
Alte Frauen stecken den Kindern manchmal Schokolade oder ein bisschen Geld zu, für ein gutes Zeugnis, für eine freundliche Hilfe. Das ist Geld von der Pension abgespart, denn sie haben nicht viel eigenes Geld.
Alte Frauen sind vergesslich.
Alte Frauen erzählen nur von früher.
Alten Frauen schimpfen über die Mode.
Alte Frauen leiden.
Alte Frauen ächzen.
Alte Frauen vertragen keine Zugluft.
Alte Frauen sind oft grantig.
Alte Frauen tratschen.
Alte Frauen spüren das Wetter.
Alte Frauen schieben ihre Gartenutensilien in einem buckligen Kinderwagen in den Schrebergarten.
Alte Frauen essen wenig – wie ein Vogerl.
Alte Frauen schneiden ihr Brot in kleine Stücke.
Alte Frauen sagen: Das zahlt sich nicht mehr aus.
Alte Frauen riechen nach Lavendel. Manche nach Kölnischwasser. Manche auch nach Urin.
Alte Frauen sind oft Witwen.
Alte Frauen wärmen ihr Essen in kleinen Emailtöpfen auf.
Alte Frauen tragen schwarz.
Alte Frauen tragen dicke Strümpfe.

Alte Frauen schleppen Zinkgießkannen über den Friedhof.
Alte Frauen beten Rosenkranz.
Alte Frauen machen Autobus-Wallfahrten und Kaffeefahrten.
Alte Frauen helfen dem Herrn Pfarrer.
Alte Frauen sprechen in Sprichwörtern.
Alte Frauen sitzen auf der Hausbank in der Sonne.
Alte Frauen frieren auch im Sommer.
ELISA

Die alten Frauen meines Alters – Klischeesammlung II

Alte Frauen sind einfach nur »ältere Frauen«.
Alte Frauen tragen dicke Halsketten aus Halbedelsteinen.
Alte Frauen tragen Seidenschals und weite Leinenkleider, extrabunt.
Alte Frauen tragen geblümte Hosen und große exquisite Taschen oder kleine Lederrucksäcke.
Alte Frauen tragen Barfußschuhe oder Bär-Schuhe oder Hallux-Schuhe und zahlen viel dafür.
Alte Frauen tragen ihr Haar extrarot oder absichtlich grau und extrakurz und Lippenstift.
Alte Frauen sagen: Das brauch ich nicht mehr, und meinen damit das Zeitkorsett, die Waage, den akademischen Titel fürs 55-plus Studium.
Alte Frauen gönnen sich was. Alte Frauen holen nach. Alte Frauen können gnadenlos egoistisch sein. Und sagen »endlich!« dazu.

Alte Frauen machen Therapie. Alte Frauen machen Seminare in Bildungshäusern. Alte Frauen machen Pilates.
Alte Frauen lassen ihre Männer hinter sich.
Alte Frauen denken an die Zukunft, an Duschgriffe, an Alters-WG und Mehrgenerationen-Wohnen.
Alte Frauen machen Vorsorgeuntersuchungen und reden über Knochendichte und Cholesterin.
Alte Frauen kaufen gern »Pflegeleichtes«.
Alte Frauen tun sich zusammen, haben Chor und Kurs und Stammtisch und Freundinnen.
Alte Frauen reisen, buchen, lernen Sprachen, posten Fotos.
Alte Frauen blühen als Witwe auf.
Alte Frauen machen Kunst oder organisieren Konzerte. Alte Frauen hören Ö1 oder Ö3.
Alte Frauen ärgern sich über ihre Enkelinnen, wenn sie wie dumme abhängige Weibchen tun.
Alte Frauen werden von ihren Männern beneidet, belächelt, gefürchtet, gebraucht, begleitet.
Alte Frauen lassen sich von ihren Enkel:innen neue Handy-Apps erklären.
Alte Frauen unternehmen Oma-Enkel:in-Reisen.
Alte Frauen schreiben Bücher oder in Whatsapp-Gruppen und auf Facebook.
Alte Frauen sind verplant. Alte Frauen kommen kaum zur Ruhe. Alte Frauen sind eine umworbene Zielgruppe.
Alte Frauen entsorgen gern, werfen Ballast ab – und bestellen sich mit 68 eine neue Küche.
Aber so sind nur ganz wenige.
Die meisten sitzen im Büro oder am Telefon oder an der Kassa oder stehen in der Schulklasse oder rennen auf der Station oder durchs Gastzimmer, bis zur Pension. Dann endlich Zeit für den Garten, die Reisen, die Enkel. Und Facebook, doch! Oder für die demente Mutter oder den Mann. Oder für die Knie-, die Hüft-, die Krebs-OP oder Schlimmeres. Dann oft der Spruch: Wo ist die Zeit geblieben?!

Und die allermeisten, global gesehen, bekommen nicht einmal Pension, nicht einmal das.
Und manche – nein, viele – wollen gar nicht Ballast abwerfen, denn sie haben ohnehin nur ein Stoffbündel oder zwei viel zu schwere Koffer, mit denen sie sich auf den Weg gemacht haben.
Ach ja, und Altersarmut ist weiblich. Auch in Österreich.

ELISA

Anleitung fürs Älterwerden

Ich schminke mich für mich (auch zuhause).
Ich trage einen BH, ja immer.
In meiner Wohnung habe ich überall gutes Licht.
Ich achte darauf, keine Stolperfallen zu haben.
Mein Kleiderschrank ist mit einer Innenbeleuchtung ausgestattet.
In meinem Kleiderschrank ist Kleidung, die ich mag.
Ich achte bei meiner Kleidung auf Qualität.
Unter dem Bett und im Bad habe ich einen LED-Bewegungsmelder.
Meine Füße sind zu schade für billige Schuhe.
Ich nehme mir Zeit für Körperpflege.
Ich nehme mir Zeit zu lächeln.
Ich nehme mir Zeit, höflich zu sein.
Ich sage keine Verabredungen ab, auch wenn ich gerade nicht gerne aus dem Haus gehe.
Ich treffe regelmäßig Freundinnen.
Ich habe Zeit für meine Familie.
Ich leiste Freiwilligenarbeit.

Ich lerne, mit neuen Technologien umzugehen und sie zu nützen.
Ich schreibe regelmäßig, auch in Zoom-Meetings.
Ich gehe proaktiv um mit meinen Hörgeräten (Ich bitte um einen Sitzplatzwechsel, wenn die Umgebungsgeräusche zu arg werden).
Ich tue mein Bestes, spontan zu bleiben und etwas zuzusagen.
Ach ja, Gymnastik mach ich auch und Gesundheitsyoga mit Altersgenossinnen.
Wenn das Wetter passt, gehe ich auch Nordic Walken.
Ich gebe Lesungen mit meinen eigenen Texten beim Betreuten Wohnen.
Ich spiele in einem Generationentheater (Theater ohne Vorhang)
Ich reise gerne und halte so Kontakte zu meinen Freundinnen.

MARIA

Die alte Frau in der Kunst.
Oder: Die Kunst, eine alte Frau zu sein

Meine Mutter war eine starke Frau, stark bis in den Tod. Gedanken hat sie sich viele gemacht über das Altern, viele Freundinnen, Nachbarinnen beim Altern begleitet, genauso wie ihre eigene Mutter Anna und ihre Schwiegermutter Maria. Sie hat vielen Menschen beim Altern zugesehen und auch sich selbst.

Bis drei Wochen vor ihrem Tod ist sie wöchentlich mit dem Bus zum Feldenkrais-Kurs gefahren, sie hat gekocht für alle, sie hat im Bett schon Gymnastik gemacht, ihren Körper gepflegt, sich täglich bewegt, Freundschaften gepflegt und die Lücken, die die Verstorbenen hinterlassen haben, immer wieder geschlossen, hat eingeladen, Kontakte gehalten. Sie ist gereist, hat Hörbücher gehört und sich für alles interessiert.

Sie war im 92ten, sie hat sich viele Gedanken gemacht über das Sterben und das Gepflegtwerden. Alles war schlussendlich überflüssig, so zum Beispiel ihre Idee, sie würde dann einfach aufhören zu essen. Sie ist in den letzten zehn Jahren von selber weniger geworden, aber immer noch zu mir nach Innsbruck zum Einkaufen gekommen, wo sie sich komplett und schick eingekleidet hat. Wir haben gemeinsam den Kleiderkasten ausgemistet, sie sollte hineingreifen können und etwas finden, was ihr nicht zu groß ist.

Sie ist fürs Leben gerne mit unterschiedlichsten Freundinnen gereist. Wenn eine von ihnen etwas vorgeschlagen hat, hat sie mitgemacht, egal ob Fluss-Kreuzfahrten oder Safaris. Trotzdem hat sie gespendet für viele gute Zwecke. Ihre einzige Schwäche war der Teppich-Mann, der ihr immer wieder Teppiche hinterlassen hat, wenn er Geld brauchte. Ihre 14 Enkel haben alle mindestens einen Perserteppich zur Matura oder zum Uni-Abschluss bekommen und wir fünf Kinder den Rest. Sie hat es so eingerichtet, dass sie ins Familiengeschehen eingebunden war, alle Erledigungen, Post, Bank und tägliche Einkäufe hat sie selbst erledigt. Sie konnte auf einem Auge nichts mehr sehen, aber erledigte alles mit Öffis.

An ihrem letzten Weihnachten hat sie eine kleine Tasche gepackt, ist zur Bushaltestelle hinunter gegangen, bis Feldkirch gefahren, weiter mit dem Zug nach Innsbruck, wo ich sie abgeholt habe, um mit mir und den Kindern zu feiern. Sie hat etwas müde gewirkt, und ich habe ihr wie immer mein Bett hergerichtet. Am nächsten Tag wollte sie mit dem Zug nach Dornbirn, ist dort umgestiegen in den Bus nach Kehlegg, wo sie von meiner Schwester abgeholt wurde, um mit ihr zu feiern. So hat sie uns alle samt Enkeln erlebt, außer den Schweizern, die nicht besuchbar waren, weil sie in diversen Wohngemeinschaften lebten.

Am nächsten Tag bin ich nach Finnland aufgebrochen. Als ich zurückkam, fand ich ein Häufchen Elend vor, aber es waren wie immer alle um sie herum, wenn ich zu Besuch war. Es stellte sich heraus, es war nicht notwendig, das Essen einzustellen, denn sie ist zwei Wochen später in ihrem Wohnzimmer gestorben, ihr Pflegebett stand dort, wo vorher der Couchtisch gestanden hatte, alle konnten sich in der Stube von ihr verabschieden, während oben im

Oberhaus bewirtet wurde. Es wurden Übernachtungsplätze vorbereitet und Vereinbarungen für die Nachtdienste getroffen, weil sie darum gebeten hatte. Die Enkel hielten zu zweit Wache, weil keiner alleine sein wollte, wenn sie in der Nacht sterben würde.

Viel hat sie dafür getan, um sich so verabschieden zu können, sie hat sich gut vorbereitet und bis zum Schluss ihr Leben gelebt. Hat es sie Überwindung gekostet, sechs Wochen vor ihrem Tod nach Innsbruck zu fahren? Sicher, aber sie wollte, dass wir alle zusammenkommen. Sie hat außerordentliche Selbstdisziplin an den Tag gelegt. Hat sie sich am Schluss völlig ergeben und uns Kindern vertraut, dass wir ihre Wünsche respektieren? Sicher. Habe ich mich bei ihr entschuldigt, als wir sie nicht mehr auf den Leibstuhl heben konnten? Sicher. War sie frisch gewaschen und eingecremt, als sie ging? Sicher. Ich war mit ihr alleine – sicher. Ich bin ja die Älteste.

34 Jahre hat unsere Mutter nach dem Tod unseres Vaters alleine aktiv gestaltet, 34 Jahre hat sie Menschen bewirtet, begleitet, hat zugehört, getröstet. All das, nachdem sie mehr als sieben Jahre schwanger war und gestillt hat, fünf Kinder großgezogen, einen Haushalt, ein Haus und diverse ›Findelkinder‹ betreut hat, wieder in ihren Beruf als Lehrerin eingestiegen ist, mit unserem Vater Kurse geleitet hat und dann mit 60 plötzlich ›alleine‹ zurechtkommen musste.

MARIA

OK, Boomer!

Da ist dieses Wort. Das ist das »O-Keee« davor. Da ist dieser Tonfall.

Den Tonfall habe ich schon vorher kennengelernt: im Jahr 2016 sagte mir ein ca. 35-jähriger iranischstämmiger Tango-Partner in San Francisco beim Kontaktnotieren: »E-Mail? That's 20th century!« – in genau diesem Tonfall!

Babyboom, dieses Wort kannte ich natürlich auch lange vorher. Und »Boomer«? Das habe ich zum ersten Mal vor 4 oder 5 Jahren gehört. Von meinem Sohn, dem Millennial, geboren 1995. Wie so viele wichtige neue Wörter. Eigentlich hat er gesagt: »OK Boomer!« Nicht zu mir, sondern zu meinem Bruder, seinem grauhaarigen Onkel. Und beim ersten Mal hat er es nicht gesagt, sondern gepostet, nachdem dieser ein kleines Video in die family whatsapp Gruppe gestellt hatte: über seine tolle Generation, die in den 60er-Jahren noch ohne Sicherheitsgurte und ohne Kindersitze auf der Rückbank im Auto herumkugelte. Diese und andere Heldentaten und Freiheiten wurden da lustvoll aufgezählt. »Freiheiten«, die unter anderem deshalb möglich waren, weil die Mütter zwar oft »klassisch zuhause« waren, aber keine Zeit fürs Helikoptern hatten, weil es keine Geschirrspülmaschinen gab und die Wäsche in Körben vom Keller auf den Dachboden zu den Wäscheleinen gebracht werden musste. Vom Zweitwagen für Einkaufsfahrten keine Rede. OK Boomer! Gelegentlich dann von meinem Sohn auch an meinen Partner gerichtet, wenn er den ziemlich weißen älteren Mann – Weinkenner, Vielflieger, Mansplainer – zu sehr raushängen lässt. Scherzhaft das Raushängen, scherzhaft das »OK Boomer!« – Für mich, wie so oft, *nur zur Info*: Das sagt man jetzt so. »Jugend«-Sprache, die Hintergrunderklärung für seine Mama. Er macht es humorvoll und respektvoll, Würde bewahrend, auf Augenhöhe. »Das hat er von uns, seinen humanistischen innovativen Eltern!«, sage ich manchmal, ebenso scherzhaft, zu seinem Vater.

Inzwischen weiß ich, es gibt stapelweise Literatur über die Baby-Boomer-Generation und »Boomer« gehört inzwischen auch zu meinem aktiven Wortschatz. Ich verwende es gezielt. Hier in unserem Buch zum Beispiel:

Es hat ja etwas mit meinem Alter und Altern zu tun. Boomer sind die, die jetzt gerade alt sind oder ins Altern gehen, geboren zwischen Anfang der Fünfzigerjahre bis Ende der Sechzigerjahre – also »wir«. Aber gibt es überhaupt ein »Wir« für eine demographische Kohorte, eine Generation, zu der man ganz einfach durchs Geburtsjahr gehört? Kann man sagen: »Das ist *unser* Beitrag«? Und: »Das sind *unsere* Sünden«? Ich versuche es mal ganz ohne Literaturstudium und Zitate. Einfach subjektiv aus meiner Sicht heute. Beides sind längere Listen. Und das »wir« soll nicht vereinnahmen, es gilt nur für die Blasen – Bubbles – zu denen ich gehöre.

»Bubble«, dieses Wort ist nicht eine »unserer« Erfindungen. Aber »wir« haben überhaupt erst das Benennen gelernt, das Sagen, das Aussprechen von intimen Dingen, sehr persönlichen, sehr heiklen. Und wir haben es unsere Kinder gelehrt: dass man über alles reden kann, dass sie benennen dürfen, was sie fühlen und denken und zweifeln. Dass sie alles fragen dürfen. Über Sex, über Ungerechtigkeit, über Gewalt, über Nazis, über Juden, über Pfarrer und Köchinnen. Wir haben es verboten gekriegt, aber haben es selbst nicht weiterhin verboten. Wir sind mit Schlägen aufgewachsen und haben sie nicht weitergegeben. Wir haben als Kinder von Oma und Opa rassistische Sprache gelernt, ahnungslos und schamlos, und haben als Erwachsene nachgedacht, aufgedeckt, verstanden – und geändert: Sprache, Gesetze, Gedanken, Bilder. Noch nicht woke. Wir wollten erstmal nicht weiter diktieren, sondern nur bewusstmachen. Aufs eigene Gespür für Gerechtigkeit und Würde bauend. Wir haben die Türen nicht offen vorgefunden. Aber wir haben lang genug daran gerüttelt – das war anstrengend, aber lohnend – bis sie aufgingen. Rostverschmiert sind wir dann durchgegangen, ins neue Land. In ferne Länder auch.

OK! Sagt mein Sohn. Der Tonfall weich, leicht genervt, nachsichtig bemüht, mit einem Hauch von Über-Ich. Die Stimme könnte sagen:

»Du siehst nicht alles. Kannst nix dafür. Ich verzeih dir, aber da haben wir jetzt den Salat, den ihr angerichtet habt. Ja, darfst ja auch ein bisschen stolz sein. Bist für deine Verhältnisse weit gekommen. Aber ganz so toll war das nicht, gesamt gesehen – checkst es echt nicht? Dass die Welt rasant kaputter geworden ist, weil ihr so »mutig« wart und so stark und weil ihr so viele wart:

viele neugierige und kurzsichtige ›westliche‹ Nimmersatte. Checkst auch digital nicht viel, gell? Und wie exponentielles Wachstum aussieht und was KI bald erledigen wird, das musst du immer mich fragen und mir zuhören, wie ich mit Chat-gpt kommuniziere. Aber keine Generation kann alles richtig machen, ist ja gut. Ich kann dir nicht alles erklären, muss jetzt aufräumen gehen, schauen, was noch zu retten ist. Aber danke fürs Leben. Für die Bildung. Für die Freiheit. Für die Bilderbücher. Für die Urlaubsreisen. Alles OK, Boomer?«

OK, sag ich zurück. Ich bin ein Boomer. Aber… Erklärend. OK, hast ja recht. Und… Aber…

OK, wir waren radikal, aber auch brav. Dort und da wild, aber nicht ganz gründlich. Nicht zwanghaft oder pedantisch, im Gegenteil, pedantische Ordnung haben wir abgeschafft. Das Wort »zwanghaft« wie viele andere Psychowörter kam erst durch uns in die Alltagssprache. Auch mit Jeans waren wir die ersten, lässig! Und wir brachten die lockeren Kleider, »indische Fetzen« genannt von den braven Vor-Boomern. Und Birkenstock, Hennarot, Räucherstäbchen. Exotik. Ausbrecher und Aufbrecher waren wir, schlecht vorbereitet, schlecht ausgerüstet. Also nein, »Post-Kolonialismus« haben wir nicht ganz verstanden, auch nicht Exotismus. Aber wir haben dafür gesorgt, dass diese Begriffe überhaupt entstehen. Wir waren die Befreier:innen, die Entdecker:innen der fremden Welten und der eigenen Innenwelt. Nicht durch Drogen, meistens. Wir hatten noch Respekt vor Haschisch und Kokain, zumindest wir in Europa, wir mit dem akademischen Abschluss und den guten Jobs. Wir haben viel ausprobiert, weil wir es endlich konnten. Unsere Lehrer:innen in Österreich kamen in Geschichte immer nur bis in die Dreißigerjahre, während unsere Brieffreundinnen in Deutschland hauptsächlich über den Holocaust lernten. Unsere Eltern waren leibhaftig im Krieg, kannten die Luft und die Angst in den Luftschutzkellern und das Redeverbot und das Unsägliche. Und den Hunger. Entsprechend haben sie uns gemästet. Ein Boomer-Baby musste fett sein. Ein Boomer-Baby ließ man viel schreien – für die starke Lunge, und bloß nicht verwöhnen! Wir wurden die Generation der Abnehm-Diäten und die Generation der Bindungsgestörten. Wir waren die Kinder der fleißigen Eltern, die für ihr Trauma noch nicht einmal ein Wort hatten. Und Kinder

der Hoffnung, dass alles jetzt freier und satter und bequemer wird. Nicht so ganz durchdacht, woher der Strom und woher der Sprit… Und wer den billigen Kaffee erntet und wer die vielen endlich bunten Kleidchen näht. Aber wir waren die ersten, die überhaupt darüber nachgedacht haben. Nicht ganz gründlich, nicht ganz zu Ende. Oder erst ein bisschen spät, als es schon sehr gemütlich war. Und sehr warm. Und die Schränke sehr voll. Als unsere Kinder groß wurden, aber spätestens, seit die Enkel die Fragen stellen, lauter und genauer. Manche.

ELISA

Liebe Elisa! Mein Feedback zu »OK Boomer!«

Du hast mit dem Boomer ein Generationenthema behandelt, wichtig. Ich finde, du bist in der Diskussion sehr ausgewogen vorgegangen, hast die Boomer keineswegs dominieren lassen und auch den Jungen eine Stimme gegeben, mit dem Tonfall deines Sohnes und seinen imaginierten Gedanken.

Mir ist der Begriff Boomer nicht sehr vertraut; mir ist für diese Zeit eher der Begriff *»die 68er«* geläufig. Das Wort Babyboomer kenne ich nur aus den USA.

Aber Boomer ist anscheinend moderner. Inzwischen habe ich ausfindig gemacht, dass die Boomer zwischen 1956 und 1966 geboren sind; d. h. ich und die 68er gehören nicht dazu.

Ich finde auch gut, dass du das kollektive »wir« als subjektiv gewählt erklärst. Ich fühle mich zum Beispiel bei den Schlägen, der rassistischen Sprache von Oma und Opa oder dem Auffetten der Babyboomer-Babys nicht angesprochen. Bei meinem Mann hingegen trifft das alles sehr wohl zu; es sind interessante Beobachtungen.

Ja, die Sorglosigkeit beim Autofahren, »Freiheiten« damals. Viele andere Freiheiten kamen dazu. Über Verbotenes und Heikles zu sprechen war sicher ein Verdienst der 68er. Das gehörte zum allgemeinen Thema der Befreiung von Tabus, von Zwängen und von Normen, so wie lockere Kleidung und »indische Fetzen«. Schön.

Trotzdem finde ich, dass du die Verdienste der Boomer oder 68er fast ein wenig unter den Scheffel stellst. In aller Bescheidenheit und Zurückhaltung, selbstkritisch: So viel ist damals aufgebrochen, von dem inzwischen leider auch einiges wieder versandet ist. Frauenrechte, ein neues, liberales Schulgesetz (u.a. begrenzte Prüfungszeit für mündliche Prüfungen, ein Beisitzer bei Wiederholungsprüfungen), die Friedens- und Anti-Atombewegung, die Liberalisierung des Schwangerschaftsabbruchs, die Rettung der Hainburger Au und die Grünbewegung. Zwentendorf wurde »abgewählt« (unser Babysohn mit Wärmflasche im Kinderwagen, haben wir bei ziemlicher Kälte am Wiener Neustädter Hauptplatz kurz vor der Abstimmung Zettel verteilt), wir haben Wasser gespart, Duschen statt Wannenbad (Kreisky), ein autofreier Tag, um Sprit zu sparen, recyceltes Klopapier, Alu-Vermeidung... Den langweiligen Matador-Baukasten aus Holz haben wir erstanden, weil wir Spielzeug aus Plastik ablehnten. Ich habe die Klötze bunt angemalt. Wie gesagt, viel ist damals passiert.

Ich möchte das mit in den Vordergrund rücken.

Wir dürfen ja persönlich bleiben. Das ist für unser Projekt entscheidend, weil wir ja kein kulturhistorisches Werk schaffen wollen.

Letzte Anmerkung: Ich bin in Deutschland zur Schule gegangen und habe auch nie etwas vom Holocaust erfahren. Im Lehrplan von Bayern kam das anscheinend nicht vor.

RENATE

Erinnern ist Arbeit an der Zukunft

»Die erzählt immer das Gleiche«, sagen die Angehörigen über die Oma. »Seine Anekdoten nerven mich, weiß eh, dass er im Krieg gelitten hat«, sagt der Sohn und hört nicht mehr zu.

Dann erzählt der Vater nichts mehr, die Oma schweigt, weil ihr niemand zuhört.

Das Ungesagte wie auch das Ungehörte blockieren häufig Beziehungen in Familien und Freundschaften. Erzählte Erinnerungen können Beziehungen ehrlicher und intensiver machen, können aber auch Konflikte wecken und zu Distanz führen. Die Chance jedoch, sein eigenes Leben zu verstehen, wird durch bewusstes Erinnern erhöht. Das ist Arbeit an der Zukunft: an einer Zukunft, die Altern und Sterben erleichtert. Sein Leben sinnvoll zu deuten ist ein Geschenk, das man sich durch Mitteilen der eigenen Geschichte geben kann. Familie und Angehörige erkennen Zusammenhänge und Verknüpfungen und können sich orientieren. Die Frage: »Warum musste mein Vater seine Frauen und Familien immer wieder verlassen?« erkläre ich mir auf dem Hintergrund seiner Kriegserfahrungen und dass er nie ein wirkliches Zuhause hatte. Mein Vater schrieb mit 70 Jahren seine Kriegserlebnisse auf – er hatte bereits Parkinson. Ich, als über 70jährige, lese immer wieder diese Beschreibungen und spüre beinahe hautnah den Wahnsinn des Krieges, die Angst und den Überlebenswillen meines Vaters, dem ich mein Leben verdanke.

Viele Lebensgeschichten zeigen die Spuren der Kriegstraumatisierungen: Depressionen und psychosomatische Krankheiten werden als Nachwirkungen gedeutet.

Ich sehe meine Aufgabe als alte Frau, Mutter, Großmutter darin, meine Gedanken über das Leben, manche Erfahrungen und Reflexionen weiterzugeben, sie nicht schweigend mit ins Grab zu nehmen. Meine geschriebenen Erinnerungen gebe ich weiter an meine Familie und Enkel:innen. Sie sollen nicht sagen müssen, »Schade, dass ich sie nicht mehr fragen kann«.

Als Psychotherapeutin bin ich eine Geschichtensammlerin. Ich freue mich, wenn Leute ihre Geschichte erzählen, es gibt nichts Spannenderes als menschliches Erleben. Erinnerungsarbeit braucht Zeit, Struktur, respektvolles Zuhören und wertschätzendes Reagieren.

Erinnern hilft mir, mich selbst verstehen zu lernen: Warum habe ich immer noch Komplexe beim Schreiben, wenn es um Grammatik geht? Ich habe keine Matura! Warum bewerte ich meinen Körper so negativ? War es die katholische Erziehung mit ihrer frauenmissachtenden und körperfeindlichen Ideologie? Warum, warum… Ich will mich verstehen.

Während ich über mich schreibe, erlebe ich mein Leben neu, anders, bewusster. Mein Leben wird lesbar, für mich und andere… Oder wie Annie Ernaux schreibt: »Etwas von der Zeit retten, in der man nie wieder sein wird«. (*Ernaux, 2019, S. 256*)

AUGUSTE

9. An apple a day keeps the doctor away? Oder: Medizin – eine Hassliebe. Oder auch: Ein bisschen Spielraum bleibt immer!

Herzlich willkommen im Krankenhaus

Der Stuhl
Einmal besteigst auch du ihn
kleiner Gipfel technischer Kunst
hereinragend in das Leben jeder Frau
Steigbügel gen Himmel
Das Unten nach oben
Das Innen nach außen gekehrt.
Wie oft auch geritten -
sattelfest wirst du nie.

Die Schüssel
Komm ins Reich der wilden Frische,
kühl umspült dich weißer Rand.
Hier wird der Patient zum König
auf den Silberthron gebannt.
Doch regiert es sich hier schlecht,
denn man kann nicht,
wie man möcht'.

Das Essen
»Ich esse meine Suppe nicht,
nein – meine Suppe ess' ich nicht.«
So tönt's der Schwester ins Gesicht.
Der Patient verliert Gewicht.
Am ersten Tag noch rosenrot,
am siebten Tage ist er tot,
das Suppenkaspar Exemplar.
Der wahre Grund dafür doch war,
dass ihm »Schonkost« verordnet war.
Die hat ihm's Leben kost' schon früh,
bracht sie nicht runter – selbst mit Müh.
Merk auf drum, dass es dir am End'
nicht geht wie diesem Patient':
Schwappt dir die Supp' auch trüb herein,
tauch einen silbern Löffel ein.
RENATE

Was sein muss, muss sein. Oder?

Medizin – das war der Deckname für alle möglichen bitteren, süßen oder scharfen Flüssigkeiten, die ich mit dem Löffel eingeflößt bekam. Mal schaffte ich es »freiwillig«, den Mund aufzumachen und zu schlucken, mal hielt mich meine Mutter im Nacken fest. Danach durfte ich dann heulen, und sie war erleichtert. »Medizin«, das war zum Einnehmen. Und »einnehmen« tat man nur Medizin.

Das Größere um diese dunkelbraunen Fläschchen herum war »Kranksein«, und davon gab es viel. Harmloseres Kranksein im Winter mit Fieberkopf und glasigen heißen Augen, mit brennendem Husten und Rotznase mit dickem Inhalt. Dafür gab es eine eigene Sorte von Medizin: Wick Vaporub auf die Brust, das ging noch, sympathisch war es nicht. Auch der seltsam süßherbe Hustensaft war zu ertragen. Aber Inhalieren war schrecklich, ersticken und rotzen und schwitzen gleichzeitig, und vor allem: Ich durfte nicht selbst entscheiden, wann ich rauskomme unter dem Handtuch.

Und es gab das andere Kranksein, das ich so gefürchtet habe und das doch immer wieder kam: Übelkeit, Erbrechen, Fieber. Drei Tage lang und nochmal drei Tage bis zum Normalwerden. Meistens erwischte es mich am Vormittag in der Volksschule. Da ist es wieder: Mir ist schon die ganze Zeit schlecht, aber ich will es nicht merken. Ich warte jedes Mal, bis es nicht mehr zu leugnen ist oder bis ich aufs Klo renne, bevor ich denken oder reden kann. Immer schaffe ich es gerade noch bis zur Schüssel. Erbrechen ist das Schlimmste, was ich kenne, zumindest fühle ich das im Moment so. Ich werde nach Hause geschickt. Wir wohnen in der Schulstraße, gleich gegenüber der Volksschule also. Meine Mutter war selbstverständlich zuhause, angerufen wurde nicht. Sie hat mich gleich umarmt und auf der Wohnzimmercouch ein Bett für mich gemacht, einen großen Eimer neben mich gestellt, Fieber gemessen und danach zwei seltsame Zahlen gesagt, achtunddreißig fünf. Kommastellen kannte ich damals noch nicht. Ich denke abwechselnd »Mir ist schlecht« und »Ich will sterben«. Und ich experimentiere mit verschiedenen Vorstellungen: Wenn ich an eine Banane denke, wird mir schlechter, wenn ich an eine Zitrone denke, wird mir besser. Fast so schlimm wie die Übelkeit sind die Fieberträume: Albträume ohne Handlung, nur aus Empfindungen. Sehr oft ist es der gleiche: Eine unglaublich grelle große Lichtscheibe dröhnt auf mich zu, mir wird das Kreuz durchgedrückt und alles ist so trocken auf meiner Haut, dass ich brüllen muss und aufwache. Ich war »keine leichte Geburt«, aber das erfahre ich erst später.

Und dann gibt es noch das Schmerzhafte, Horrorartige in der Medizin. Das Wort dafür ist »Doktor«. Die Frau Doktor Hopfinger ist dick und hat eine dicke Brille, sie hinkt und ihre wurstförmige braune Doktortasche schwingt dadurch besonders, wenn sie hereinkommt. In der Tasche sind hauptsächlich kalte Metallinstrumente, die gefährlich aussehen, weil sie mit meinem Körper etwas machen wird. »Untersuchen« ist schon das erste Horrorwort. Es steht für Nacktsein, frieren und schmerzvoll berührt werden. Noch schauriger sind Spritzen. Der Anblick einer Nadel mit dem Tröpfchen vorne dran, die mir ins Fleisch gestochen werden soll, bringt mich sofort zum Brüllen. Meistens werde ich dann von meiner Mutter oder meinem Vater festgehalten, damit sie zustechen kann. Das Brüllen hilft auch nach dem Stich noch in meiner Empörung – wie können meine Eltern mich so ausliefern? Ich werde geschimpft fürs Brüllen, aber hier schaffe ich es nicht, ein »braves Kind« zu sein. Ja, beim Doktor haben meine Eltern mich immer verraten und belogen, mich ausgeliefert. Mit drei Jahren hatte ich den ersten Unfall. Ich bin nur in der Strumpfhose auf dem Holzboden ausgerutscht und habe mir die Ecke des metallenen Kohlenkübels in die Lippe gestoßen und einen Milchzahn ausgeschlagen. Das, nein: ich!, musste genäht werden. Ich kann mich zum Glück an nichts mehr erinnern außer an mein Brüllen. »Ein Knopfloch«, sagte meine Mutter später und »Bis du heiratest, sieht man die Narbe nicht mehr,« sagte meine Oma. Und der Verrat? Irgendwann mussten wir zum Doktor, Fäden herausziehen. Das tut gar nicht weh, sagte meine Mutter. Dieses erste Mal glaubte ich ihr. Und es tat höllisch weh.

Medizin, das war auch ein scharfer gefährlicher Geruch, immer ein bisschen wie die Äthermaske, die jemand mir aufs Gesicht drückte, als ich mit vier kurz vorm Blinddarmdurchbruch notoperiert werden musste. Ich glaubte, jetzt werde ich getötet. Hätte ich entscheiden dürfen, wäre ich wahrscheinlich lieber mit den Schmerzen geblieben – Messer im Bauch – und eines natürlichen Todes gestorben.

Die beste Medizin war der Tropfen im Würfelzucker: damit du nie Kinderlähmung kriegst wie die Elfi im Rollstuhl. Das war deutlich, wichtiger aber war: Es tat nicht weh! Ausnahmsweise *wirklich* nicht!

ELISA

Endlich! II

Ich will erhobenen Hauptes und gut gekleidet da hinein gehen, zierlich und federnden Schrittes, ich *bin* keine Patientin. Kein weißes Nachthemd werde ich anziehen, sondern meinen cremefarbenen Seidenschlafmantel von Palmers. Und ich leg mich erst hin, wenn ich muss. Bis dahin gehe ich spazieren, lese und schreibe, aufrecht, sitzend und bekleidet. Im Wolford-Rock, Sport BH und meinen geflügelten Artemis-Sandalen, sommerbraun. Allerdings schon mit dem weißen Bändchen am Handgelenk. »Sie dürfen ab jetzt das Krankenhaus-Gelände nicht mehr verlassen, Frau Starzer, nur wegen der Versicherung«. Na gut, ich geh jetzt da hinein und will schnell wieder raus, zurück in mein wunderbares normales Leben. Es ist der 10. Juli! In zwei Wochen machen wir die Silvretta-Tour, alle Hüttenübernachtungen sind reserviert. Ich werde nur den linken Bergstock verwenden und nur 5 Kilo tragen dürfen. Meine Freundinnen werden sich meine restlichen Kilo auf ihre Rucksäcke aufteilen, schon versprochen.

»Glück im Unglück« haben viele gesagt, das will ich gern glauben. Brustkrebs, aber keine Metastasen, so früh erkannt, nur ein winziger Knoten. Am Vormittag werde ich von der Anästhesie-Teamchefin noch aufgeklärt, was mir alles passieren kann durch die Vollnarkose, zum Beispiel gelähmt oder gar nicht mehr aufwachen. »Zum Glück muss ich das nicht selbst auswählen«, sage ich ihr scherzhaft. – »Ich muss Ihnen das sagen, es kommt aber wirklich sehr selten vor. Ich hatte in den letzten Monaten selbst etliche Vollnarkosen wegen meiner Schulter. Ich persönlich finde den Moment des Abtauchens faszinierend, komplettes Loslassen…« – »Ja, danke, ich freu mich schon darauf.« – »Dann alles Gute für morgen!« – Am Nachmittag habe ich noch ein persönliches Gespräch mit dem Operateur, dem Herrn Professor für Senologie. »Ich bin Tangotänzerin, ich brauche weiterhin eine schöne Achsel, kriegen Sie das hin?« – »Oh Tango, das möchte ich schon so lange lernen, und dann nach Buenos Aires fahren!« – »Ja, tun Sie das, was Schöneres gibt es kaum!« – »Wollen Sie die Narbe längs oder quer?«

Als ich nach diesem Gespräch in mein Zimmer zurückkomme, liegt im anderen Bett eine sehr dünne, sehr blasse junge Frau mit einer kompletten Glatze und ohne Augenbrauen. Blutungen, mit der Rettung gekommen... »Ich heiß Elisabeth.« – »Ich auch.« Sie ist aus einem Dorf in Tirol und hat eine kleine Tochter. Plötzlich freut mich mein Glück im Unglück nicht mehr. »Wie es kommt, so kommts«, sagt sie. Ich könnte gleich losheulen und lasse das Tablett mit dem Abendessen unberührt. »Alles Gute wünsch ich dir.« – »Ich dir auch.«

Auch am nächsten Tag sind alle nett, und irgendwann liege ich dann doch verkabelt und mit weißem Nachthemd vor den Stahltüren des OP. Man tauscht sich aus über spannende Bergtouren, bis es losgeht. »Für den Piz Buin brauchst schönes Wetter, den machst du ja wegen der Aussicht...« – »Frau Starzer, Sie werden jetzt gleich tief schlafen.« Und im nächsten Moment: »Frau Starzer, Sie können jetzt aufwachen!« – »Ist es schon vorbei? Wie lange war ich weg?« – »Vierzig Minuten.« Ich genieße das verschwimmende Zeitgefühl im Aufwachraum, mal bin ich da, mal bin ich weg. Mal Welle, mal Teilchen. Geborgen, im sanften Drogenrausch. Ich genieße es, im Bettchen liegend über die Gänge geschoben zu werden wie ein Baby im Kinderwagen. Kurz nachdem ich in mein Zimmer gerollt werde, kommt S. herein und bricht in Tränen der Erleichterung aus. Man durfte ihm am Telefon nicht sagen, ob es gut gegangen ist und ob ich schon zurück bin aus dem OP-Saal. Seine Hand hat einen frischen Verband. Auch er wurde heute operiert, ambulant, Basaliom. »Wie geht's dir?« – »Gut, bisschen müde. Und dir?« – »Genauso. Tu ganz langsam bitte, versprich's mir!«

Sue aus Standford wird kommen, genau eine Woche nach der OP. Als ich vor 3 Jahren zuletzt bei ihr war, hatte sie gerade ihre Brustkrebsdiagnose bekommen. Ich habe ihr jetzt von meiner nichts gesagt. Ich will nicht so ein Drama machen wie sie vor ein paar Jahren, ich will nur meine eigenen Gefühle, keine zusätzlichen von anderen. Ich will selbst bestimmen, welches Gewicht ich dem Erlebnis gebe. Es genügt, wenn ich es ihr erzähle, sobald sie da ist. Wir können sowieso alles machen, was wir vorhatten für die paar Tage. Lumpectomy, was für ein hässliches Wort!

Es ist aber dann sehr gut, dass sie genau jetzt da ist. Es gibt doch viel darüber zu erzählen und auszutauschen, was nur wir beide verstehen. Die Wut zum Beispiel, dass man zwei absolut gesunde Lymphknoten herausschneidet, standardmäßig. Die Wundhöhle ist nur deshalb so groß. »Das macht man so«, war die einzige Erklärung der Ärzte. Meine zwei tapferen Wächter, ich trauere um sie.

Der Sommer ist heiß und prächtig, ich bin bald tapfer und fröhlich wieder da. »Elastisch« heißt, schnell in die ursprüngliche Form zurückkommen. Danke liebe Standardmedizin! Und nein danke: Auf den Rest verzichte ich gerne. Nichts weiter werde ich von der Stange nehmen und meinem Körper keine weitere Gewalt zumuten. Ich weiß zuinnerst, wodurch der Tumor entstanden ist und dass mein Körper nichts falsch gemacht hat. Zwölf Jahre lang habe ich Hormone eingenommen gegen die rheumatoide Arthritis, mein Erbe von der Oma – und sie waren wunderbar wirksam: Ich hatte all die Jahre keinen Schub mehr, meine Hände sind beweglich und schmal geblieben, meine Füße auch! »Und jetzt reicht es mit den künstlichen Hormonen!«, sagt mein Körper, und ich habe verstanden. Und esse nach der OP viel Salat und schwimme in der Adria und kraxle auf den Sonnblick und auf die Segantini Hütte und zu den Steinböcken.

Und dann, acht Wochen nach dem Hormon-Entzug, überrascht es mich doch: Ich bekomme einen Schub, so höllisch und schmerzhaft wie kein Schub zuvor. Ich jaule, wenn ich etwas halten will. Ich muss ein Kissen umarmen, wenn ich mich in der Nacht umdrehe, damit sich die Schultern nicht bewegen, ich kann bei der Weinernte nicht mithelfen, ich kann mir den Hosenknopf nicht selbst zu machen und S. hilft mir in den Sport-BH. Ich stehe medizinisch an der Wand. Behandle ich das eine, riskiere ich das andere und umgekehrt. Cortison & Co geht nicht und Hormone auch nicht mehr. Und es so zu lassen ist ganz unmöglich. Eine »Zwickmühle«. Ich erinnere mich an das Mühle-Brettspiel, das mein Vater immer gewonnen hat mit solchen Konstruktionen, egal ob ich die schwarzen Scheiben hatte oder die weißen.

Der Herbst kommt und die Herbstklausur mit meiner Kollegin. Schon seit zwei Wochen esse ich streng vegan, aber es ändert sich nichts. Traudi und ich sitzen mal zu zweit, mal jede für sich in ihrem Wintergarten, in ihrem Teehaus, in ihrer Bibliothek, unter ihrem Lindenbaum. Was hat der Sommer gebracht? Wo stehe ich? Wir spüren und fragen und erzählen und hören zu und schreiben. Was kündigt sich an für den Herbst? Ich sitze allein und schaue in den tiefblauen Himmel und in den roten Essigbaum im wilden Wind. Was ist die Öffnung, die Botschaft für diesen Herbst, in meinem 63. Lebensjahr? Wie soll ich das alles deuten? – Und plötzlich geht der Vorhang auf zwischen den schnellen weißen Wolken: Das ist jetzt meine große Chance! Das ist meine Eintrittskarte! Wenn ich in keine Richtung weitergehen kann und doch weitermuss, geht es nur nach oben! Next Level! Raus aus dem Bisherigen, raus aus dem Aufgebauten, komplett neuer Lifestyle ist erlaubt.

Es geht genau *nicht* um elastisch »zurückschnellen ins Gewohnte«, es geht ums ganz Neue! Das hier ist eine Einladung! Du bist alt genug, reich genug, geliebt genug, krank genug, um radikal »Deines« zu machen. Kompromisslos. Nicht mehr warten. – Und meine innerste Stimme sagt: Endlich!

ELISA

Disziplin. Oder…?

1989, ich bin 32 Jahre alt. Meine Wohnküche im kleinen Bauernhaus hat einen großen Spiegel an der Tür. Der Vermieter, ein gepflegter älterer Brite, hat das so eingerichtet, warum auch immer. Jetzt stehe ich wieder mal davor… Noch bin ich ein bisschen eingeschüchtert, aber ich kann mich schon wieder normal bewegen. Das war kein Muskelkater, das war eine schmerzhafte Muskelentzündung dort und da und hier auch. Und Hämorrhoiden, von der Unterkühlung. Vor einer Woche kamen wir im Hochgebirge in ein Unwetter. Aber das war nicht der einzige Leichtsinn. Mein Fehler war es schon, mit den vier Jungs da hinauf zu gehen. Alle bedeutend fitter und stärker als ich. Am ersten Tag schon bin ich nur hinterher gehechelt. Diese Selbstüberschätzung! Wie kann ich mit Anfang Dreißig denken, dass Kondition einfach da ist oder von selbst kommt, ohne was dafür zu tun? Am zweiten Tag kam dann das Gewitter, kurz vorm Gipfel. Warum hat denn niemand den Wetterbericht noch mal überprüft? Plötzlich wurde es eiskalt und es goss, und aus den Wegen wurden Bäche, man konnte die Blitze nicht nur hören und sehen, sondern sogar riechen und wir rannten nur noch. Hinunter, hinunter, durchs wilde Wasser, mit vor Kälte blauen Beinen, tauben Gliedern und atemlos, besonders ich. Mit meiner schlechten Kondition ein Wunder, dass auch ich irgendwann unten im Wald ankam. Aus einer Jagdhütte kam Rauch. Wir durften hineinkommen und uns wärmen und trocknen. Einer der Jäger gab mir die wollene Unterwäsche von seiner Frau zum Anziehen. Ich darf sie später per Post zurückschicken.

Und jetzt steh ich da vor meinem Küchenspiegel, ernüchtert und mit einer neuen Erkenntnis: Ich bin nicht mehr zwanzig, ich bin untrainiert, gar nicht mehr fit, habe in den letzten Jahren nur abgebaut. Es ist, als käme meine eigene Stimme aus dem Spiegel: »Jetzt entscheidest du, wie es dir mit sechzig gehen wird und wie du mit sechzig aussehen wirst. Jetzt und hier. Nicht mit sechzig.« – Ich weiß, dass sie recht hat. Ich brauche nicht zu diskutieren. Und versuche es doch: »Aber es gibt hier weit und breit kein Fitnessstudio, Salzburg ist 45 Kilometer entfernt und Braunau 20. Ich hab hier keine

Möglichkeiten!« – »Du kannst jetzt Ausreden finden, so viele du willst. Es wird dir niemand widersprechen. Es wird auch niemand trainieren für dich. Du allein entscheidest, du allein handelst oder handelst nicht, genau jetzt.« – Es ist eine donnernde Wahrheit, klar und schlicht wie ein Glockenschlag. Die Diskussion ist mit diesem Schlag beendet. Und ich entscheide. Die Entscheidung ist kein Gedanke, sondern ein ganz einfacher und kleiner Akt. Das ist neu! Ich entscheide, indem ich tue: Ich suche meine Turnschuhe, beige Nikes, irgendwann gekauft. Sie sind alt aber wenig benutzt. Ich ziehe sie an. Der Rest ist einfach, seltsam automatisch, wenn auch schrecklich anstrengend: Ich laufe los, den Waldweg hinauf hinter meinem Häuschen. Ich schnaufe und ächze, oben angekommen falle ich fast um. Peinlich, aber zum Glück sieht mich hier weit und breit niemand. Das Gleiche gleich noch mal. Unten vorm Haus noch ein paar Liegestütze, versuchsweise – richtig geht eigentlich nur einer. Und ein paar andere scheußlich anstrengende Übungen, die wir vor 15 Jahren beim Judolehrer gelernt haben. Klappmesser, Seitstütz, einbeinige Kniebeugen. Ich diskutiere nicht, ich tu einfach. Egal wie jämmerlich es sich anfühlt. Ich fluche und klage innerlich und probiere einige andere Gefühle und Widerstände durch. Und ich weiß in einer Art von mütterlichem Frieden, dass sie gar keine Wirkung haben. Weil ich es sowieso einfach tu. Weil ich bereits entschieden habe. Das ist Neuland und ganz seltsam beruhigend. Jede innere Diskussion hätte ich verloren, jedes Gefühl wäre stärker als meine Vernunftargumente.

Das Ganze am nächsten Tag wieder. Und am nächsten Tag wieder. Zwanzig Jahre lang ohne Fitnessstudio zuhause am Teppich. Es dauert wochenlang, bis es leichter wird und bis ich eine Veränderung spüre. Es macht nie wirklich Spaß, und das spielt nie wirklich eine Rolle. Auch die Umstände nicht: Ein paar Jahre später beginne ich, beruflich viel zu reisen. In jedem Hotelzimmer findet sich ein großes Handtuch und ein Platz für die 20 Minuten Übungen. Auf Urlauben, bei längeren Besuchen, in der Schwangerschaft, mit dem Baby. Immer spräche etwas dagegen – aber ich diskutiere nicht. Oft wird es spät, um 23 Uhr höre ich auf Ö1 das »Studio für neue Musik« zu den Sit-ups und Kniebeugen.

Ich merke gar nicht, dass ich fit bin. Ich staune oft, dass Leute über meine Energie staunen. Mir ist die ganze Zeit nicht bewusst, dass das vielleicht mit

Kondition und etwas Körperkraft zusammenhängt. Und jetzt, viele Jahre später, staune ich selbst, dass ich mit Freunden einmal ohne Frühstück auf den Hochkönig gegangen bin und nach dem Mittagessen oben im Matras Haus am Nachmittag wieder herunter. Oder dass ich in den Turnschuhen für den geplanten Alm-Ausflug dann doch ganz auf den Traunstein hinaufgeklettert bin, ohne es anstrengend zu finden.

Kurz vor fünfzig mag ich plötzlich nicht mehr. Ich verkürze, verzögere, verdünne das kleine Teppich-Sport-Programm. Aber genau zum Fünfziger bekomme ich von meiner Familie ein Jahresabo für ein Fitnessstudio geschenkt. Das hilft und ich diskutiere nicht mehr. Wieder! Ich fahre hin, pünktlich wie zu einem Termin, und ziehe mich einfach um. Der Rest ist fast automatisch, bloß keine weiteren Entscheidungen treffen müssen an irgendeinem Gerät! Ich gehe in den Gruppen-Raum und tu, was die Trainerin vorne tut und schreit und was die Musik an Tempo vorgibt. Es ist alles ziemlich unangenehm, und das spielt zum Glück wieder keine Rolle. Die Gewohnheit trägt mich weiter, ich will nichts verändern, nichts denken müssen, keine Motivationsarbeit leisten. Das soll die Trainerin tun. Ich lasse motivieren, ich bezahle dafür. Wieder mehr als zehn Jahre.

Aber dann ändert sich plötzlich etwas von außen: erst die Krebs-Operation und die Schonzeit danach, dann kommt durch den Hormon-Entzug ein brutaler Arthritis-Schub. Ich muss leisetreten, kann die Gelenke nicht belasten. Ich steige um auf Yoga, auch das gibt es reichlich im Fitnessstudio. Es tut weniger weh, und auch dafür lasse ich mir jede einzelne Bewegung und jeden Atemzug ansagen. Ich kaufe mir eine wunderschöne Matte mit rosa Orchideenmuster, das hilft, und ich rapple mich wieder auf, baue in meinem Gehirn eine neue Gewohnheit. Bis sie ein halbes Jahr später wieder zusammenbricht – Corona-Lockdown! Kein Fitnessstudio, als Ersatz gibt es viele Gymnastik- und Yoga-Videos, aber keine Termine, kein realer Mensch, der mich hinaustreibt aus der Komfortzone und durchtreibt bis in die Trainingszone. Auch diese Wörter und Ideen helfen mir nicht, schon gar nicht so abstoßende Wörter wie ›innerer Schweinehund‹ oder ›eiserne Disziplin‹. Nichts greift, nichts zieht mich, ich schiebe oft meinen Wohnzimmertermin mit dem Gymnastik-Video vor mir her, bis ich spätabends dann zu müde bin. Das jahrzehntelang Bewährte funktioniert nicht mehr. Beginnt jetzt das Alter? Die Abwärtsspirale: schwächer werden, unsicherer werden, und daher noch weniger tun…? Der gefürchtete Knick? Das »Ich-hab's-übersehen«?

Ich stehe wieder am Anfang. Und da ist sie wieder, die Wand. Ich weiß, dass es etwas anderes geben muss als »mit dem Kopf durch die Wand«. Das macht nur blutige Schrammen. Ich habe keine Hörner, obwohl ich Widder bin, nur Locken. Ich suche eine neue Art von Bemühen, ein Bemühen, das ich nicht merke, weil etwas anderes stärker ist… Ich will nicht mehr anschieben, ich will von etwas gezogen werden, hingezogen, angezogen… Neugier zieht mich doch immer! Neugier auf was? Auf Altern? Auf mein persönliches einzigartiges Altern? Statt es hinter der Tür zu verstecken und jedes Mal zu erschrecken, wenn es dann doch hervorkommt, schon wieder etwas größer als beim letzten Hinschauen? Es genau anschauen, wie ein Stück Flussufer, bevor ich dort ein Land-Art-Kunstwerk baue? Aus dem biologisch Vorgegebenen etwas ganz Eigenes erschaffen? Ja, das könnte es sein!

Ich entdecke ein Wort, das mich in Schwingung bringt: »Liebevolle Disziplin«. Und eine Vision: die zarte alte Frau im weißen Baumwollanzug, die eine Pirouette dreht. Japanisch genau, mühelos. Im Lot. In einem Zimmer, das hauptsächlich mit Licht möbliert ist. Das bin ich in 20 oder 30 Jahren. Jetzt entscheide ich mich für sie, für diese Version von mir. Jeden einzelnen Tag diese Frau werden und diese Frau sein. Nur dieses eine Bild ins Auge fassen, alle anderen Vorstellungen weiterziehen lassen, von der Mühe, der Unlust, meinem unaufhaltsamen Abbau. Die Drohungen und die Verzweiflungsbilder loslassen, auch wenn ich meine Mutter mühsam und schlagseitig vor mir gehen sehe mit ihren beiden Stöcken. Oder auch dieses Bild hinein nehmen in meine Alters-Land-Art?

»Radikal-Meines« – ist es das?

ELISA

Jetzt… II

Jetzt… sitze ich hier im hellblauen Dachstübchen, im Bett, mit Pyjama und Decke weit bis zum Hals heraufgezogen. In den beiden Fenstern über mir ist heute kein Himmelblau zu sehen, nur Nebelgrau. Ich warte auf die ersten Schneeflocken. Gestern waren Eisblumen auf den Fenstern, ich habe sie fotografiert und meiner Mutter geschickt. Sie kann staunen wie ich. Weiter oben im Tal höre ich Klopfen – »Zimmermannslärm« hat unser neuer Freund Gabrijel geschrieben. Aus seiner Wochenend-Hütte oben am Hügel hat er die Dachdecker in unserer Baustelle arbeiten gehört. »Gabrijel wie der Erzengel«, hatte er gesagt, als wir unsere Telefonnummern und Namen ausgetauscht hatten, oben auf der Wiese. Der extrem dünne Mann mit dem feinen Gesicht, der da in der Novembersonne kleine Bäume pflanzte. 50 Kilo und keine Haare auf dem Kopf – Chemotherapie dachte ich. Aber nein, nur Burn-out. Er hat ein kleines Fernseher-Geschäft unten am Stadtrand.

S. ist schon ausgestiegen aus dem gemeinsamen Tagesbeginn, duscht und prustet unten im Bad. Warmer Fußboden in einem Winzerhäuschen? Ja, barfuß und nackt und trotzdem warm, warmes Wasser in Hülle und Fülle, das macht für mich den Unterschied zwischen genussvollem Kuschelwinter und unmenschlichem Hausen in der Kälte. Und es gehört zu meiner Freude darüber, dass ich im zwanzigsten Jahrhundert geboren wurde. In der zweiten Hälfte, das ist wichtig.

S. lebt. Der Satz klingt so banal. Was soll er denn sonst? Aber er ist der wichtigste Satz, den ich über ihn, über uns schreiben kann. Nein, es gab keinen Beinah-Unfall, keine Krankheit, keine seltsamen Laborwerte in den letzten Monaten. Alles normal. Aber das ist es ja, was mich so begeistert und erschüttert: normal darf ich das nennen! Wie unfassbar wunderbar, ihn in der Nacht warm und atmend neben mir zu spüren – und es normal nennen. Alltäglich. Ich darf damit rechnen. Darf ich das? Heuer im Sommer hatte ich einen winzigen Moment des »Abstandes«: S. kam über den Waldweg herauf zur Haustür, unbeobachtet und in Gedanken, und sah so müde aus, so klein, so alt. Nur eine Sekunde lang sah er so aus. Dann wieder »normal«, alles gut. Wie durch ein Blitz-Fernrohr konnte ich sehen, dass seine Kraft nicht selbstverständlich ist, auch sein Dasein nicht. Dass auch etwas anderes möglich ist. Ich behalte es wie eine Erleuchtung: ein kleiner Schrecken, der mich bleibend aufweckt. Zusammen alt werden ist nicht selbstverständlich und nichts ist ewig, sicher nicht für zwei Menschen um die sechzig. Ich war fast fünfzig, als wir ein Paar wurden. Das ist jetzt 14 Jahre her. Neulich im bunt blubbernden Whirlpool habe ich S. gefragt, welche drei Dinge für ihn zu einem guten Leben gehören. Seine erste Antwort war: »Niemanden totschießen müssen, nicht kämpfen müssen«. Danach kam: »Ein warmes Umfeld. Und meine Katze.« Das bin ich.

Ich bleibe jetzt noch ein bisschen im Bett sitzen, irgendwann werde ich eine extrakleine Tasse Espresso bekommen, den S. nach dem Meditieren brauen wird. Er wird in der eiskalten Bibliothek sitzen, Hauch vorm Mund, Lotossitz. Er wird… und ich werde… Darf ich so einfach in der Zukunft sprechen? Weiß ich denn so sicher, was in den nächsten dreißig Minuten passieren wird?

Ich meditiere auch, auf meine Art. Mit beiden Händen um die Teetasse, warm, schmerzfrei, inne werdend. Schicht um Schicht schmilzt und wird flüssig. Manchmal mit Heinrich Schütz oder Jan Garbarek, manchmal ohne. Das Hier und jetzt ist breit, ohne Ränder und es schwingt, was schwingen will. Die Träume dieser Nacht sind schon fern und unerreichbar.

Dafür ist ganz real im Posteingang das Mail von Josh in Stanford, er hat es geschrieben, während wir hier schliefen: über die wahre historische Entstehung von Thanksgiving. Was für ein Wunder, sein helllichter Nachmittag ist unsere tiefste Nacht! Und was für ein Wunder, dass ich weiß, wie der Gerichtssaal in Oakland aussieht, wo er unter der blaurotweißen Fahne Recht spricht, als gütiger Mensch. Und wie die übergewichtigen schwarzen Männer und Frauen mit den mittleren Drogendelikten unruhig in den Amtskorridoren sitzen… Ich kann jetzt noch den gefährlichen süßlichen Geruch der amerikanischen Armut riechen. Und ich weiß, wie der Novembernebel dort riecht, bevor die Sonne durchkommt. – Doch wie naiv und praktisch zu glauben, dass ich das weiß! Diese bewegte Welt in meinem Inneren, immer schon längst vergangen, wahrscheinlich nie genau so gewesen. Und doch ist sie hier, jetzt. Ist das »Ich«?

Dieser Pyjama ist der erste Pyjama in meinem Erwachsenenleben, schwarz mit roten Rosen. Ein Tribut an die Novemberkälte hier im Weinberg und ans Älterwerden. Immer habe ich nackt geschlafen – was brauche ich Kleidung im Bett, das stört doch nur und ist so gar nicht sexy! Lieber zwei Daunendecken als ein Schlafanzug. Dann hat S. angefangen, einen grauen Pyjama zu tragen. Ein Geschenk an reiche Männer, von seinem ersten und wohl einzigen First Class Flug, zusammen mit vielen noch teureren Drinks. Seither verstehe ich: Ein Pyjama ist nicht zum Schlafen da, sondern für vorher und nachher, zwischen Bett und Anziehen. Jetzt liebe ich dieses Flanell auf der Haut und ich fühle mich wie damals als Kindergartenkind.

Noch ein Jetzt-Wunder: Aus demselben Laptop, auf dem ich in diese Tasten tippe, kommt Musik. Sehr alte Musik, sephardische Lieder, aufgenommen in einer Abtei in Narbonne. Sie bringen das Spanien in mir zum Schwingen und Navarra und Okzitanien, Orangenbäume und sandgelbe Kreuzgänge. Die Reise mit dem Motorrad von Narbonne nach Lissabon, in glühender Julihitze. »Von der Quelle des Tajo bis zur Mündung des Tejo«, das war unser Thema. Und wie wir unsere Wohnung in der Mouraria einrichten würden, war auch unser Thema. Elf Jahre später noch einmal auf dem Landweg diese Reise, mit dem kleinen Möbelwagen zurück aus Lissabon, wieder über die Pyrenäen, wieder Narbonne, in einem kalten windigen Frühling voll rosa Blüten. Und es schwingen die maurischen und die jüdischen Reisen in mir, die nicht ein paar Flugstunden, sondern ein paar Jahrhunderte gedauert haben; und die Katharer-Burgen mit den Namen, die mich sofort zum Weinen bringen. Will ich denn wirklich wissen warum? Meine alte Katharer-Seele singt oft leise mit. Sie freut sich über den Frieden und die Daunendecken und das Lachen mit S., der sich manchmal einfach »Conde de Peñafiel« nennt, nein, ich will nicht wissen warum. Meine alte Seele freut sich über die Meinungsfreiheit und ist sehr wach in diesen Tagen des einundzwanzigsten Jahrhunderts.

Und plötzlich fällt es mir ein: Heute Nacht hab ich geträumt, dass ich aus Angst vor der Gruppe, die eng um mich herum stand, *gegen* das Recht auf Abtreibung gestimmt habe. Es gab nur noch öffentliche Abstimmungen, mit Handheben. Angst vorm Scheiterhaufen. Aufwachen. Weiterschlafen.

ELISA

Altern mit Zukunft

Altern mit Zukunft war das Thema eines zweiwöchigen Kur- bzw. Gesundheitsaufenthaltes, zu dem mich meine Krankenkasse als 74jährige Pensionistin eingeladen hatte. Grundvoraussetzung: mindestens 50 Minuten am Stück gehen zu können, sich selbstständig zu versorgen und über 70 zu sein.

Wir befanden uns in einem wunderbaren Haus, das zu Recht Architekturpreise gewonnen hat. Wir schliefen in breiten Betten, deren Festigkeit sich maschinell einstellen ließ, in sogenannten gesunden Zimmern mit perfekter Infrastruktur, gut funktionierender Leselampe, Lehnstuhl und Balkon mit Blick auf ein traumhaftes Gelände mit Nordic-Walking-Pfaden, Wanderwegen etc. Nicht zu vergessen das riesige Schwimmbecken mit Blick auf einen gepflegten Garten, den Saunabereich, einen Ergometer-Raum mit Fenstern bis zum Boden, Krafträumen, Gymnastikräumen, die alle Stücke spielten und Vortragsräumen exakt groß genug für unsere Kleingruppen mit 14 TeilnehmerInnen.

Im hellen Speisesaal, in dem hervorragendes Essen an einem Buffet bereitstand, an dem die meisten den Musterteller geflissentlich übersahen, wurden wir an Sechsertischen platziert.

Auf uns wurde rundherum gut geschaut, dass wir nicht fehlten, pünktlich alle Termine einhielten und wirklich nichts versäumten. Also gab es gleich ein gewisses Verantwortungsgefühl füreinander und Gemeinsamkeiten. Zwischendurch Zeit genug für mich und meine geistige und körperliche Mobilität. Zeit für neue Freundschaften, Komplimente und Lebensgeschichten.

Herausgenommen aus meinem Alltag fand ich das alles nur super, ein toller Booster für meinen Körper, mein Ego, meine geistige Flexibilität.

Zuhause angekommen ist mir klar, dass Altern mit Zukunft viel Arbeit ist, viel Zeit erfordert. Dass es viel Energie kostet, gesünder alt zu werden, meine Muskeln und meine schwindende Beweglichkeit zu erhalten, die Kräftigungsübungen zu machen, eben alles zu tun, um möglichst gesund alt zu werden.

Da erinnere ich mich an einen Film über Ruth Bader Ginsberg, die Höchstrichterin am US Supreme Court. Bis zu ihrem Tod war sie mehrmals wöchentlich mit einem Personal Trainer in einem Kraft- und Fitnessraum, kämpfte mit verschiedenen Krankheiten und ließ sich von ihrer Tochter mit gesunden, kräftigenden Mahlzeiten versorgen. Kurz gesagt: Ihr Geist war scharf, ihre Erfahrung groß und ihr Körper verlangte ihr viel Disziplin und Einsatz ab.

Altern mit Zukunft, Altern mit schlaffen Brüsten, hängenden Augenlidern; Altersflecken an den Händen; Oberarmen mit wachsendem Hängefleisch; steifer werdenden Fingern, denen es schwerer fällt, Nadel und Faden zu bedienen; Ohren, die ohne Hilfsmittel wenig hören und mit Hörgeräten bei lauten Nebengeräuschen furchtbar leiden; Augen, die für verschiedenen Tätigkeiten verschiedene Brillen brauchen; einem Rücken, der immer höher wird; einem Bauch, der schlaffer wird; einem Stoffwechsel, der immer langsamer wird; mit Oberschenkeln, an denen die Orangenhaut abgelöst wird von einer mit feinen violetten Äderchen übersäten Landschaft; Unterschenkeln mit Krampfadern; Füßen, die mich nur mehr kurz tanzen lassen; Zehen, die früher gerader waren; einer Blase, die nicht mehr so gut schließt und von den Hämorrhoiden ganz zu schweigen.

Alles mit viel Aufwand ein wenig verbessern oder zumindest möglichst lange erhalten. Endorphine durch Bewegung und Endorphine durch frische Luft, Sonne, Unternehmungen, Freundschaften, Komplimente, Stolz auf Leistung, Genuss durch Kultur, Freude am Schreiben, Freude an Familie, Freude am Reisen.

Altern mit Zukunft hat für mich also doch Zukunft: möglichst lange so gesund und beweglich zu bleiben. Altern mit Zuversicht, Altern mit innerem Gleichgewicht, Altern mit Freude am Erreichten, Freude an dem, was das Leben für mich noch alles bereithält. Altern und meinen Körper akzeptieren, mich in ihm so wohl wie möglich fühlen und ihn mit Stolz und Selbstbewusstsein tragen.

MARIA

Einmal Reha und zurück

Ein Bett, zwei Stühle, ein Tisch, ein Kasten, Klo und Fernseher. Mehr braucht man nicht, sagt die Gesundheitsverwaltung. Getaktete Zeit zum Essen, für Behandlungen und Beratungen. Mehr braucht man nicht. Kaffee vom Automaten und dreimal wöchentlich eine halbe Stunde schwimmen unter Aufsicht. Mehr braucht man nicht. Draußen gibt es ein paar Liegestühle, Bänke, mit Blick auf die dreistöckigen Häuser rundherum, weiter hinten zeigt sich ein Berg. »Sei nicht so undankbar«, höre ich. »Sei froh, dass dir in deinem Alter die Krankenkasse noch eine Kur zahlt. Du wolltest doch hierher!« Ja, ich habe es selbst ausgesucht, weil der Ort gut geklungen hat, und die Beschreibung des Hauses auch. Was nicht gesagt wird: es ist kein Wellness-Kurhaus. Es ist eine Krankenanstalt der PV, hätte ich das wissen müssen? Hierher kommen Leute nach Operationen, mit Behinderungen, mit Magen- und Darmleiden und auch Leute wie ich, mit Knie- und Rückenschmerzen, Übergewicht und Bluthochdruck. Ich frage mich nur, warum gesund werden so ungemütlich sein muss? Essen in einem mensaähnlichen Speisesaal, freie Platzwahl, meinen Essensbon habe ich mit Chip am Armband beim Eingang ausgedruckt, die Speisenwahl über Computer gecheckt. Das Essen ist einfach, kohlehydratreich. Alles ist korrekt, gut organisiert. Mehr braucht man nicht.

Wie werde ich drei Wochen in dieser reduzierten und eingeschränkten Umgebung aushalten? Da hilft nur »down-sizing«, Verkleinern der Ansprüche, das Versorgtwerden genießen, die Therapien nützen und in den Pausen auf dem Bett liegen, solange ich will, schlafen, lesen und schreiben ohne schlechtes Gewissen!

Nach einer Woche

Aufrecht sitzen, die Knie sind wie Scheinwerfer nach vorne gerichtet, den Bauchnabel nach innen ziehen, atmen. Ich erfahre, dass mein Beckenboden wie eine Seerose ist! Meine Beckenseerose kann sich öffnen und schließen, ich bin am Beckengrund beweglich! Erstmals verstehe ich diesen Körperteil, der wichtige Ein- und Ausgänge trägt. Wir sollen »den Nabel nach innen ziehen«, wie einen imaginären Reißverschluss, und schon gehe ich aufrechter die Stiegen hinauf.

Ist es wirklich so einfach? 15.000 Mal muss man üben, sagte die Therapeutin. Die falsche Haltung ist auch nicht an einem Tag entstanden. Sitzend schreibe ich mehrere Stunden, dazwischen wenige Schritte, die Walkingstöcke frieren ein, mein Fitnessgerät im Keller verstaubt. Schon ertappe ich mich bei meinen Sünden: Ich bin nicht aktiv, ich bin faul. Ich liebe es, wenn ich bewegt werde.

Meine Lieblingsbehandlung: die Überwassermassage. Ich liege auf dem Wasserbett und eine unsichtbare »Hand« massiert meinen Rücken 20 Minuten von oben nach unten und wieder zurück. Ich spüre meine Muskeln, den Po und die Schultern. Mein Rücken lächelt.

Nur passiv bleiben geht nicht, man muss selbst was tun. Radeln auf einem Ergometer mit Rückenlehne, wie wunderbar! Das entlastet Schultern und Rücken und die Beine strampeln lustvoll. Trainings mit Theraband, Gymnastik im Wasser und viele gute und angemessene Übungen regen meine Gelenke und Muskeln an, ich spüre mich schmerzhaft und wohlig.

Wie kann man seine Gesundheit unterstützen? Vorträge über Bewegung, Ernährung, Lebensstil, Erklärungen, Vertrautes. Ja, eh. Sie erklären das Ziel der Rehabilitation »Ein Weg zur bestmöglichen Aktivität und Teilhabe an Ihrem Leben.«

Teilhabe am Leben oder Teilnahme am Leben? Die körperlichen Einschränkungen, die sich in unterschiedlicher Intensität im Alter zeigen, können diese Teilnahme verhindern.

Bei mir ist es die Angst, keine Stiegen steigen zu können (mein Schlafzimmer ist im ersten Stock) – Treppenlift? Nein danke. Lieber Beinmuskeln trainieren, gehen und walken. Oder übergewichtig versauern? Nein, dann lieber keinen Kuchen zum Kaffee, mehr Gemüse und weniger Wein abends. Einmal Reha und zurück? Was bleibt nach der Reha?

Meine Pläne sind notiert, die Bewegung »muss« im Alltag integriert sein: Beckenübung im Bett vor dem Aufstehen, Rückenmobilisierung im Sitzen, langsamer essen und einen Zeit-Raum für die Übungen finden, mit Musik!

Ich bin motiviert, und das ist anders als vor der Reha. »Haben Sie ihr Rehaziel erreicht?«, fragt der Arzt beim Entlassungsgespräch. »Ja«, sage ich überzeugt.

Vorhaben umgesetzt? Fragt mich bitte in einem Jahr oder: wieder zurück zur Reha!

AUGUSTE

10. Doch, die Männer altern auch! Oder: Würden Männer so ein Buch darüber schreiben? Zusammen?

Interview mit dem Ehemann

Und wie altern Männer?

Das haben wir uns gefragt und dann einen befragt, meinen (auf Anregung von Auguste), wie denn das mit dem Altern bei ihm sei?

Zuerst ganz trocken, das Altern sei ein Faktum, da gebe es nicht viel zu sagen. Die körperlichen Einschränkungen, die hat jeder. Doch dann schoss es hervor: die Vergesslichkeit.

Die ganz krasse, schlimme, allgegenwärtige, hartnäckige, himmelschreiende Vergesslichkeit. Namen, Personen, Daten, Gelesenes, Ereignisse, was gestern war, was vor einer Stunde, ja, vor einer Minute war. Es sei zum wilden Wahnsinnigwerden oder stillen Verzweifeln.

Und die Ungeduld. Extrem ungeduldig sei er (geworden). Dazu noch Zwänge, manche sinnlos und irrational. Zwar sind die äußeren Zwänge verschwunden (Beruf, diverse Verpflichtungen, Kinder); dafür seien innere entstanden wie Aufgaben, die man sich gestellt hat, pünktlich erledigen, Sachen zu Ende bringen und zwar rasch. Nichts aufschieben.

Und was ist mit der viel zitierten Gelassenheit? – Fehlanzeige.

Was außerdem zunehme: der Hang zum Apodiktischen, zur Rechthaberei.

Aber gibt's denn auch was Positives in all dem Schlamassel des Alterns?

O doch – nach einigem Überlegen: selbstsicherer wird man und manches regt einen nicht mehr so auf (wobei man sich andererseits über Dinge aufregt, die einem früher nicht so wichtig waren; zum Beispiel nicht eingehaltene Versprechen und Abmachungen, unsoziales Verhalten, Rücksichtslosigkeit).

Die schon erwähnte Gelassenheit? Ja und nein. Fairer, toleranter gegenüber anderen, gleichzeitig unduldsamer und ungeduldiger, je nachdem. Gibt's da Beispiele? Kurzes Nachdenken. Längeres Nachdenken. Nein, nichts fällt ihm dazu ein. Nur Widersprüchliches. Einmal ist dasselbe ein Mordsaufreger, einmal nicht im Geringsten. Prinzipiell jedoch: Aufregen tue ihn oft (und gern – meine Anmerkung) etwas.

Uneingeschränkt jedoch sei das Wertschätzen und Genießen der Selbstbestimmtheit, der Freiheit, das eigene Leben zu gestalten, die Freiräume, die sich ergeben haben, und das bei einem ökonomisch gesicherten Leben. Noch einmal jung sein wollen? – Auf keinen Fall.

Im Unterschied zu früheren Generationen ergibt sich wiederum eine Gelassenheit, die der ökonomischen Absicherung entspringt. Kein Bangen um eine Altersversorgung wie bei unseren Großvätern.

Und so kann man sich auch sorglos seine Neugier leisten und sein Wachbleiben, was Kunst, Kultur, Gesellschaft und Politik angeht. Die ist nach wie vor groß, diese Neugier.

Was er noch erleben möchte? – Weiter Urlaube und Reisen, schöne und interessante Erlebnisse mit seiner Frau (das bin ich). Auch großes Interesse daran, wie sich die Familie entwickelt, die Kinder, die Enkelinnen, die Gesellschaft. Und Anteilnahme am Leben der Freunde, der Gemeinde, seiner Umgebung ganz allgemein.

Und wie soll es weitergehen? – Einfach weiter so. Keine hochtrabenden Pläne oder Wünsche; unerfüllbare schon gar nicht, die machen nur neurotisch. Auch nichts aufregend Neues nehme er in Angriff; es genüge, was die Welt ihm bietet. Na ja, da gibt es schon Angedachtes, z.B. Aufgaben in der

Gemeinde, mit anderen etwas erarbeiten, etwas Kreatives auf die Beine stellen. Filmprojekte, Ausstellungen, Aktionen. (Er ist ja noch immer »Stadtarchivar«). Oder bereit sein für die Enkelkinder, zu helfen, wenn er gebraucht werde.

Und was ist mit Gesundheit, Sport, Fitness? Steht da nichts auf dem Plan? – Er steige auf keine hohen Berge mehr, aber natürlich sei Bewegung wichtig. Nur keine Religion draus machen. Er radle gern, außerdem ein bisschen Yoga, Schwimmen, Tanzen – aber alles ohne strenges Programm, ohne Stoppuhr, Pulszähler und Wochenplan.

Halten sich also im Alter Erfreuliches und Belastendes die Waage? – Er denke schon. Die Freuden eines 20jährigen sind andere als die eines 79jährigen und umgekehrt. Dazwischen liegt viel Erfahrung und die lässt einen über den Dingen stehen. In der Jugend die Gier nach Neuem, nach Außergewöhnlichem, Verrücktem, Unkonventionellem, nach Abenteuer. Jetzt von alldem genug erlebt, nicht mehr notwendig, keine Dringlichkeit.

(Und) noch eine Veränderung habe er bemerkt, im Positiven wie Negativen: eine andere Intensität der Gefühlswelt. Das sich Fallenlassen in Empfindungen und Leidenschaften nehme viel extremere Formen an: bei einem Schubertlied nicht weitersingen können, überwältigt von Emotion, zu Tränen gerührt sein von der Abschiedsarie »Che soave sia il vento« in »Cosí fan tutte«. (Könnte das der Grund sein, warum man so viele alte Menschen im Musikverein oder in der Oper sieht, oder doch nur, weil sie die finanziell Potenteren sind?)

Ob er denn Vorbilder für positives Altern habe? – Der Thomas-Onkel, Kreisky, unsere Gesangslehrerin, eine ganze Reihe kann er aufzählen. Und für negatives Altern nennt er nur zwei Gruppen: die Suderer und die Nicht-Neugierigen.

Ganz zuletzt hätte ich ihm noch gerne eine Altersweisheit zur Weitergabe entlockt, irgendeinen knackigen Spruch, den man sich an den Schreibtisch oder sonst wohin heften kann, einen Wahlspruch für die zukünftigen Alten oder einen Tipp für gutes Altern. Doch da war nichts zu holen und ich ging leer aus. Nein, er habe keinen. Außer: »Leben ohne Altern – des spuit's net.«

Dann doch noch eine kleine Sentenz: »Alt werden und nicht alt sein« (und nicht Alzheim, wenn möglich).

P.S. Noch nie habe er so viel übers Altern nachgedacht, gesteht er mir kurz darauf.

RENATE

Fragen an einen gleichaltrigen Buben

Wer ist das? Ein Mann mit nacktem Oberkörper liegt da vorne im Schnee, nicht weit von der eisigen Bergstraße. Wer bist du? Sehr dunkel gebräunt. Nein, eher dunkelblau, fast lila. Neben dir liegen deine Tourenschi. Herzinfarkt. Die Rotkreuzmänner in den roten Overalls packen die Notfallkoffer gerade wieder zusammen und ziehen die Infusionsnadel aus dir heraus. Zu spät für jede Hilfe. »Sie können noch nicht vorbeifahren«, sagen sie zu mir, »der Hubschrauber muss erst wegfliegen von der Straße.« Ich warte also, zusammen mit ein paar anderen zwangsläufig herumstehenden Menschen in Anoraks und Schihosen, bis endlich auch der Rettungswagen zur Seite fährt, das Blaulicht schon ausgeschaltet. Meine Schneeschuhe tropfen jetzt ein bisschen nach im Kofferraum. Blau und orangegelb ist der Spätnachmittagshimmel, ein sonniger Wintertag war heute, ideal für eine kleine Tour hier aufs Eibleck. Langsame Spuren ziehen, eiskalt, der Schnee ganz fein und leicht, es ist Januar, noch viel zu früh für Schneerosen… »Ich hab ihn gekannt«, sagt jemand, »der war oft hier, immer super sportlich unterwegs wie ein Junger! Er war erst 66…« – »Bin ich auch«, denke ich. Und »Ich bin noch.«

Schobecker Walter, bist du das? Wir haben in der Sandkiste vor unserem Wohnblock riesige Kugelbahnen gebaut, meisterhaft, mit Brücken und Tunnels und Wellen und S-Kurven, wenn der Sand noch feucht war an den

Sommermorgen in den großen Ferien. Wir waren 8 oder 9 Jahre alt. Oft waren nur wir beide so früh dort in der sogenannten Grünanlage. Manchmal haben wir auch Indianer oder Kaufladen gespielt oder Glockendeckelfahren mit unseren Kinderrädern, deines blau, meines rot. Bei unseren Kugelbahnen ging es ums Gewinnen, ums Zählen: wer mit den wenigsten Anschubsern die Kugel ins Ziel brachte, hatte gewonnen, wie beim Minigolf. Wir waren gleich gut. Mir war das wichtig. Hat es dich gestört? Da war gelegentlich ein Anflug von Konkurrenz zwischen zwei gleich alten, gleich großen Kindern; von dieser anderen Konkurrenz, dieser Konkurrenz zwischen Mädchen und Bub. Wir hatten die gleichen Kraftausdrücke. Das Wort »lässig« hatte ich von dir und ich habe es reichlich verwendet. Hat es dich gestört, dass ich ›wie ein Bub‹ redete? Ist es dir überhaupt aufgefallen? Vielleicht ist es nur mir aufgefallen. Jedenfalls fand ich mich »lässig« dabei.

1960 sind unsere Eltern in diesen gelben vierstöckigen Wohnblock eingezogen, da waren wir drei. Ich kann mich nur an deinen Papa und an deinen Onkel erinnern. Nicht an deine Mama. Berufstätig? Oder gar geschieden? Dieses Wort war so unaussprechlich, zu schrecklich, um nachzufragen. Dein Papa war Angestellter, meiner auch. Nicht Arbeiter wie die meisten Väter hier im Block. Ehrgeiz. Das Wort habe ich damals zum ersten Mal gehört. Meine Mutter hat es mir beigebracht und die gemischten Gefühle gleich mitgeliefert. Ehr-Geiz.

Sozialwohnbau in Gnigl, 24 kleine Mietwohnungen im Block, Wohnzimmer, Schlafzimmer, Kinderzimmer; Waschküche im Keller, Wäscheleinen am Dachboden, kein Lift, 8 Parkplätze, nur 5 Familien hatten schon ein Auto. Vielleicht bist du gar nicht, warst du gar nicht der Schobecker Walter, sondern der Dezlhuber Herbert, Vater Postbote? Oder der Roidhauser Fritzi, Vater Hausmeister? Der Weresauer Hermann, Vater LKW-Fahrer? Oder der Sohn vom Herrn Schuldirektor? Oder gar der Bub vom Doktor Hallinger? Deren Mamas waren alle »da«, zuhause, Hausfrauen.

Was hast du gemacht in den letzten 60 Jahren? Schule, Lehre oder Studieren, gar in Wien? Jedenfalls Heiraten, die erste oder die dritte Freundin?

Kinder, Hausbauen, Urlaubfahren, Scheidung? Pension, Enkel, Urlaubfliegen? Blutdruck, Statine? Wieso hast du dich so überfordert? Warum »wie ein Junger«?

Männer sterben früher als Frauen, ihr habt also geringere Lebenserwartung… – stimmt das immer noch? Hast du dich mal darüber aufgeregt? Oder es ignoriert, »gilt nicht für mich«? Aufgeregt habe sogar ich mich darüber, obwohl ich hier als Mädchen, als Frau, ja ausnahmsweise mal im Vorteil wäre. Aber ich wollte nicht, dass meine Brüder jünger sterben als ich. – Und »Gilt nicht für mich!« habe auch ich oft gedacht, viel zu oft, speziell bei Risiken. Erst jetzt im Alter bin ich weicher, spüre die Umarmung wirklicher, und kann mir ein bisschen Demut erlauben. Bist du hier auf deinen Schiern an Herzinfarkt gestorben, weil du ein Mann bist? Ein Mann warst. Jetzt kann ich dich ja fragen. Es ist eine echte Frage, kein Vorwurf. Jetzt bist du ja draußen, raus aus dem Mann-Frau-Spiel, außer Konkurrenz. Und ich will sowieso raus, will nicht um die Chefrolle mit dir eifern, nicht gescheiter oder stärker oder lässiger sein, auch nicht mit dir schlafen. Ich will endlich hinter die Matrix greifen, hinter das Patriarchat. Hinter das Trennende reichen, hinter die Mann-oder-Frau-Stories, die uns einander fremd machten und die wir schon intus hatten, als wir die erste Kugelbahn zusammenbauten.

Wer warst du? Wer bist du? Mich interessiert dein Leben, Innenleben meine ich – während sie dir die Jacke jetzt wieder anziehen – und noch mehr dein Innenleben im Alter. Bist du Indianer geblieben, kennt keinen Schmerz, weint nicht und so? Und wie ist das mit dem Fremdschämen – wenn andere Männer einknicken, wieder zum Baby werden oder vorher noch professionell-infantil herumstehen in beigen Funktionswesten mit 20 Reißverschlusstaschen, Shorts über den Krampfadern und Socken in den Sandalen. Ich kenne das Fremdschämen gut: wenn alte Frauen sich die Lippen aufspritzen lassen – so tragisch, der Babymund und die alten Augen darüber, um die nur die Haut nachgespannt worden ist, ohne Leuchten, ohne Frische. Was war für dich »würdevoll«? Auf den Berg rennen wie ein Junger?

Wie hast du es gehalten mit dem Altern? Hast du die Rolle gewechselt? Hast du auch allen die Welt erklärt? Und gedacht, du musst alle mit deinen erlebten Geschichten unterhalten? Ich beiß mir oft auf die Zunge, weil ich zu jedem Stichwort eine Geschichte habe. Hätte. Ich beiß mir auf die Zunge, weil ich genau *nicht* die Runde dominieren und unterhalten will. Ich will es nicht – vielleicht weil ich eine Frau bin. Ich habe mich aufs Fragenstellen und Zuhören spezialisiert. Raum geben, Aufmerksamkeit, echtes Interesse für Neues, Anderes. Den frischen Pflänzchen Sonne und Wasser geben.

Warst du ein Silberrücken? Für irgendjemanden, oder für eine ganze Sippe? Für die »Jungen«? Oder war nur dein Vater einer, und du ewig der »Junge«? Mein Vater war ein Silberrücken, bis zum dem Großfamilienurlaub in der Toscana, zu dem ich (frisch Getrennte und plötzlich Alleinerzieherin) intuitiv nicht mitgefahren bin. Da wurde er entthront, sein ältester Sohn hatte die Villa gebucht. Und der jüngste männliche Enkel bekam den Platz am Kopf der Tafel. Zufällig? Jedenfalls hat das ausgereicht. Danach ist mein Vater innerhalb weniger Wochen zum Greis geworden, schwerhörig, dement und was sonst noch dazugehört.

Dein Oberkörper ist unbehaart, das habe ich gesehen, fast sexy. Hattest du noch Sex? So einfach zum Spaß, ein bisschen langsamer und seltener vielleicht? Oder noch »wie ein Junger«? Am liebsten mit jüngeren Frauen, notfalls mit Junggebliebenen. Immer auf der Jagd, bloß nicht nachlassen?!

Wie hast du deinen Sechziger erlebt? Schockierend? Als Einladung, dem Tod mal ins Gesicht zu schauen – und dann anders weiterzuleben? (Sorry, dass ich das genau jetzt frage!) Hattest du Momente, stocknüchterne meine ich, wo du Bilanz gezogen hast? Mit einem Donnerschlag gemerkt hast: Es gibt nur noch das Jetzt, um etwas richtigzustellen, etwas aufzuräumen. Ich bin in den letzten Jahren öfter richtig erschrocken. Nicht nur über die kurze Zeit, die noch bleibt. Sondern auch darüber, wie egoistisch ich früher war, ohne es zu merken.

Hattest du auch Momente der Empörung – über all das, was euch Männern vorenthalten blieb? Auch euch Baby-Boomer-Männern der späten Fünfzigerjahre und frühen Sechzigerjahre? Oder hast du bis zum Schluss geglaubt, ihr hättet es besser erwischt als wir Frauen? Gerade vor einer Stunde war dein Schluss. Endlich kommen mir die Tränen. Warum beginnt genau hier meine

Trauer, mein Weichwerden? Ist es ein Wir-Gefühl, spüre ich endlich, dass wir gleich sind, gleich bemüht und gleich angeschmiert und gleich würdevoll, trotzdem? Wolltest du auch mal ernstlich raus aus dem Rollenmarkt und dem Joch? Ich glaube eher, du hast beschlossen: Jetzt im Alter musst du die Früchte für all die Leistung zeigen und genießen. Super Schi hast du da gekauft und tolle Stöcke, coole Hose auch. Wo steht dein Auto? Wer wird es jetzt abholen von dem kleinen Tourengeher-Parkplatz? Hast du eine Freundin? Vielleicht bist du, warst du noch verheiratet, hast mit den Jahren mehr Respekt vor deiner Frau bekommen, insgeheim, und ein bisschen Angst um sie…

Ach Walter! Ach Hermann! Ach Fritzi! Wer seid ihr geworden? Wo seid ihr geblieben? Kommt, lasst uns endlich ehrlich reden. Lasst uns hinter den trennenden Vorhang schauen und einander die Hände reichen! Wir haben doch nur noch Jetzt.

ELISA

Alter Mann. Oder: Was wäre, wenn ich ein Mann wäre?

Wäre mein Leben besser, anders, wenn ich ein Mann wäre? Wäre ich fitter, hätte ich eine höhere Pension, hätte ich dieselben Interessen, genügend Freunde und Freundinnen, könnte ich mich besser auf meinen Körper verlassen, hätte ich mehr oder weniger Beziehungen?

Würde ich schreiben? Was genau wäre anders? Wäre ich weniger empathisch, würde ich lieber Bier trinken, hätte ich mir ein Motorrad zugelegt oder hätte ich ein besseres (protzigeres) Auto? Hätte ich guten Kontakt zu meinen Kindern, würde ich gut auf meinen Körper schauen, wäre mir Kultur wichtig, würde ich mich gerne schön anziehen? Hätte ich ein viel besseres Verhältnis zu meinem Körper? Würde ich mir täglich selbst etwas Gesundes kochen und meine Medikamente regelmäßig einnehmen? Würde ich mich wirklich für Fußball interessieren?

Fragen über Fragen, die ich mangels Erfahrung einfach nicht beantworten kann, ohne in gängige Klischees zu verfallen. Nur eines weiß ich fast sicher: Ich würde nicht an einem Buch über Altern mitschreiben!

MARIA

11. Beenden, vollenden, sinnvoll enden. Oder: Ja, wir werden sterben. Früher oder ein bisschen später.

Ich und das Thema

Viel, eigentlich genügend nachgedacht über das Thema Altern. Irgendwo habe ich gelesen, alt werden lernt man, indem man es wird. Ein kluger Satz. Denn Vieles verändert sich, was man nicht vorhersehen kann. Jahrelang geht es so gleichmäßig dahin, plötzlich ein Alterseinbruch wie ein Felssturz. Heute fein, morgen kann's ganz anders sein.

Drei Schockerlebnisse hatte ich, die mir mein Altgewordensein schlagartig vor Augen führten. Schock Nr. 1: der Blick in den Spiegel, die ersten Falten. Schock Nr. 2: Ich werde Omi genannt. Schock Nr. 3: Man bietet mir in der U-Bahn einen Platz an.

Seit ich diese drei Schockerlebnisse überstanden und die dazugehörigen Tatsachen akzeptiert habe, lebt's sich mit dem Älterwerden ganz gut.

Nach sinnvollem Altern wird oft gefragt. Die Sinnhaftigkeit des Alterns muss man sich genauso ergründen wie die des ganzen Lebens.

Viel Sinn finde ich in sozialer Tätigkeit, über die Familie hinaus. Caritas Lerncafé, Telefonseelsorge, Nachhilfe oder Deutschkurse sind so meine Wirkungsgebiete.

RENATE

Mein Korsett

»Wenn mein Name fällt, soll ein weißes Tuch
in der Landschaft sein. Ich war da.«

MAJA HADERLAP

Mein Stundenplan
mein Unterrichtsplan
mein Familienplan
mein Lebensplan
mein Plan mein Korsett

Von einer Stunde in die nächste, mein Alltag, alles in 50 Minuten unterbringen, das ist die Einheit meiner Stunde. Fünfmal, sechsmal nacheinander, fünf Tage die Woche. Im Stiegenhaus von oben nach unten, über den Hof hinauf hinunter und zurück bei jedem Wetter.

Hefte in Taschen, Hefte unter dem Arm, Materialien, Pläne, Vorbereitungen immer dabei. Veränderungen, Pläne, Befindlichkeiten in der Tasche, im Kopf, ja nichts vergessen. Vergessen dürfen nur sie. Entschuldigungen, Präsentationen, Portfolios, praktisch alles. Meine Pläne müssen flexibel sein, dabei soll ich sensibel bleiben für die Befindlichkeiten und das Weltgeschehen.

Meine Befindlichkeiten spielen keine Rolle, mein Ärger von vorhin darf sich nach nachher nicht durchziehen, Konzentration auf das, was vor mir liegt. Aufmerksam, bereit: bereit abzufragen, einzutragen, anzusagen, abzusagen und nur nichts nachzutragen, höchstens ins Sündenregister einzutragen.

Alles in 50 Minuten, Absenzen, Schwänzen, Stoff eintragen, vortragen, erarbeiten, abfragen, Hausübungen ansagen, einsammeln. Tests ankündigen, zuhause erstellen, verschieben, abhalten, einsammeln, eintragen, korrigieren, Noten eintragen. Schularbeiten ansagen, zusammenstellen, korrigieren, Nachschularbeiten erstellen, Raum und Zeit finden, korrigieren, eintragen…

Mit Kolleg:innen kooperieren, koordinieren, entwickeln, allen und allem gerecht werden, auch meinen Ansprüchen und dabei immer cool und empathisch bleiben.

Ich war da, 37 Jahre lang
wenn mein Name fällt, nur
ein weißes Tuch in der Landschaft?
Echt jetzt!

MARIA

Worauf ich stolz bin

Ich glaube, ich war kein turnerisch begabtes Mädchen. Da waren einmal meine zarten Hände und die zarten Handgelenke. Die hatte ich von meiner Mutter, wie sie immer wieder betonte. Ich konnte mich genauso wie sie weder an einem Barren stemmen noch am Reck hochziehen. Auch an einer Stange konnte ich nicht hochklettern und an einem Seil schon gar nicht. Meine Brüder konnten das von Natur aus und ernteten dafür viel Lob und Beachtung von meinem Vater, der in seiner Jugend selbst ein Turner war.

Auch die Ingenieurkunst meiner Brüder fand viel Beachtung, mein Vater baute ihnen einen extra großen Sandkasten, im dem Fluss-Kraftwerke, Staumauern, Über- und Unterführungen sowie Rennstrecken entstanden. Der Sandkasten am Sulnerberg war ein beliebter Treffpunkt und mein mittlerer Bruder übte damals schon die Vermarktung diverser Ideen.

Ich war nur ein Mädchen. Mit einem Rock kannst du nicht im Sandkasten hocken. Wenn du Sand in deine Zöpfe kriegst, ist es noch schlechter und außerdem braucht dich Mama, du musst Mama helfen. Du kannst lesen, mit

Freundinnen spielen… also Tempel hupfen, Gummihupfen und das war's dann. Ich wüsste nicht, was wir sonst noch gespielt hätten. Wir haben nicht versucht, uns auf unsere Reckstange zu hängen. Schon gar nicht kopfüber, weil uns da der Rock ins Gesicht hing und alle die Unterhose sehen konnten. Selbst das Pfeifen schien Bubensache zu sein. Und dann kam ich eines Tages sehr stolz heim, weil ich den Spuckwettbewerb meiner Klasse gewonnen hatte. Meine Mutter war fassungslos, weil ›wir‹ das nicht tun. Mädchen sein war halt immer schon schwer.

Deshalb war ich auch nie stolz auf meine langen blonden Zöpfe. Auf die waren nur meine Eltern stolz. Ich war nicht stolz auf meine Figur, denn die sollte ich nicht offen zeigen. Ich war nicht stolz auf mein Aussehen, weil ich ständig von meiner Mutter bekrittelt wurde. Ich war nicht stolz auf mein Zeugnis. Ich war nur tüchtig, weil ich Mama helfen konnte, Verantwortung zu übernehmen und auf meine kleine Schwester aufpassen konnte und Ruhe bewahrte, wenn sich jemand verletzte. Sonst gab es nichts Bemerkenswertes an mir außer, dass ich den Führerschein auf Anhieb schaffte.

Dann gewann ich das einzige Stipendium ans Wagner College auf Staten Island in New York. Ich war stolz, als niemand mehr auf Anhieb merkte, dass Englisch nicht meine Muttersprache war, ich war stolz, dass ich überall super Noten bekam, ich war stolz, dass ich selbstständig war, einen super Orientierungssinn habe, Freundschaften schließen konnte, sofort erkannte, was wichtig und was unwichtig war beim Lernen. Ich war stolz, dass ich genug verdiente, um Reisen machen zu können und ich war stolz auf meine neue Kurzhaarfrisur.

All das habe ich diesen Sommer wieder gefühlt, zurück am Campus auf Staten Island bei der College Reunion. Dauernd war ich den Tränen nahe, weil mir dieses Jahr damals so viel Rückenwind und Selbstvertrauen gegeben hat. Wir haben Fotos in den Jahrbüchern gesucht und gefunden. Ich habe uns den Zutritt zum 13. Stock in der Harbor View Hall erkämpft und wieder hinübergeschaut auf Lower Manhattan und die Veranzano Brücke.

Damals konnte ich nicht nachhause telefonieren, es gab kein Facetime, die Briefe, die ich wöchentlich schrieb und bekam, gingen per Luftpost auf ganz, ganz dünnem Papier. Kein eigener Umschlag, wenn alles vollgeschrieben war, faltete man das Blatt und fuhr mit der Zunge über den Klebestreifen. Beantwortet wurde immer der vorige oder vorvorige Brief.

Stolz war ich diesen Sommer auf mein Impulsreferat bei Laura's Democratic Ladies Luncheon vor 60 Personen. Stolz war ich, dass ich alle Fragen mit Leichtigkeit beantworten konnte, stolz war ich, dass mich mein Orientierungssinn in New York nicht verlassen hat. Stolz bin ich auf meine Furchtlosigkeit, die Lauras Ängstlichkeit Einhalt gebot. Sie ist ja eigentlich in Brooklyn aufgewachsen. Stolz bin ich auf meine langjährigen Freundschaften, stolz bin ich, dass ich trotz Covid die Einladung in die USA angenommen habe, stolz bin ich, dass Vivian in Washington auch ein Programm für mich zusammengestellt hat und ich an ihrem Lesekreis teilgenommen habe.

Stolz bin ich darauf, dass ich in kürzester Zeit studiert habe und darauf, wie ich meinen Beruf als Lehrperson und Klassenvorständin ausgeübt habe. Ich war innovativ und progressiv, ich wollte nie einfach das Gleiche machen und so wurde es mir nie langweilig. Die Schüler:innen mit Respekt zu behandeln habe ich schon von meinen Eltern gelernt. Dass ich nach der Geburt unserer drei Kinder den Wiedereinstieg geschafft habe, war nicht leicht. Auch die Zeit der Scheidung war eine Herausforderung, aber ich habe es geschafft und bin stolz darauf, so eigenständig zu sein. Ich glaube, ich war immer für meine Kinder da und habe sie bei all ihren wichtigen Schritten begleitet und unterstützt.

Was mir immer wichtig war, waren meine Freundschaften und in den letzten Jahren meine diversen Schreibgruppen. Ohne meine Freundschaften, meine Herkunftsfamilie und meine Resilienz hätte ich vieles nicht geschafft, nicht reflektieren können. Das Theaterspielen ist zu einem wichtigen Hobby geworden, genauso wie das Lesen meiner eigenen Texte bei Lesungen und beim betreuten Wohnen in meiner Heimatgemeinde. Dass ich einmal Bücher veröffentlichen würde, hätte ich auch nicht gedacht.

Was sie bei meiner Beerdigung sagen werden ist, dass ich gern organisiert, viel gelacht habe, eine gute Mutter, Lehrerin, Freundin, Tochter und Schwester war. Dass ich eine Feministin war, die andere Frauen und Mädchen immer unterstützt hat, dass ich mit dem Gendern alle genervt habe. Sie werden mein offenes Haus mit den vielen Gästen erwähnen, genauso wie meine Einladungen und meine Reiselust und dass ich vor fast nichts zurückgeschreckt bin. Ach, und sicher werden sie auch erwähnen, dass ich gerne Reden gehalten und für alle zu den runden Geburtstagen Ratgeber geschrieben habe. Vielleicht werden sie auch sagen, dass man bei mir immer wusste, wie man dran war und ich nicht um den Brei herumgeredet habe, ich hilfsbereit war und gut zuhören konnte. Sicher wird jemand sagen, dass ich immer die Ruhe bewahrt habe und Zuversicht verströmt habe.

Ich würde sagen, dass ich ein wunderschönes Leben gelebt habe, hoffentlich bis ins hohe Alter.

MARIA

Ruhe-Stand

Heißt Ruhestand in Ruhe stehen bleiben, nicht mehr weitergehen, auf den Tod warten?

Seit über fünfzehn Jahren trage ich den Titel »Pensionistin«. Ich hatte lange Schwierigkeiten, mich als Pensionistin zu deklarieren, auf Formularen anzukreuzen oder in Ausweise hineinschreiben zu lassen. Die Vorteile der verringerten Tarife und Gebühren bei Eintritten und Fahrkarten nehme ich gerne an. Hinter dem Begriff Pension oder Pensionistin verschwindet meine berufliche Identität, ich bin eine allgemeine, neutrale Person geworden. Die Psychotherapeutin, die ich immer noch bin, ist überschrieben mit Pensionistin. Ich arbeite gerne noch ein paar Stunden in meinem Beruf. »Warum arbeitest du noch?«, fragen mich manchmal meine Enkel:innen: »Weil ich es gerne mache«, antworte ich. Das unterscheidet mich von Menschen, die keinen erfüllenden Beruf hatten.

Ich bekomme Geld, die Pension ist wie ein Schutzschirm vor Altersarmut und vor Ansprüchen aus der Arbeitswelt. Sie erleichtert das Leben beträchtlich.

Der »wohlverdiente Ruhestand«, wie habe ich diesen verdient? Welche Leistungen habe ich erbracht, damit ich jetzt »in Ruhe leben« darf? Ich blicke zurück: Seit meinem vierzehnten Lebensjahr bin ich berufstätig, zuerst als Verkäuferin, dann drei Jahre in Schweden als Kindermädchen und Krankenpflegehelferin (dafür bekomme ich auch eine geringe Pension), später als Jugendleiterin, freiberuflich als Erwachsenenbildnerin, Beraterin, als Psychotherapeutin, als Supervisorin. Viele Aus- und Weiterbildungen habe ich aus eigener Tasche bezahlt. Zusätzliche Qualifikationen wie Qi Gong, Kreativer Tanz, szenische Methoden haben meine berufliche Tätigkeit gewürzt und bereichert. Ich habe Sachbücher verfasst und auch verkauft. In Schreibgruppen übe ich weiter, Geschichten zu schreiben. Warum sollte ich stehen bleiben und Ruhe geben?

Bei meinem »Ruhegang« versuche ich, bewusst in den Alltag zu gehen.

Ich spüre beim Aufstehen meine Füße im Kontakt zum Boden, richte mich auf. Noch sind die Gelenke ein bisschen steif und mein Gang zur Toilette ist nicht elegant. Die Ruhe der Nacht wirkt noch nach und ich fühle mich schwer. Ich huste meinen nächtlichen Schleim heraus, zwänge mich in Stützstrümpfe und frisiere meine blauen Zöpfe. Die täglichen Handgriffe sind vertraut und eingeübt. Früher, vor dem Ruhestand, hatte ich nicht so viel Zeit, da gab es Termine, die ich mir selbst gesetzt hatte oder andere mir vorgaben. Alles musste schneller gehen. Nun lese ich die Zeitung, trinke Kaffee und esse Müsli, bespreche den Tag mit meinem Mann. Anschließend setze ich mich in meinen großmütterlichen Lehnstuhl und atme: ein, aus, Pause. In meinem Kopf ist noch kein Ruhestand, zu viele Dinge will ich heute erledigen: einkaufen, Bücher sortieren, Belege einordnen, Termine vereinbaren, Kulturangebote sichten, schreiben und vieles mehr. Um den Tag zu klären, muss ich mich in Ruhe hinsetzen und warten: »In der Stille ordnet sich alles wie von selbst«, sagt das Tao. Es stimmt, fast. Die Kunst des Nichtstuns übe ich noch.

»Man soll auf keinen Fall stehen bleiben,« sagen die Altersratgeber. »Gehen Sie mindestens 3 Mal pro Woche 20 Minuten! 10.000 Schritte am Tag sind wichtig!« Spazieren gehen ist mir zu langweilig. Der Schrittzähler hilft mir dennoch, meine Aktivität zu messen, allerdings nur, wenn ich das Handy mitnehme. Von meinen Großmüttern wird erzählt, dass sie lange Wege von zu Hause in das nächste Dorf oder in die Kirche gegangen sind, gehen mussten. Die haben viele Schritte am Tag geschafft, ohne Schrittzähler! Sie wurden trotzdem nicht sehr alt. Sie waren aktiv bis zum Schluss. Ruhegang war das keiner. Der langjährige Ruhestand in unserem Wohlstandsland ist eine goldene Zeit. Dieses Glück hatten die Alten vor uns nicht.

Ich erinnere mich an meine »Unvereinbarkeitszeit«, an die Zerrissenheit zwischen den verschiedenen Rollen und Ansprüchen: Mutter, Ehefrau, Therapeutin, Freundin, Schwester, Tochter... und alles möglichst gut machen, perfekt wollte ich nie sein.

Wenn Enkel da sind, dann kann der Ruhestand in Bewegung kommen: »Kannst du bitte am Dienstag...« »Können die Kinder bei euch übernachten«... »Du hast ja nie Zeit!« und ein neues Spannungsfeld tut sich auf. Wer bestimmt über die Großmutter? In meinem Buch »Aber Großmutter, warum« (2022) habe ich darüber nachgedacht.

Ich habe als Freiberuflerin gelernt, meine Zeit selbst einzuteilen und kann es noch. Ich kenne viele berufstätige Menschen, die nur auf die Pension warten und die Tage zählen. Eine meiner Freundinnen, die ein gutes und selbstbestimmtes Leben führte, starb plötzlich eine Woche vor ihrer Pensionierung. Sie hatte viele Pläne. Das hat mich sehr aufgerüttelt und daran erinnert, mein Leben zu achten.

Der Ruhestand ist eine geschenkte Lebenszeit, mindestens 20 Jahre! Was mache ich damit?! Neuere Forschungen haben nachgewiesen, dass, wenn man neugierig und interessiert am Leben teilnimmt, ein gutes soziales Netz hat und sich moderat bewegt, man sehr alt werden kann. Dann stehen die

Chancen gut für mich! Langsam lerne ich Schritt für Schritt den Ruhegang, diesen privilegierten Zustand zu genießen, und mich nach und nach vom Druck aus meiner beruflichen und familiären Zeit zu befreien.

Ich entfalte mich für die Zukunft.

AUGUSTE

Da war doch noch was

Eigentlich waren für mich die Themen zum Altwerden ausgereizt. »Aber da geht noch was«, hat Auguste gemeint, und so strenge ich mein Hirn noch an, was denn da noch gehen könnte…

Der Tod, was ist mit dem, der Sensenmann, der Quiqui, wie er auf lustig heißt, er steht uns ja allen bevor. Binsenweisheit.

Er gehört zum Leben wie der Schlusspunkt zum Satz. Aber für mich ist er so weit weg, ich kann ihn kaum denken, fühlen schon gar nicht. Doch dann höre ich eine Meldung im Radio oder lese in der Zeitung, die oder der ist gestorben, 74jährig, 78jährig, Jahrgang 1945… Ganz normal hört sich das an, die Häuser stürzen nicht ein, die Erde dreht sich weiter, und die Sonne verdunkelt sich nicht. Ja, hoppla, das sind ja meine Altersgenossinnen und -genossen, da könnte ich dabei sein.

Nur würde es bei mir nicht heißen: nach langer schwerer Krankheit – nein, wenn, dann: plötzlich und unerwartet.

Nein, ich kann es mir nicht vorstellen. Will es auch nicht. Warum sollte ich?

Ja, es gab Zeiten, da hat man auf Tuchfühlung mit dem Tod gelebt, als Sterben das Natürlichste der Welt war und man auf Schritt und Tritt dem Tod begegnete. Zur Zeit des 30jährigen Krieges zum Beispiel, als halb Europa entvölkert wurde; oder zu Zeiten der Pest. In der Kunst des Barock findet das üppige Formen. Nicht nur die Pestsäulen zeugen von dieser Zeit, auch die Gräber auf alten Friedhöfen übertrumpfen sich oft mit Totenschädeln, aus denen Würmer kriechen oder mit Schlangen, gekreuzten Knochen und allerlei Gebein – geradezu mit Wollust wird das Lebensende hier ausgeschlachtet. Die Sanduhr, die Waage beim Jüngsten Gericht sind da noch die sanfteren Darstellungsversionen. Eine empfehlenswerte Pilgerstätte für derartige Kunst ist mein diesbezüglicher Lieblingsort und all-time-favourite: der Sebastiansfriedhof in Salzburg.

Nein, der so dargestellte Tod berührt mich nicht, hat mehr mit lustvollem Schauer oder Amüsement zu tun. Aber es gab doch Zeiten, wo man mit dem physischen, ganz naheliegenden Tod mehr konfrontiert wurde: durch die Aufbahrungen zu Hause oder die offenen Särge.

Als Kind oder Jugendliche hat mich der Ostfriedhof in München, ich bin dort aufgewachsen, magisch angezogen. Vor einem Begräbnis und der Verabschiedung in der Aussegnungshalle waren hier die Toten wie in Schaufenstern ausgestellt. Manchmal war der Sarg geschlossen, oft aber auch war er offen, schräg aufgestellt, der oder die Tote wie schlafend auf ein Kissen gebettet, von Blumen oder Grünpflanzen umgeben. Ich schritt diese Auslagenreihe ab, fasziniert von dem, was ich da sah: rosawangige Gesichter, fahle, gelbe, eingefallene, nur schlafend wirkende, wächserne, starr wie Puppen, winzig und verschrumpelt, fast erdrückt vom umgebenden Blumenschmuck.

Manche glaubte man nur antupfen zu müssen, damit sie aufwachten. Die Kinder, daran kann ich mich noch erinnern, ertrug ich schwer. Öfters wurde während meiner Betrachtung ein schwarzer Vorhang vorgezogen, das Begräbnis würde gleich beginnen. Die verweinten Angehörigen schluchzten noch einmal auf, bevor der endgültige Abschied bevorstand.

Unfälle, Kriege, Naturkatastrophen, Verstorbene in Krankenhäusern – Leichen gibt's zuhauf, vermittelt durch Fotos, Filme und Fernsehen. Aber wann wird man unmittelbar mit einem toten Menschen konfrontiert?

Ich stelle mir jetzt öfters meine Mutter tot vor. Sie ist am Verlöschen, wird jeden Tag dünner, müder, verletzlicher, ein Hauch. Irgendwann wird sie hoffentlich ruhig einschlafen. Ich versuche, mich an den Anblick zu gewöhnen, indem ich ihn mir vorstelle. Aber noch lebt sie, atmet, isst, lacht sie, schaut fern, löst Kreuzworträtsel. Warum sollte ich sie in meiner Vorstellung sterben lassen?

Leben und lebendig sein bis zum Schluss, der Tod kommt von allein. Man braucht nichts dafür zu tun. Anders das Leben.

Das will gelebt, gestaltet, gefeiert oder ertragen werden. Soll ich mir wie der gute Schiller einen Totenschädel als memento mori auf den Schreibtisch stellen? Nein, lieber die Fotos meiner Enkelinnen.

RENATE

Sinnvoll enden oder Sinn vollenden

Während ich schreibe, spüre ich mich. Was purzelt heraus aus mir, aus meinem Hirn, aus meinen Sinnen? Ich schaue mir selbst zu und ahne, dass ich nicht alles fertig machen, abschließen kann. Meine Tagebücher sind unbearbeitet, meine Bücher, meine Spielmaterialien stauen sich noch in Schränken. Tausende digitale Fotos leuchten in den wohlsortierten Laptopordnern. Alles ist Ausdruck meiner Interessen. Was soll ich noch verschriftlichen, damit mein Werk vollendet ist? Vollenden. Gibt es das? Die Unvollendete – ein Meisterstück der klassischen Musik – ist vollkommen. Vollenden ist Abschied, Abschied ist Schmerz und Erleichterung zugleich. Seit einigen Jahren spüre ich, wenn ich eine Reise beende, die Wehmut des Abschieds deutlicher als früher. Altwerden ist ständiger Abschied: Abschied von locker beweglichen Gelenken, von einem attraktiven Körper, von intakten Organen, von vollen braunen Haaren, vom faltenlosen Hals und… Und von der Vorstellung, noch viel Zeit zu haben.

Ich habe eine Art »Torschlusspanik«: wenn ich nachrechne, liegen noch 8 Jahre vor mir: meine Mutter wurde 84 Jahre alt. Die heutige Lebenserwartung für Frauen liegt bei ca. 88 Jahren, also gebe ich noch 4 Jahre dazu. Seit ungefähr 8 Jahren schreibe ich an meiner Autobiografie, abgesehen von den Tagebüchern, die von 60 Jahren (!) meines Lebens erzählen… Geht sich da noch ein Memoir aus? Ich verabschiede mich von Ideen für Gruppen, Projekte, Bücher, nehme kaum neue Patient:innen auf und nutze meinen schönen Praxisraum wenig. Es entsteht Leere. Panik. So viele Ideen und so wenig Zeit. Sinnvoll enden, klingt gut, ist aber schmerzhaft.

Sinnvoll enden bedeutet, diese Abschiede sinnlich emotional zu erleben, mit Trauer und Erleichterung. Sinn vollenden heißt auch für mich, meine »Dinge« rechtzeitig loslassen. »Down sizing« nennt man das neuerdings. Alles verringern, auswählen, was man wirklich noch braucht, weitergeben und wegwerfen, loslassen. Dieser Vorgang tut weh und macht gleichzeitig bewusst, was mir im Leben wichtig war, was ich glaubte unbedingt haben zu wollen, machen zu müssen. Viele Menschen vermeiden diesen Vorgang und überlassen der nächstfolgenden Generation ihr ganzes Sammelsurium zur Entsorgung.

Das will ich nicht, und es braucht viel Zeit zum Abbau der Dinge, die man gesammelt und gebraucht hat.

Die Vorbereitung auf das Sterben und den Tod fordert Mut und Offenheit: Eine schriftliche Vorbereitung ist die Patient:innenverfügung: Es ist ein wichtiger Schritt, der allerdings nicht nur mit Altwerden zu tun hat. Es ist eine Entscheidungshilfe für die Behandlung in Risikosituationen. Fragen wie: Soll in den sogenannten aussichtslosen Situationen künstliche Ernährung eingesetzt werden? Wie möchte ich sterben? Was soll nach meinem Tod mit meinem Körper geschehen? Will ich meinen Körper der Medizin spenden oder doch lieber verbrannt werden? Diese Fragen waren beim Ausfüllen der Patientenverfügung sehr herausfordernd – gleichzeitig entlastet es beim Altwerden und hilft den Angehörigen.

»Beschreibe, wie du dein Leben siehst«, wird gefragt. Ich suche noch nach sinnvollen Antworten.

AUGUSTE

Wo bist du, Tod?

»Wer nicht alt werden will, muss rechtzeitig sterben«, sagte meine 85jährige Tante, als ich mit ihr über das Altwerden sprach. Ist schon eine schwierige Sache, das mit dem Sterben und tot sein, Der Tod ist so sicher wie... *»Für mich gibt erst der Tod unserem Leben Strukturen und Sinn. Anfang und Ende sind klar definiert, dazwischen entfaltet sich, entfalten wir unser Leben.«* (*Heidenreich, 2024, Seite 28*). Entfalten, ein schönes Wort.

Ich schreibe am besten einen Brief an den Tod, vielleicht ist er/oder sie dann bereit, mich lange genug leben zu lassen.

Lieber Tod!

Du bestimmst das Leben. Ich weiß, dass es dich gibt. Aber wann du mich holst, weiß ich nicht. Dazu haben wir nichts vereinbart, es steht nicht in meinem Terminkalender. Am liebsten habe ich Langzeitplanung. Den 25jährigen Kalender gibt es leider nicht. Ich möchte vorbereitet sein und nicht plötzlich sterben. Oder doch? Aber dann, wann ich es will. Suizid will ich nicht begehen, so könnte ich mein Ende genau bestimmen. Die Möglichkeit des begleiteten Suizids gibt es ja bereits, auch irgendwie denkbar. Aber ich überlasse dir mein Ende. Naja, mitreden würde ich schon gerne: Zum Beispiel möchte ich mindestens 85 Jahre alt werden. Ich will meinen ältesten Enkel erleben und sehen, welches Studium oder welche Arbeit er einmal machen wird. Oder lieber doch nicht? Erspart mir das Kummer, wenn ich es nicht erlebe? Oder will ich erleben, wie unser Wohlstand absinkt, wie Krisen entstehen und nicht bewältigt werden, wie verrückte mächtige Männer Kriege beginnen und nicht mehr beenden können? Welche Sorgen sollte ich mir ersparen, wenn ich jetzt schon sterben würde? Jetzt? Nein. Du Tod, warte, bis ich bereit bin. Und das bin ich noch nicht. Mein Bruder ist zu früh gestorben, er war nicht einmal 65 Jahre alt. Aber was ist zu früh? Wieviel Recht auf ein langes Leben haben wir?

Liebes Leben, lieber Tod, das Sterben kann noch warten.

AUGUSTE

Nachruf auf Elisa – eine Gruppenarbeit

Kleines Vorwort:

Eine von uns, Renate, hat in unserem ersten Workshop das Thema »Was bleibt?« aufgebracht oder »Was soll bleiben von mir?« Es wurden sogar einige Anregungen aus einem anderen Workshop zitiert: was frau in ihren eigenen Nachruf schreiben könnte.

Ich hab das nicht ganz hingekriegt. Aber ich habe tief in mich hineingehorcht. Und das folgende vielstimmige Gespräch habe ich erlauscht: was nach meinem Tod wohl zur Sprache kommt, wenn das Thema »Nachruf auf Elisa« ansteht…

Ein Hörspiel, vielstimmig – eine Fantasie:

»Du meine Güte, wie sollen wir das denn schaffen? Einen Nachruf auf die Elisa, und noch dazu als Gruppenarbeit! Ob das was wird? Wir sind so viele…

»Hört auf zu jammern! Wir haben nicht ewig Zeit – im Gegensatz zu ihr jetzt. Und außerdem ist es doch eine schöne Aufgabe!

»Na gut, ich fang mal an. Sie hatte was mit der Schönheit. Darüber hat sie oft sinniert und erzählt. Schönheit als Lebensauftrag…

»Das klingt aber kitschig.

»Also ich fand ich sie meistens ziemlich extrem, sie hat schon oft übertrieben. Nicht immer schön, eher anstrengend.

»Aber sie hat ja auch was bewirkt. ›Viel hilft viel‹, das hat sie zwar nie gesagt, aber getan sehr wohl.

»Ja, zart mit sich selbst ist sie erst am Schluss geworden, da hat sie das Dosieren und Maßhalten entdeckt.

»Oder hat sie die Angst davor verloren? Die Angst vorm Durchschnittsein meine ich, und die Angst vorm Schwachsein. Auch ihr Hochsensibel-Sein hat sie erst spät endlich zugelassen.

»Ich persönlich bin ihr sehr dankbar, dass sie das nicht raushängen hat lassen wie so manche andere Hochsensible, die alle anderen damit terrorisieren.

»Stimmt. Ein soziales Gespür hatte sie schon.

»People Pleaser war sie, eindeutig!

»Trotzdem auch bissi Revoluzzer, immer neue Formen, immer radikal, bloß nix Normales …

»Also, mir hat das Mut gemacht. Ich hätte mich sonst nicht so herausgetraut …

»Naja, bei diesen Eltern war das auch kein Wunder. Ihre Eltern waren doch auch nicht normal. Und der ganze Zeitgeist ihrer Jugend: ihre ersten Vorbilder waren alles 68er, Joan Baez, Ernesto Cardenal, Erica Jong, was wunderts euch?

»Außerdem war sie Aszendent Wassermann. Unkonventionell als Programm, alles für die Freiheit!

»Nein, sie war Aszendent Steinbock! Ein Strukturfreak, das haben wir doch alle erlebt. Und karg konnte sie leben, mit fast nix auskommen. Hat immer am liebsten nur Wasser getrunken. Hard-working war sie, konnte was durchziehen, wenn's nötig war, zäh wie eine Bergziege!

»Aber bitte mit Betonung auf KONNTE! Extrem faul konnte sie doch auch sein. Habt ihr sie jemals aufwändig kochen gesehen? Stundenlang, tagelang konnte sie mit einem Buch herumliegen.

»Wir brauchen hier kein »entweder/oder«: sie war Aszendent Steinbock UND Wassermann. Genau in der Mitte des Übergangs geboren. Ja, das gibt's.

»Haha, das hör ich zum ersten Mal!

»Eben, sie war halt auch eine Erste, eine Pionierin, ältestes Kind und so …

»Und sie hatte den Jupiter in der Jungfrau, auch das erklärt ihre Strukturiertheit. In einem klaren Rahmen konnte sie sich am besten entfalten, siehe ihre Karriere. Siehe ihre Kunstwerke, das Bilderbuch, die Bücher, die Bilder! Und es erklärt ihre Vorliebe für Virgo-Männer – die waren ihr förderlich.

»Also sollen wir doch das Thema Männer anpacken?

»Ich finde, da war sie besonders übertrieben. Offene Beziehung jahrzehntelang. Zwei Männer bei der Geburt ihres Kindes. Und all diese Liebschaften!

»Aber sogar da hat sie viel zu viel nachgedacht, immer mit dem Kopf dabei.

»War halt ein gebranntes Kind, besser gesagt ein gewarntes Kind. ›Mach dich bloß nie abhängig von einem Mann!‹ – Leitspruch ihrer Mutter…

»Leidensspruch wohl eher!

»Ich hab noch was zum Thema Übertreiben: auch im Beruf war sie extrem. Sie hat dermaßen Verschiedenes ausprobiert. Und dann diese steile Karriere, gleich ins Ausland, gleich rein zu den Chefs…

»Sogar beim Tango war sie extrem, vier Mal die Woche, immer mit 8-Zentimeter-Absätzen, goldene natürlich.

»Narzisstisch?

»Das Zeug dazu hatte sie vielleicht, aber wir haben sie früh genug auf die Couch gekriegt. Tschuldigung, wir sollten uns vorstellen: wir sind ihre eine Therapeutin und ihre drei Therapeuten. Ich war ihr letzter Therapeut, bei mir saßen die Klienten auf Fauteuils, kein Couchliegen. Naaa, sie war einfach ein bisschen eitel, würde ich sagen.

»Aber das sind die beim Tango doch alle, späte Prinzen und Prinzessinnen, rührend irgendwie.

»Jedenfalls High Heels und Tanz-Marathons, bis die Füße geschädigt waren, von wegen Maß halten…

»Dann wieder ihre Aussteigerzeiten, Sennerin und so, handmelken auf dem steilen Hang im Schneetreiben, mehr brauch ich nicht sagen, oder?

»Also ich möchte das nicht!

»Das ist jetzt wirklich nicht die Frage! Und diesen Satz hat sie wohl oft zu hören gekriegt, auch wenn es gar nicht die Frage war. ›Na, für mich wär das nix!‹… Das Verglichenwerden, darunter hat sie manchmal sehr gelitten.

»Aber das kannst du gleich wieder streichen, darunter leiden wir doch alle!

»OK, hast recht. Wo waren wir? Ach ja, Schönheit. Doch, zu hundert Prozent war das ihr ausdrücklichstes Anliegen! Keinen Sonnenuntergang hat sie ausgelassen, keinen Vivaldi-Seufzer, und ihre Räume waren immer sofort schön eingerichtet.

»Genau, und diese Begeisterung für Blumen und Mandalas… Natur überhaupt. Jedes Gräslein hat sie gezeichnet.

»Und übrigens auch gekostet! Sie wusste, wie die ganze Wiese schmeckt und wie jeder Waldbaum schmeckt, Rinde und Wurzel inklusive. Ein Wunder, dass sie nicht schon früh an einer Vergiftung gestorben ist…

»Sollen wir das mit den Sprachen noch hereinnehmen? Sie selbst hat das ja eher heruntergespielt, quasi ›Ich hab ja nur aus der Not eine Tugend gemacht‹.

»Versteh ich nicht ganz. Ich dachte, sie hat all die Sprachen gesprochen, um die Welt zu erobern, aus Neugier.

»Sag lieber, um sich die unheimliche Welt vertraut zu machen. Das hat sie mir erzählt: dass das Sprachenlernen aus Not war, als kleines Mädchen schon, aus Einsamkeit, um andere zu erreichen. Und später, um ›draußen‹ dazu zu gehören, dort, wo anders gesprochen wurde als drinnen.

»Dass sie mit ihrer Sprache, mit ihrem Schreiben auch sich selber besser erreicht, hat sie dann erst später verstanden, Thema ›voice‹, oder?

»Nein, ich glaube, das war ihr schon in dieser Coaching-Ausbildung klar geworden, in ihren Dreißigern, auf Französisch. »Die Person entsteht durch ihre Erzählung, sie muss sich sagen«, hat sie immer zitiert, »se dire«, ich hoffe, ich sprech das richtig aus…

»Jedenfalls hab ich sehr viel bei ihr gelernt über Kommunikation, auch die mit mir selbst. Da war sie eine Meisterin, auch selbst immer frisch begeistert, bis zum Schluss!

»Bei den Sprachen könnte man also sagen: sie hat aus der Wunde eine Gabe, aus der Schwäche eine Stärke gemacht?

»Ja, genau. Und Chancen sehen und nutzen, das konnte sie auch. Nimm doch als Beispiel ihr Beziehungsleben: Bindungsstörung plus unglückliche Ehe der Mutter plus 68er Befreiung – ›Da mach ich was Schönes Neues draus!‹. So ähnlich war wohl ihr Ansatz.

»Gut zusammengefasst! Also ich finde, das ist auch eine Form von Schönheit.

»Na gut, dann sag ich jetzt auch noch was. Ich bin eine Mitschülerin von ihr gewesen, in der Volksschule. Sie hat damals schon wirklich gut zeichnen können. Zeichenunterricht in den 60er Jahren war natürlich schrecklich old school, es ging damals nur um schön oder nicht schön. Egal jetzt. Jedenfalls: regelmäßig in den Zeichenstunden sind manche von uns zu ihrem Platz gegangen mit unseren missratenen Blättern. »Kannst du das ausbessern?«, hab ich sie dann gefragt, »Kannst du noch was draus machen?« Und sie konnte! Immer. Mit Hingabe und Begeisterung. Egal, wie es angefangen hat, man kann immer noch was Schönes draus machen. Das hab ich damals schon mit ihr gelernt.

»Das ist doch nicht kitschig!

»Dann lassen wir das drin mit der Schönheit.«

ELISA

Meine 105jährige Mutter

Nach der »Morgenarbeit« (Zahnbrücke einsetzen und Zähneputzen, Inkontinenz versorgen, waschen, anziehen) und dem Frühstück (die Flocken fürs Müsli hat sie schon in der Nacht eingeweicht) sitzt sie in der Loggia ihrer kleinen Wohnung und schaut. Schaut in den Himmel, betrachtet die Wolken, die Flugzeuge samt Kondensstreifen, manche zeichnen besonders interessante Muster, schaut auf den Giebel des gegenüberliegenden Hauses mit der flötenden Amsel, schaut in den großen grünen Laubbaum vor ihrem Fenster, schaut auf ihre Pflanzen und Blumen, die selbst gezogenen Geranien. Und auf das Bäumchen, das wir nach ihrer Ankunft vor ihrer Loggia gepflanzt haben. Punkt 12 steht sie am offenen Fenster, um den Mittagsglocken, die sie aber nur bei günstigem Wind hört, zu lauschen und dazu den »Engel des Herrn« zu beten.

Außer Mittagessen komponieren und einer Nachmittagstasse Kaffee mit einer Minimehlspeise verzehren löst sie Kreuzworträtsel, döst ein wenig oder legt sich nieder. Der Abend gehört dann meistens dem Fernsehen, beginnend mit »Gefragt, Gejagt« um 18:00 Uhr, um 19:30 Uhr »Dahoam is Dahoam«. Im Fernsehprogramm, das ich ihr brav jeden Donnerstag liefere, hat sie angestrichen, wenn es »was G'scheites« gibt. »Was G'scheites« sind alte Filme, Opern, Konzerte, »Klassik unter Sternen«, Natur – und Kultursendungen (Universum, Erbe Österreich), im Winter auch Sport. Neue Filme finden keinen Anklang. »Ich versteh' die Dialoge nicht.« Trotz beider Hörgeräte mit mächtigen Kopfhörern, sogenannten Beats, hört sie bedauerlich schlecht. Und so genießt sie an Filmen die alten, bei denen sie die Dialoge bereits mitsprechen kann, so oft hat sie sich die Streifen schon zu Gemüte geführt: »Casablanca« geschätzte achtmal, »Dr. Schiwago« ca. fünfmal, »Der dritte Mann« viermal, »Vom Winde verweht« sechsmal, »Die Brücke« dreimal. Krimis wie der »Tatort« scheiden wegen ihres Aufregungsfaktors aus.

Im Winter, wie schon erwähnt, findet sie auch an den Schisportübertragungen Gefallen. Einmal konnte ich sie bei einem abendlichen Kontrollanruf nicht erreichen. Nach mehrmaligen Versuchen bin ich schließlich zu ihrer Wohnung gefahren, aufs Schlimmste gefasst. Da saß sie vor dem Fernseher, kopfhörergeschützt vor Außenlärm und rief mir zur Begrüßung entgegen: »Jetzt hat der Österreicher um ein Haar den dritten Platz verpasst.« Die Mühen meiner abendlichen Ausfahrt waren im Nu verflogen.

Ein Gläschen Wein gibt's noch am Abend (außer in der Fastenzeit) oder süßes Naschwerk. Theoretisch kann man sie mindestens bis Mitternacht anrufen. Tut man aber nicht, um sie nicht zu beunruhigen oder erschrecken. Sie ist eine echte Nachteule; oft wird es – je nach Fernsehprogramm – 2:00 oder 3:00 Uhr früh. »Ja, die »Schöpfung« (von Haydn) hat so lange gedauert.«

Bis vor zwei Jahren hat sie noch unermüdlich gestrickt. Mit drei Patchworkdecken und 20 Paar Socken hat sie sich ein wollenes Denkmal errichtet. Dazu sind jetzt ihr Sehvermögen und auch ihre Kraft zu schwach. Aber »kleine Wäsche« macht sie noch, »wischt auf«, bessert ihre Kleidung aus und pflegt ihre Blumen. »Der Erfinder des Rollators sollte den Nobelpreis bekommen«, ist einer ihrer Standardsätze. Er, der Rollator, hat uns kleine Ausflüge in den nahegelegenen Park ermöglicht, jetzt ist er absolut unabkömmlich nur für die täglichen Schritte in der Wohnung.

Apropos Standardsätze. Ihren verminderten Seh-, Hör- und Geschmackssinn kommentiert sie regelmäßig und lakonisch mit: »Mei, des is halt der biologische Abbau.« Und wenn ich mich nach einem Besuch verabschiede, höre ich meistens: »Danke für das Mitgebrachte und die geschenkte Zeit.« Ganz selten seufzt sie demütig und mitleidsvoll: »Da habt's euch was antan mit mir.«

Vor dreieinhalb Jahren, während der Pandemie, haben wir meine Mutter von München nach Niederösterreich in meinen Wohnort verpflanzt. Durch den Lockdown hat es sich wie eine geheime Flucht oder Entführung angefühlt. Es war ein Karfreitag und meiner religiösen Mutter konnte ich den Abschied als Leidenstag, das Ankommen dann aber als Auferstehung und österlichen Neubeginn auslegen. Die Urenkelinnen hatten bunte Plakate gemalt: »Herzlich willkommen in der neuen Wohnung« und »Wir schaffen das«. Eine 101jährige zu entwurzeln ist keine Lappalie, bei manchen Menschen hat dieser Schock sogar zu Demenz geführt, aber meine Mutter hat diese radikale Veränderung grandios gemeistert.

Natürlich hat sie ihrer vertrauten Umgebung, Haus mit Garten, Blick vom Balkon, Reste von Freunden und Bekannten nachgetrauert. Doch sie weiß, dass sie hier ihre nahen Angehörigen hat, die Tochter mit Familie, die Enkel mit Familien, die Urenkelinnen. Sie wird gut versorgt, besucht, zu allen Familienfeiern mitgeschleppt. Statt des Münchner Bürgermeisters gratuliert ihr jetzt der von Ebenfurth zu ihren methusalemischen Geburtstagen.

Wenn ich sie frage, wie lange sie noch leben möchte, meint sie: »So lange der da oben will.« Ja, sie hat einen guten Draht nach »oben«; jeden Sonntag sitzt sie vor dem Fernseher und feiert eine Messe mit, hat dazu eine Kerze angezündet, spricht die Responsorien und empfängt den Segen.

Was sie denn so alt werden und immer noch Freude am Leben hat lassen? Den Apothekern gibt sie zur Antwort: »Weil ich Ihre Branche nicht so viel verdienen hab' lassen.« Ich meine, es ist ihre Anteilnahme am Leben, ihr Interesse an der Familie (sie vergisst auch keine Geburts- und Namenstage), ihre Neugier. Noch vor zwei Jahren hat sie gewählt; das politische Tagesgeschehen verfolgt sie noch immer. Sie hat den Tod ihres Mannes und ihres

Sohnes erleben müssen, mit 96 noch einen Oberschenkelhalsbruch überstanden, aber sie ist eine, die sich nicht unterkriegen lässt. »Resilient« würde man heute sagen.

Eine Weisheit von ihr habe ich immer wieder gehört: »Nicht länger als 10 Minuten über Krankheiten reden!«

Ob ich dieses Silvester noch unser traditionelles Scrabble, dazu ein Glas Sekt und zwei Lachsbrötchen, spielen werde, wir mit »Ah« und »Oh« die Leuchtraketen bewundern und für uns einen Stern-Spritzer anzünden werden? Jedenfalls habe ich ihr angekündigt, dass ich ihr ins offene Grab das verhasste Scrabble »Q« und eine ihrer geliebten Zucchini werfen werde.

RENATE

Was bleibt?

Irgendwann ist auch diese Frage aufgetaucht bei all dem Nachdenken über das Altern, die Endlichkeit, den Tod. Ist es eine vermessene Frage? Jedenfalls eine, bei der die eigene Antwort so ganz anders ausfallen kann als die der sogenannten Nachkommen.

So begibt man sich mit dieser Frage ins Reich der Träume, der Spekulationen, der Irrtümer. Ich denke da an meine Zeit in der Schule. Was ist da oft hängen geblieben bei den Schülern, das mit meinen Intentionen als Lehrperson so gar nichts gemein hatte. Das kann traurig oder auch sehr erheiternd sein. Es kommt eben bei B nicht alles so an, wie A es ausgesendet und beabsichtigt hat.

Ein ganz profanes Beispiel fällt mir dazu ein. Mit einer Bubenklasse besuche ich das Englische Theater. Wir sehen Thornton Wilders »Our Town« (»Unsere kleine Stadt«), das sehr berührend Allgemeinmenschliches abhandelt: Jugend, erste Liebe, Ehe, Dorfleben, Tod. Bei der Nachbesprechung bekomme ich auf meine Frage, was sie an der Inszenierung besonders beeindruckt hat, von einem Schüler keineswegs ironisch zur Antwort: »Der offene Reißverschluss am Rock der Hauptdarstellerin.«

Die Frage »Was bleibt?« ist also eine Wunschvorstellung, weiter nichts. Ganz konkret in meinem Fall ist jedenfalls die Unmenge an Büchern, die ich hinterlasse. Die Regale, die Zimmer voll davon (außer in der Speis' und im Bad). Mit meinen Versuchen, es den Nachkommen leichter zu machen und den Bestand zu verdünnen, bin ich gescheitert; nein, nicht gescheitert, sondern ich habe bewusst damit aufgehört. Zwar kann ich mich mühelos von nicht 100prozentig überzeugenden Neuerwerbungen trennen (sie landen meist im öffentlichen Bücherschrank am Wiener Margaretenplatz), aber mein altgedienter, vertrauter Bestand, der gehört zum Haus wie die Wände und Tapeten. Von dem kann und will ich mich nicht trennen. Viele Werke haben sogar den Weg über den Atlantik geschafft. Warum sollte ich sie nach all der Zeit, der großen Reise, den vielen Umzügen verstoßen? Nein, da müssen sich die lieben Kinder damit herumschlagen. Und denen fällt der Abschied sicherlich leichter als mir.

Was bleibt noch? Was könnte bleiben? Von meiner Tätigkeit in der Schule vielleicht originelle Stunden, Hoppalas, Theaterspielen, interessante Lektüren, hoffentlich der Eindruck eines angenehmen Unterrichtsklimas. Kleine Rückmeldungen bei Maturatreffen streicheln die Seele, wärmen das Herz: »Wir haben so viele Themen bei Ihnen durchgenommen. Das hat mir im Beruf sehr geholfen.« Ein anderer Schüler ist Sportreporter beim ORF geworden. »Die Dialoge, die vielen Gespräche auf Englisch waren unschätzbar für meine Interviews.« »Die beste Englischlehrerin der Welt«, meinte ein Mädchen. Sie hatte nur zwei gehabt. Die dreiwöchige USA-Reise mit einer Klasse hat gute Chancen, nicht in Vergessenheit zu geraten.

Und bei den Kindern? Was könnte da als typisch oder über das normale Maß hinaus hängen geblieben sein? Außer Familienfeiern und Urlauben (die in Spanien ganz besonders) auch vorgelebte Werte. Soziales und politisches Engagement, Freude an Kunst und Kultur, Korrektheit, Gerechtigkeitssinn, Wachsein, Witz und Humor.

Dass eine meiner Sentenzen: »Hinaus an die frische Luft!« so tiefgreifende Wirkung bei meinem Sohn hatte, dass er noch im Erwachsenenalter nur mit schlechtem Gewissen vor dem Fernseher saß, das hat mich gewaltig erheitert.

Wo ich mir ein Alleinstellungsmerkmal verschafft habe, sind meine Aprilscherze. Die sind angeblich legendär und auf die bin ich auch sehr stolz. (Zum Beispiel: Schüler und Schülerinnen in die Direktion schicken, um sich dort für kostenlose Nachhilfe anzumelden; gemein, ich geb's zu; mit Briefpapier der Gemeinde und imitierter Unterschrift des Bürgermeisters unseren Sohn als »Grätzlvertreter« einladen und Ähnliches).

Jetzt im Alter arbeite ich an meinem Denkmal mit Blick auf die Enkelinnen. Ich backe an meinem Apfelstrudel-Denkmal, ich erspiele oder habe mir erspielt ein Kasperltheater-Denkmal, ich schreibe mir (auch mit ihnen) ein Buch-Denkmal.

Jedes Jahr am 8. Dezember bäckt die ganze Familie zu den Klängen von Händels »Messias« (keiner hört mehr wirklich zu) ein riesiges Lebkuchen-Denkmal, die Enkelinnen in der Verzierungs-Hauptrolle. Diese Tradition könnte eventuell überleben. Vielleicht bleiben auch die Erinnerungen an die Theater-, Konzert-, Opern- und Musical-Besuche, die Kärnten-Urlaube mit Reiten und im Teich toben, die Versteck- und Ballspiele in unserem Garten, die Erdäpfelfeuer, das Puddingkochen und Plätzerlbacken.

Wenn ich meine Mutter betrachte, die am Verlöschen ist, die der Welt gerade abhanden kommt oder ihr die Welt, dann sieht das Leben aus wie eine Spur, die der Wind verweht. Ende. Was bleibt vom reichen Leben meiner Mutter? Unsere Erinnerungen. Was bleibt von mir? Und wie lange? Ich weiß es nicht. Gut so. Es ist sinnlos, etwas zu erwarten.

Da fällt mir noch ein Spruch ein, den mir meine Mutter ins Poesiealbum (damals in Mode) geschrieben hat.

»Als du geboren wurdest, weintest du,
die Deinen aber freuten sich.
Lebe so, dass, wenn du stirbst, du dich freust,
die Deinen aber weinen.«

Ach, beinahe hätt' ich vergessen auf etwas Handfestes, das bleibt: vererbtes Gut. Ein Haus, eine Wohnung, ein Grundstück, ein Schmuckstück. Keineswegs verachtenswerte Werte. Da sehe ich schon meine Enkelinnen in meinen Schmuckkästchen stöbern.

RENATE

Beethoven für ältere (Ehe)Paare

Seit ungefähr drei Jahren gehen mein Mann und ich regelmäßig jeden Mittwoch singen, Gesangsunterricht bei einer ehemaligen Opernsängerin und Pianistin, auch Organistin in Wien.

Begonnen in der Pandemie, war es damals und ist es immer noch eines meiner Lebenselixiere. Das hat einerseits mit dem Singen und der Beflügelung durch Musik, andererseits mit der Lehrperson zu tun, einem trotz fortgeschrittenen Alters unerschöpflichen Energiebündel, welches unbändige Lebensfreude und Musikbegeisterung versprüht.

Ihr Temperament kann Besenstiele zum Singen bringen und graue Nebelstimmung in rosa Wölkchen verwandeln. »Ich bin nicht alt, und du bist es auch nicht«, lautet einer ihrer Sager, wenn einer von uns auf den geriatrischen Bonus pocht. Oder: »Man ist nie zu alt fürs Singen.« Oder: »Üben,

üben, üben.« Oder: »Schwer. Aber was wir da lernen!« Beschwingt verlassen wir nach jeder Stunde ihre Wohnung im vierten Stock und schweben die flachen Otto-Wagner-Treppen hinunter.

Vor kurzem gab sie uns »Ich liebe dich« von Beethoven zum Einstudieren. Ein Lied, gerne vorgetragen bei silbernen, goldenen, eisernen Hochzeiten und all ihren Zwischenschattierungen.

Also gut. Nicht schwer zu singen. Einstimmig. Wie immer am Text arbeiten. Sich genau mit dem Text befassen, ihn mit viel Ausdruck rüberbringen. Wir sind dabei. Und dass der Inhalt Reaktionen bei uns auslöst, ist unvermeidlich.

»Ich liebe dich, so wie du mich,«

(*Nur nicht verhaspeln und »so wie ich mich« sagen*)

»Am Abend und am Morgen,«

(*Was, schon so früh? O ja, doch, wir lächeln uns immer fröhlich an in der Früh, schlafen auch nicht getrennt trotz T.s Schnarchen. Die Zeile kann man natürlich auch körperlich deuten. Ja, Sex im Alter gibt es.*)

»Noch war kein Tag, an dem wir nicht
gleich teilten uns're Sorgen.«

(*Nein, stimmt nicht. Es gab und gibt genügend Tage, an denen man Belastendes und trübe Gedanken für sich behält und alleine mit sich ausmacht, aus Rücksicht, Stolz oder Eigenleben.*)

»Auch waren sie für dich und mich
geteilt leicht zu ertragen.«

(*Das schon, wenn man sie denn geteilt hat.*)

»Du tröstetest im Unglück mich,«

(*Meistens, außer es war gesteigerte Blödheit am Werk.*)

»Ich weint' in deine Klagen.«

(*Ich hab sie mir geduldig angehört, aber geweint hab ich nicht.*)

»Drum Gottes Segen über dir«,

(*Ja, egal ob es ihn gibt oder nicht.*)

Du meines Lebens Freude.«

(*Ja, schon, mehr denn je.*)

»Gott schütze dich, erhalt' dich mir,

Schütz' und erhalt' uns beide,

erhalt' uns beide!«

(Diese Zeilen mit Inbrunst, beinahe Tränen in den Augen singen. Doch Vorsicht, bei zu viel Rührung versagt die Stimme. Gut, dass es aus ist, das Lied.) Es ist schon recht pathetisch und idealisierend, nicht so ganz unser Ton. Und doch: Erhalt' dich mir, erhalt' uns beide. Das kann man unterschreiben. Das wünschen wir uns. Wünsch ich mir. Innigst.

RENATE

Altweibersommer

Da fliegt er, schwebt er! Unendlich zarter Faden, luftleicht, silbern, mal glänzend, mal unsichtbar, er kitzelt im Himmelblau in der fast krachend frischen Luft, im Apfelrot, im Buchenleuchten, im Septembergelb. Ende September, wohlgemerkt, eher Anfang Oktober. Oder Ende gar?

Altweibersommer, ein langes loses fliegendes Haar aus Spinngewebe. Ist das Netz zerrissen? Verlassen, nicht mehr gebraucht, die Weberinnen satt, fortgepflanzt, eingewintert, tot? Nein, sie fliegen! Die jungen Baldachinspinnen! Es ist ihr Luftschiff! Anmut pur. Die Erfindung des Fadens war genial und weiblich, revolutionär vor 40.000 Jahren. Und jetzt.

Altweibersommer, so fein, dass es wehtut. O wie es weht, wie es zieht! Wie die Sehnsucht, schau, der Flieger da oben, glänzendes Pünktchen mit rosa Streifen im Abendhimmel und hier herunten die Schule, die Hausaufgaben, die engen Schuhe. Sie schmerzen. Noch mehr schmerzt der schwindende Sommer. Vergangen, vorbei, zu Ende. So fern ist der nächste, eine ganze Runde um die Sonne bis zur nächsten großen Freiheit. Es weht, es sticht, dass nur noch Disteln blühen, ja, Silberdisteln. Statt Enzian, Margariten, Löwenzahn.

Ja doch, auch die Brombeeren schmecken gut, herb aber und ja, jetzt gibt es die Preiselbeeren. Sie brauchen den ersten Frost, er war schon da. Auch herb, die Hagebutten, Hetschepetsch, warum war das ein Spottruf in meiner Kindheit so wie Ätsch oder ellerletsch? Und Kastanien für die Schule, glänzend und fett und Walnüsse fürs Hirn. Er schmerzt, es weht. Altweibersommer – mild statt wild. Der Übermut ist erschöpft oder gezähmt bis zum nächsten Tulpenfeld. Unendlich weit ist es bis dahin. Gemäßigtes ist angesagt, o je. Gleich fällt das Wort »Beherrschung«. Es weht! Die Stille in den hohen Bergen jetzt, die Hüttenfenster fest vernagelt, ein einzelnes Piepsen des winzigen letzten Vogels da oben, sonst kein Laut. Einpacken oder wegfliegen. Manchmal, nein sicher, kommt noch einmal ein Föhneinbruch. Trügerisch heiße gelbliche Tage, auch die nennt man Altweibersommer, der Frühling der Omas, der Ahnen, Vorsicht! Steinbock-Klarheit, irdisch, saturnisch, stocknüchtern: Es gibt kein Zurück auf der Bahn der Erde um die Sonne. One Way. Das schräge Licht jetzt, die kurzen Tage. »Naa, wie die Zeit vergeht!« Holz einlagern und Äpfel. Für was? Für wann? Ich will es jetzt nicht. Ich will es nicht wissen.

Da sitzt sie jetzt wieder öfter auf der Hausbank in der Sonne, die Hände ruhig, die Birnen vom Spalierbaum brav geerntet. Es ist doch eh noch schön, sagen alle. Eh noch warm. Altweibersommer! Eh. Das schmerzt und weht am meisten. Das »eh«. Und das »noch«. Silber weiß, unendlich zart, unendlich schön. Schwerelos. Eh.

Das Landgericht Darmstadt hat im Jahr 1989 festgestellt, dass die Verwendung des Ausdrucks »Altweibersommer« durch die Medien keinen Eingriff in die Persönlichkeitsrechte von älteren Damen darstellt. (*Wikipedia*)

ELISA

12. Epilog

Ohne euch...

...hätte ich die Kurve nicht gekratzt.

Ohne euch würde ich immer noch meine Falten als Makel sehen statt als Entwicklung.

...hätte ich nicht so gründlich übers Altern nachgedacht – über *mein* Altern! Ich hätte eher geleugnet, weggeschaut, versteckt und sehr unterschwellig untröstlich getrauert.

Ohne euch hätte ich nicht das Abenteuer erkannt und angenommen.

...hätte ich nicht die Chance gesehen, sondern nur den Verlust, hätte nur die Disziplin verstärkt, nein: die Anstrengung des Vermeidens – anstatt die Arme auszubreiten und das Herz für neue Geschenke des Lebens.

Ohne euch hätte ich versucht, geradeaus weiter zu fahren um jeden Preis. Fast jeden Preis.

Ohne euch würde ich weitergaloppieren und darüber staunen – naja: eher mich ärgern – dass ich jedes Jahr mehr ins Schnaufen gerate.

...würde ich meinen Morgensport mit mehr verachtender Verbissenheit und weniger dankbarer Zärtlichkeit machen.

Ohne euch hätte ich mich weiterhin *nur* gefreut, wenn jemand sagt: »Du schaust aber jünger aus!«. Jetzt freue ich mich nicht mehr nur, sondern frage auch nach. Jetzt freue ich mich nicht mehr nur *darüber*. Sondern auch darüber, wenn jemand sagen würde: »Das merkt man, dass du schon viel gelebt hast. Das spürt man, dass du schon 67, 77, 87 bist.«

Ohne euch hätte ich mich sicher nicht so aufgeregt und empört über das Wort »anti-aging«. Und über die Idee dahinter!

Ohne euch hätte ich mich nicht so viel lachen getraut und so viele Tränen erlaubt über das »nicht mehr…«.

Ohne euch würde ich das »noch…« mit mehr Wehmut als Feiern sagen, und das »endlich…!« mit einem bitteren Beigeschmack.

Ohne euch hätte ich das Trauern um meine Jugend nicht so bewusst angepackt und hätte also auch keinen Blick auf das, was nach dem Trauern entsteht: auf den sogenannten »neuen Selbst- und Weltbezug«!

Ohne euch hätte ich nicht so viele andere Frauen übers Altwerden angesprochen, und nicht so viele animiert, mit auf diese spannende Reise zu gehen (statt die Prozesse möglichst zu bremsen und mich mit Vergangenem zu vergleichen).

Ohne euch würde ich mich überhaupt weiterhin mehr vergleichen – anstatt lächelnd aus dem Wettbewerb und dem Markttreiben auszusteigen und in das weite Land dahinter zu wandern.

Ohne euch würde ich mich nicht so auf das volle »Jetzt« einlassen mit all seinen Wehwehchen, all seinem Kopfschütteln und seinen Endlichkeitsgedanken.

…würde ich den Satz »Ich befinde mich auf dem Heimweg« nicht so mutig in den Mund nehmen und vor allem nicht ins Herz.

…würde ich immer noch mein 100cm Maßband in der Hand halten, verdutzt, gekränkt und eingeschüchtert über die wenigen Zentimeter, die ich bestenfalls noch zu leben habe.

Ohne euch würde ich mich viel mehr allein fühlen oder verrückt und sicher auf einer Abwärtsbewegung.

Ohne euch hätte ich nicht so viel Freude, ja Vorfreude auf die Zukunft.

ELISA

Schreiben in der Gruppe

Es bringt:
Ermutigung, Disziplin, Austausch, Bereicherung,
Unterstützung, Freude, Inspiration.
Es ist:
Bewundern und bewundert werden
Zweifel teilen
Zu Regelmäßigkeit angehalten werden
Staunen über die Vielfalt der Texte und des Erlebten
Ansporn, das Thema immer wieder und genauer auszuleuchten
Resonanz und Bestätigung erfahren
Wenn's durchhängt, aufgebaut werden,
Sonne an einem Regentag.

RENATE

Was das Schreiben mit mir gemacht hat

Es mir in erster Linie Spaß gemacht, mich über ein Jahr lang einmal im Monat mit den (M)AREs per Zoom zu treffen. Das Thema war immer in meinem Kopf und besonders wenn ich nicht so gut drauf war, habe ich gedacht, ob ich wohl ehrlich bin, ob nicht alles doch mühsamer ist als ich schreibe. Dann natürlich die intensive Auseinandersetzung mit meinem alternden Körper und dem inneren und äußeren Bild, das ich von mir habe. Die Gespräche mit

Freundinnen, die vielfach der Ansicht sind, sie wollen sich doch wirklich nicht damit auseinandersetzen. Und letztlich denke ich darüber nach, was ist, was bleibt und wie werde ich die Sache in zehn Jahren sehen?

Ich habe auch viel darüber nachgedacht, was meine Mutter getan hat, um gesund und beweglich so alt zu werden. Darüber habe ich ja auch geschrieben. Sie reiste so gerne und hat mich öfters gefragt, ob sie dafür nicht zu viel Geld ausgebe. Ich erinnere mich, dass ich zu ihr gesagt habe: »Reise so lange du kannst, es braucht sich nur wenig zu ändern und dann kannst du vielleicht nicht mehr reisen. Aber du wirst dich immer wieder über die Reisen freuen können«.

MARIA

Miteinander schreiben

Um ein Buch zu schreiben braucht es – nein, kein ganzes Dorf. Es braucht interessierte Menschen, die die Texte lesen oder zuhören: Resonanz. Das geschieht in unserer MARE-Gruppe (Maria, Auguste, Renate und Elisa). Mit regelmäßigen Zoom-Terminen und einer wohlwollenden Verbindlichkeit fördern wir unsere Schreibziele. Das »Friendly Feedback« verbessert unsere Schreibstile. Das Thema »Altwerden« hat sich aus dem autobiografischen Schreiben ergeben und wir machen uns Mut zum Altwerden und Altsein. Ich bin sehr dankbar für diese gemeinsame Erfahrung mit euch!

AUGUSTE

Literaturliste

- Beauvoir, Simone de (1977) Das Alter. Reinbek bei Hamburg: Rowohlt
- Ernaux, Annie (2019) Die Jahre. Berlin: Suhrkamp
- French, Marilyn (1977) The Women's Room. Frauen (2024) Hamburg: Rowohlt
- Haderlap, Maja (2011) Engel des Vergessens. Göttingen: Wallstein Verlag
- Kandolf-Kühne, Maria (2023) Annas Mitgift. Wien: Buchschmiede
- Reichel, Auguste (2022) Aber Großmutter, warum? Wien: Buchschmiede
- Schmidbauer, Wolfgang (2003) Altern ohne Angst. Reinbek bei Hamburg: Rowohlt
- von Arnim, Gabriele (2023) Der Trost der Schönheit. Hamburg: Rowohlt.

Empfehlungen:
- Aschacher, Nora (2015) *Bald alt? Na und!* Wien: Edition a.at
- Bach, Doris, Böhmer, Franz (HG.) (2011) *Intimität, Sexualität, Tabuisierung im Alter. Wien, Köln, Weimar: Böhlau*
- *Baltes, Paul B., (2001), Das Zeitalter des permanent unfertigen Menschen: lebenslanges Lernen nonstop? In:* Politik und Zeitgeschichte, B36/2001
- Fischer, Erika (2021) *ALT- na und?* Berlin: Berlin Verlag
- Friedrich-Hett, Thomas (HG.) (2007) *Positives Altern. Neue Perspektiven für Beratung und Therapie älterer Menschen. Bielefeld: transcript*
- Heidenreich, Elke (2024) *Altern.* Berlin: Hanser
- Hesse, Hermann (1990) *Mit der Reife wird man immer jünger.* Frankfurt: Inselverlag
- Kast, Verena (2010) *Was wirklich zählt, ist das gelebte Leben. Die Kraft des Lebensrückblicks. Freiburg: Kreuzverlag*
- Knecht, Doris (2023) *Eine vollständige Liste aller Dinge, die ich vergessen habe.* Berlin: Hanser

- Magnusson, Margareta (2018) *Frau Magnussons Kunst, die letzten Dinge des Lebens zu ordnen.* Frankfurt am Main: Fischer
- Mitscherlich, Margarete (2012) *Die Radikalität des Alters.* Frankfurt am Main: Fischer
- Reichel, René, (2022) *Vom Sinn des Sterbens.* Wien: Facultas
- Rosenmayr, Leopold, Böhmer, Franz (HG.) (2003) *Hoffnung Alter. Wien: WUV Universitätsverlag*
- Schaik, Carel van, Michel, Kai (2020) *Die Wahrheit über Eva.* Hamburg: Rowohlt
- Scheer, Peter (2020) *Lust aufs Alter.* Wien: Falter Verlag
- Schenk, Herrad (2005) *Der Altersangst-Komplex.* München: C.H. Beck
- Schützendorf, Erich. (2019) *In Ruhe alt werden können?* 3. Auflage, Frankfurt am Main, Mabuse Verlag
- Ware, Bronnie (2013) *5 Dinge, die Sterbende am meisten bereuen.* München: Arkana

Quellen:

- http://www.schinka.de/deutschunterricht-klasse-11-reden-hitler-triumph-des-willens-1934.php3
- http://de.wikipedia.org/wiki/Mens_sana_in_corpore_sano

Die Autorinnen

Maria Kandolf-Kühne, Mag., geb. 1950, Anglistin und Historikerin, lebt im Raum Innsbruck. Veröffentlichungen in Gemeinschaftsbänden wie: *Jetzt Mach schon! Erzähl ihnen eine von deinen Geschichten,* erschienen 2015 im Weishaupt Verlag, *Briefe an Angelika Kaufmann. Zeilen in die Europäische Vergangenheit, erschienen 2021 im* Bucher Verlag. Der Erzählband *Peggy Sue. Der Teufel soll die Sehnsucht holen,* erschienen 2022 im Brückenbauer Verlag, *Annas Mitgift, ein Memoir*, erschienen 2023 in der Buchschmiede.
www.mariakk.at

Auguste Reichel, MAS, MSc, geb. 1948, Psychotherapeutin, Supervisorin, bis 2018 Lehrende für Integrative Therapie an der Donauuniversität Krems, Lehrgänge für Bewegungstherapie und Kreativen Tanz, Projekte mit Bewegungs- und Erinnerungstheater, Mitspielerin im Bürger:innentheater St.Pölten, Autorin von mehreren Sachbüchern und Essays.
www.reichel-reichel.at

Renate Philapitsch-Aschober, M.A. Ph.D., geb. 1946 in München, Anglistin und Germanistin, lebt südlich von Wien, Studium in den USA, AHS – Lehrerin, Sprachtrainerin am IES (Institute of European Studies). Schreibt, singt, liest und ist in der Telefonseelsorge tätig.

Elisa Starzer, Mag. rer. nat., Psychologin, geb. 1957 in Salzburg, Trainerin und Coach für Führung und Kommunikation, inzwischen auch für Creative Writing. Hat bisher meistens im Raum Salzburg gelebt, aber auch in Kolumbien, USA, Lissabon. Wenn sie nicht gerade schreibt oder andere lebensnotwendige Dinge tut, ist sie in den Bergen oder beim Tango zu finden. Autorin des Bilderbuchs »Der fuchsrote und der mausgraue Hund« (1991, Oetinger).
www.ad-personam.com

Die Autorinnen v.l.n.r.: Maria Kandolf-Kühne, Elisa Starzer, Auguste Reichel, Renate Philapitsch-Aschober